古代歷史文化 研究輯刊

七 編

王 明 蓀 主編

第 16 冊

講學與政治：
明代中晚期講學性質的轉變及其意義

張藝曦 著

國家圖書館出版品預行編目資料

講學與政治：明代中晚期講學性質的轉變及其意義／張藝曦
著 — 初版 — 新北市：花木蘭文化出版社，2012〔民 101〕
目 2+164 面；19×26 公分
（古代歷史文化研究輯刊 七編；第 16 冊）
ISBN：978-986-254-826-4（精裝）
1. 明史　2. 學術思想　3. 中國政治制度
618　　　　　　　　　　　　　　　　　　　101002890

ISBN-978-986-254-826-4

9 789862 548264

古代歷史文化研究輯刊
七　編　第十六冊　　　　　　ISBN：978-986-254-826-4

講學與政治：明代中晚期講學性質的轉變及其意義

作　　者　張藝曦
主　　編　王明蓀
總 編 輯　杜潔祥
出　　版　花木蘭文化出版社
發 行 所　花木蘭文化出版社
發 行 人　高小娟
聯絡地址　新北市永和區中正路五九五號七樓
　　　　　電話：02-2923-1455／傳眞：02-2923-1452
網　　址　http://www.huamulan.tw 信箱 sut81518@gmail.com
印　　刷　普羅文化出版廣告事業
初　　版　2012 年 3 月
定　　價　七編 24 冊（精裝）新台幣 38,000 元

講學與政治：
明代中晚期講學性質的轉變及其意義

張藝曦　著

作者簡介

張藝曦，臺灣臺中縣人，國立臺灣大學歷史學研究所博士，現職為國立交通大學人文社會學系助理教授。主要研究明清史與近現代文化史，著有《社群、家族與王學的鄉里實踐》（臺灣大學文史叢刊）、《孤寂的山城：悠悠百年金瓜石》（麥田）二書，及〈明代士人的睡眠時間與睡眠觀念〉、〈明中晚期古本《大學》與《傳習錄》的流傳及影響〉、〈史語所藏《宋儒學案》在清中葉的編纂與流傳〉、〈飛昇出世的期待：明中晚期士人與龍沙讖〉等文。

提　要

　　本書著眼於明代中晚期陽明學的發展過程中，學術思想內容與講學活動性質的轉變，並討論其政治理想與現實情勢之間的落差，以及對陽明學帶來的影響。陽明學者常以講學使其思想或學說影響及於中下層士人，所以本書不以學術而以講學為題，把焦點放在對當時士人有所影響的言論或思想趨向；所選擇的陽明學者，多數是活躍於講學活動的人物，尤其是泰州學派最受到注意。

　　陽明學於十六世紀最盛，進入十七世紀後則已轉衰，因此本書的時代斷限自 1521 年王守仁倡學始，至 1627 年東林書院被毀止，對此百餘年的時間，大略分作四期，各時期各有重要的陽明學者主持學術，而同一時期的陽明學者所關注的議題不時有共通處，因此本書試圖觀察不同時期的陽明學者所關注議題的轉變，以及前後時期對同一議題的不同看法，藉此了解陽明學在各時期的發展情形。另一方面，分析各時期陽明學者的政治理想與現實情勢之間的辯證關係，以說明其政治理想的曲折轉變；最後以東林學派受到閹黨的禁抑告終。

目

次

導　論

一、研究動機

　　自唐代中期以降，主導政治發展的世族門第逐漸沒落，愈來愈多平民出身的士人參與在政治運作之中，經過五代的亂亡，世族門第多數從此破落而無法再興；加上宋代以科舉取士的結果，使得平民出身的士人利用科舉管道進入官僚體系。就此觀之，我們大體可視宋代爲士人政治的開始，而此種性格在進入明代後乃更形確立。

　　宋以後士人學術乃不出自世家門第的家學，而出於士人之間的師友講論，於是有書院講學。有志於學的士人一起群聚在書院中，於大儒名師的指導下，從事儒學的討論與研究。師生關係乃取代門第家學的父子關係，成爲學術傳承之主軸；因此隨著宋代士人政治性格的確立，這套模式逐漸成形。

　　所謂書院講學，書院是指場所，講學是指活動。講學活動之起源可遠溯到孔子，孔子生值春秋亂世，在政治上鬱鬱不能得志，但因其於轍環列國之際，亦勤於教育工作，因此開創了中國的講學活動，當時跟隨孔子的弟子最多曾達三千之數，是講學活動的一大高峰，而頗爲後世儒者所稱羨。若書院之設，尚須推遲數百年之久。今考書院之源流，其名至唐代始見，而其制則至五代始創，馴至宋初乃有四大書院之稱。北宋講學活動仍多在私家，而不在書院；南宋以後講學書院的風氣始盛。自南宋而元而明清，儒者多於書院講學，而少有例外。本文所討論的年代斷限，既是講學活動最盛之明中晚期時期，而這段時期的講學活動，亦皆以書院爲主要場所，因此本文對於書院

與講學，除非必要，乃不再多作分別。〔註1〕

　　宋元的書院講學雖然盛行，但考其所講之學，乃爲士人修養德性而設，而與科舉考試的內容關聯並不直接，因此當時的書院講學，可說是士人在科舉之別另行構築的一個自由講學的空間。但此書院講學之風入明以後則呈現中衰之勢，直到中明王守仁（1472～1528）出而倡學方始復振。陽明所創「致良知」之學，帶起士人研討學術的風潮；而陽明以下門人更在四方倡學、傳揚師說，令講學風氣之盛遠邁宋代，爲曠古所未有者。由於講學之事興，士人得有一暢通的交流管道與園地，利用此種管道與園地，士人之力量乃得凝聚爲一，從而形成一股不小的勢力。講學即這股勢力的具體化。講學既是士人研討學術的方式，又作爲一股勢力可影響政治的運作，於是乃介乎政治與學術之間，成爲二者的中介，亦成爲二者交涉的媒介。

　　因此，明代中晚期講學其實同時承載了兩方面的意義，一者是學術方面的意義，一者是政治方面的意義，且二者相互交錯，彼此糾纏之深，幾乎難分難解。對此面向，我們可從三點來分析：第一，明中晚期參與政治的成員大體以士人爲主，因此講學雖然以研討學術爲主，但學術的好壞勢必影響士人之良窳；而士人一旦從政，更將影響世道之隆污、政治之清濁；因此學術作爲政治之基礎，乃不可忽視，而須大力提倡，方能在陶養士人的基礎上，興起世道、期致唐虞之世。因此明中晚期講學實寄寓了士人的政治關懷在其中。

　　第二，由於士人群聚講學，不可或免在彼此的討論中發表個人的政治理想，與對現實政治之批評。諸如所謂王道理想，與東林之清議等等，乃皆爲人所熟知。而東林之清議表現乃至爲明顯，士人竟在講學中以批評時政爲務，則講學與政治之糾纏可知。

　　第三，即最重要者：由於講學的興盛，士人乃得以在政治之外另有一落腳之處；仕途得意之即可從政行道，仕途若不得意，則可退而在野明道；這種特色令講學更具普遍性，流行於仕途得意或不得意的士人之間，而將原本分散的士人力量結集起來，形成一股不可小覷的勢力。這股勢力的形成是明中晚期講學的一大關鍵。由於有這股勢力作爲支撐，士人得有更大的空間堅持自己的主張，而不必隨著政治情勢而搖擺；而士人更隨時覷準時機，隨時準備入仕將自己的理想付諸實踐；而當政者對於士人的這股勢力亦多感憂

〔註 1〕 以上關於書院之源流與發展的部份，參考盛朗西，《中國書院制度》（台北：華世出版社，1997），第一、二章。

心；有明禁學竟達三次之多，講學與政治之間的諸多糾纏，亦因此更爲複雜與緊張。

因此，研究明中期以迄晚明百餘年時間的學術與政治，講學絕對是不可忽視的一環，也是最爲關鍵者。若不能瞭解講學，則無法洞悉學術與政治之間的諸多交涉。從思想史的研究來看，學術作爲一個時代的產物，內容乃多有指涉而有所爲而言；若不解政治與學術二者之交涉，亦難以明瞭學術所指涉爲何，以及士人提出一套學術的目的何在；同時亦難以爲某家學術在時代中作出定位，而只能對其學術進行單純的哲學性研究，而難以處理思想史的問題。政治史研究方面，政治既以士人爲主要成員，而士人學術又影響其政治主張，甚至影響實際施政，則不解其學術，亦難以處理明中晚期政治的發展；尤其明中晚期政治的發展與講學一事牽涉實多，不解講學，則政治史的研究進路亦難以暢通無阻。

爲了能夠更深入瞭解明代中晚期的學術與政治，必須深入處理講學的問題。以下則討論現今學界在這方面的研究成果。

二、研究成果回顧

在明中晚期思想史的研究上，由於研究學者頗眾，因此研究成果相較多。本文在此僅選取著名的幾位學者的作品，略介紹一二而已。目前關於這個領域的研究，有下列幾種進路：

以牟宗三的《從陸象山到劉蕺山》爲例，代表了哲學背景出身的學者對於明代思想史的研究方式，這種進路在思想的深度上窺之有餘，但「史」的意識與時代背景的瞭解則相對不足，因此難以具體而深刻地展現明中晚期長達一百餘年的思想變遷。

以侯外廬主編的《宋明理學》則代表了史家對於宋元明思想史的研究成果。有關明代的部份，本書以人物爲單位，分別討論從明初以迄明末諸多儒者的思想，並指出一些重要的發展與流變。

以日本學者溝口雄三的《中國前近代思想的演變》爲主，其書研究的對象限於晚明東林人士，而其進路則是社會經濟史的取徑。故此，全書著眼於晚明社會經濟的發展，並且從社會經濟面回頭解讀東林學派的思想。這種作法清楚地展現了學術與社會經濟的密切關係，但關於學術與政治交涉的部份，則因限於體例之故，並未詳加處理。尤其學術發展的內在脈絡亦多被作

者所忽略。

以日本學者小野和子的《明季党社考》為例，其書從政治史的角度深入剖析東林學派與復社在政治上的地位，以及二者所發揮的功能。文中亦間有論及東林學派講學的發展。這種政治史的作法，大體適用於講學與政治關係最為密切的晚明，若明中期恐怕無法單單利用這種方式處理。

以盛朗西的《中國書院制度》為主，其書乃以研究書院制度與演變為中心，為宋元明清四代的書院發展勾勒出一幅完整的輪廓。近年來循這條進路而作探索者所在多有。這種作法對講學的內容、講學所發揮的功能，以及講學與政治的交涉，往往限於體例之故，而無法深入處理。

以錢穆、余英時為主，代表了史家對於明代思想史之「史」的發展的關懷。錢穆《中國近三百年學術史》特別提出東林學派作為晚明學術之重鎮，而對於東林學派的思想，錢氏亦多放在思想史的發展脈絡下而加以論述，因此不落入學術思辨的虛擬幻境中。余英時諸篇文章，如〈清代思想史的一個新解釋〉，上溯宋明，追討清代思想的來源，從而對於宋明理學的諸多觀念的發展，乃多所闡明。

呂妙芬的《陽明學士人與社群》一書，則是近年來較全面性討論明中晚期的陽明學講學活動，利用地方志資料，研究地方性的講會與地方人士的互動關係。

以上諸家，僅是幾種不同研究進路的代表，目前學界作品之多固不待言，而不同的研究成果更不斷發表，故本文無法一一條析縷述，而只能就目前眾人所習見的幾家予以分析。以上諸家雖持不同的研究進路，但對於明中晚期講學的內容、以及講學與政治諸般交涉，則尚乏全面的討論。本文則針對於此，盼能有所補充。

三、研究方法與內容

為了能夠更完整地勾勒出明代中期迄晚明思想史的變化，因此本文選擇以時間作為全文的主軸，從陽明於 1521 年（正德辛巳）創致良知始，至晚明東林學派衰沒為止，前後共約一百年的時間，按照時代的先後而各別分章處理，以便能夠更清楚地呈現明代中晚期的講學在不同年代、不同時期面貌之嬗變。

全文結構，主要以三個支點——學術內容、政治理想與現實政治——為主，而各章的安排，多先處理學術內容，其次略及士人的政治理想，復次則

觀察現實政治的情勢；三個部份分別以一節的長度來交代。三點所以必須分開處理，與本文處理的時間長度長達一百年之久有關。由於時間斷限太長，三個支點在此長時間的脈絡中，變化必然不小，並且可能幾經轉折，而不止一變而已，因此若在章節的安排上，不能區隔清楚，勢將造成作者在處理上困難，但因三者的交涉與互相的影響，又是本文討論的重點所在，因此本文採取的方式：在結構上力求清晰，故將三個部份劃分在不同的領域內；但在行文的內容上，則合併三者一起描述，旨在對於講學與政治的交涉與互動，能夠勾勒、呈現其大致的輪廓與面貌。

　　大體來說，本文敘述三者交涉的方式往往不出於此：在敘述講學所講的思想時，其思想往往有所指涉，故須將現實的政治情勢考慮進去，方能更深一層掌握講學士人的思想精蘊所在。換個角度來看，講學的內容，又往往是為士人的行為奠定了理論基礎，從而在士人的實際作為上發揮了指導性的作用，因此必須瞭解思想發揮的功能，方能更加瞭解士人諸般動態的情形。與這種思想作為指導原則的情形同理，士人的政治思想對於士人從政一事往往具有關鍵性的意義，若欲瞭解士人對於政治的態度，以及士人講學與政治的諸多糾纏，便須觀察士人的政治理想與現實政治的互動。

　　上述三個支點彼此的影響與互動，其實造成許多可供研究者觀察的面相，本文遂以時間作為縱軸，以三個支點作為橫軸展開全文的討論。全文的討論大體以人物為主，從人物的思想內容、人物的政治主張、人物與政治的交涉三個面相來觀察，期能更為具體地看出講學性質的轉變，以及講學的政治的關係。基於上述的考慮，本文所選的人物便須有充分的代表性，方才能夠代表當時思想界的聲音。在一百多年的時間中，本文選擇了二十位當時活躍於思想界的士人作為討論的對象。選擇的標準有三：

1. 資料的問題：必須能夠取得此人的文集，方才可能進行研究，否則即令此人有相當重要性，亦無可奈何。

2. 必須屬於當時思想界的主流：本文的研究，是以「講學」為對象，而以觀察講學的性質在時間中的變化為目的，因此學術派別的問題並不列入考慮。明中期為例的思想界雖有陽明所倡導的陽明學講學與湛若水（1466～1560）的江門講學，但江門講學畢竟不如陽明學講學流行，且在湛氏歿後即告式微，故不列入本文討論中，而當時佔居官方正統的朱子學，講學活動亦較少，故亦不論，職是之故，本文處理明代中

期的講學時，乃皆以陽明學門人為主。下逮晚明，東林學派的講學成為主流，因此晚明講學乃以東林學派為代表。至於東林學派是陽明學或是朱子學這類學術派別的問題，本文一概不論。按此，晚明以前的講學，本文所選的人物乃皆以陽明學門人為主；而晚明講學則取東林學派的人物。

3. 人物在當時思想界活躍的程度或是其學對於當時學界影響多寡：本文討論的的主題既是講學，所以哲學方面的討論並非本文體例所能承載的，因此本文在選擇人物上，乃不以人物思想的深度為標準，而以此人是否活躍於當時的思想界為取捨。蓋若此人活躍於當時講學的活動中，其學往往能夠反映學界的動態。至於一些哲學深度較高的思想家，可能因為曲高和寡，反而容易與當時流行脫節。不過，也有一種例外，即此人雖然活動不多，但其學卻足以影響當代，而為時人所重視，此種人物則也在入選之列。

除了人物選擇的問題之外，由於本文處理的時間斷限過長，因此對此作出適當的分期以利討論的進行，乃是勢所必然。本文乃以所選的人物為基礎，而進一步分析這些人物的思想，期能從中瞭解當時思想界所流行的學術課題為何；而由於某一個時期的人物，在學界的流行影響下，其學往往反映出某一種共同的想法；因此，本文便可持此為標準，觀察一百多年來學界的動態，從中歸納出學界流行的課題曾有幾次的轉變，再持此來劃分講學發展的分期；而所選的二十位人物，則被歸入不同的時期中，以一個時期為單位，代表一個時期流行的思想。

按照此類取徑來說，本文所討論的思想，若正名為「思潮」或許更為恰當。不過，此處所說的「思潮」，僅限於士人講學的學術而言，而與社會層面的思潮沒有直接的關係。也因此本文的研究方法具有三個特點：第一，本文避免涉及人物哲學思想的部份，而僅限於人物的思想中與思潮有關的部份；此外，即令與思潮有關的思想，本文亦著眼於分析此種思想的現實意義為何，而避免深入探討思想的哲學意涵。以本文第三章為例，關於三教合一的理論，本文儘量不去處理三教合一的思想內容為何，而是側重分析欲合三教者與反對合三教者的爭論，是如何具體地表現在對於學術史發展的解釋不同上。欲合三教者認為宋儒的開山——周敦頤（1017～1073）的學術已經融合儒佛，只是周氏的弟子不知師說，以致其學失傳；反對者則主張周敦頤字字闢佛，

至其弟子則是更加闡明這個原則。透過這種對學術史解釋權爭奪的分析，我們可以更具體地明瞭雙方的立場所在。

第二，本文既從人物切入來觀察思潮的內容，而一旦利用思潮的觀念為講學的發展作出分期，則人物遂被分別歸入不同的時期，而附屬於思潮之下被討論。但按照這種方式，必然出現一種情形：即某個人物的講學往往橫跨兩個時期，而非僅如文中所分類的在某一個時期而已；這類情形則往往令人反過來質疑此種分期是否恰當，因此此處必須稍加解釋。由於本文旨在觀察講學性質的轉變，因此研究的對象是講學、而非人物；某個人物的講學是否橫跨兩個時期並不重要，重要的是他的講學在什麼時候發揮的作用最大。以周汝登為例，若以本文的分期來看，周氏的講學不僅橫跨了兩個時期，更特別的是，他的講學屬於上一期學術的特色，即卻與下一期的講學相終始，因此我們在為周汝登作分期時，似乎不應單純地劃入其中一期而已。然而，我們若觀察講學的發展可知；周汝登處在明中、晚期交際的時代，而其講學雖與後來東林學派的講學相終始，但東林作為晚明講學的主流，卻與他的學術格格不入、甚至截然對反。周汝登的講學來到晚明時，其影響力實已大為減弱，而不再能夠反映講學的主流發展，因此本文乃不列彼於晚明的講學之中。

第三，由於講學性質的轉變，多半屬於和緩的過程，必須有一段過渡的時期在；本文在分期上遂不可能劃出十分精準的時間斷限，作為各期界分的標準，而僅僅能夠約略地劃出四期；而四期之間的轉變，係透過緩慢的過渡而達成，因此各期之間往往多所重疊的部份。

按照上述以思潮為標準的取徑，本文共分四期，故闢四章，一章一期進行討論。四期的界分如下：

1. 第一期學術：從陽明於 1521 年（正德辛巳）倡致良知始，至 1560 年代止。

2. 第二期學術：從 1570 年代開始，至 1580 年代末為止。

3. 第三期學術：限定在 1590 年代這十年的時間。

4. 第四期學術：從 1604 年（萬曆甲辰）東林書院創立開始，至 1627 年（天啓丁卯）為止。東林學派當時不止東林書院一脈而已，但因東林書院的創建令講學之風為之一振，故本文以此作為第四期學術的開始。而 1625 年（天啓乙丑），魏忠賢大毀天下書院，且拘捕東林人士，使東林學脈因之而斬；至 1628 年（崇禎戊戌）明思宗繼位，魏忠賢伏

誅，政局爲之一新，而學術乃得另開一局，但此後已不在本文討論範圍內，故選擇 1627 年作爲第四期學術之終了。

此處所使用的「學術」這個名詞，是指講學所講的學術；而其用法，乃取傳統義，指以儒家爲主的學術。此外，如前文所述，本文所劃分出的四個時期，各期之間互有重疊，故須加以說明的是：第二期學術雖云自 1570 年代始，但其實 1560 年代之際第二期學術的代表人物已經參與在講學的活動中，因此 1560 年代其實是兩期重疊的時期。只是這些人物的學術，至 1570 年代方才分別成家，因此本文以 1570 年代作爲第二期學術的開始。第二期學術與第三期學術也有同樣的情形。第三期學術的代表人物其實於 1580 年代便已參與講學的活動，但至 1590 年代方才能夠主導講學的發展。至於明中、晚期時間的劃分，按照本文的定義，第一、二期學術在時間的斷限上屬於明代中期，而第四期學術則屬於晚明於第三期學術則是界乎二者之間，屬於明代中、晚期之間的過渡時期。所以如此，是因爲 1590 年代的思想界雖有一批人主持講學，但當時第二期學術的代表人物其實仍有一、二尚存，而第四期學術的人物也於此時開始進入思想界，參與學術研討的行列。就此觀之，1590 年代實是諸說紛呈的時期，不僅擁有本身的學術風格，並且與第二、四期學術皆有重疊，因此本文將此獨立於中、晚期之外，而視之爲過渡時期。至於晚明學術雖然獨立一期，但其實尚有在野講學與在朝講學的區別，但因主持人物未曾大變，故本文仍歸之於一期討論，而不另分期。

本文所選的人物，與所分四期的配合如下：

1. 第一期學術：陽明、王畿（1498～1583）、王艮（1483～1541）、羅洪先（1504～1564）、顏鈞（1504～1596）。

2. 第二期學術：羅汝芳（1515～1588）、耿定向（1524～1596）、李材（1519～1595）、何心隱（1517～1579）。

3. 第三期學術：楊起元（1547～1599）、管志道（1536～1608）、周汝登（1547～1629）、焦竑（1541～1620）、李贄（1527～1602）。

4. 第四期學術：顧憲成（1550～1612）、顧允成（1554～1607）、錢一本（1539～1610）、鄒元標（1551～1624）、馮從吾（1556～1627）、高攀龍（1562～1626）。

綜上所述，本文的內容，側重處理講學的內容，而後觀察講學與政治的交涉。講學內容的轉變，或是講學與政治的關係，或疏或密，是否意味了什

麼？這些必須透過正文對於一些細節的討論，方才能夠有所瞭解。

　　總結本文使用的方法與架構，係以時間為縱軸，共分為四期，從中選擇二十位士人，而在四章中分別討論；以講學、政治理想、現實政治三個支點為橫軸，討論三點的交涉與互動；以縱、橫兩軸，期能為明中晚期講學與政治的關係勾勒出一幅具體而清晰的圖象。

第一章　明中期陽明學的建立與發展

前　言

　　在思想史的研究上，宋明兩代往往並稱爲「宋明理學」，而二者在思想的淵源、傳承上，確實也十分密切。宋代繼五代亂亡之後，在學術上重開新局，先有孫復（990～1057）、胡瑗（993～1059）、石介（1005～1045）三先生倡導師道，接引後進，爲宋初學術打下了基礎；繼之而有北宋五子拓展理學討論的深度與廣度，爲後來的理學家作出了示範。

　　北宋學術的格局頗大，這一點與士人能夠得意於政壇有關；王安石變法，是士人得君行道的典型，變法的失敗，似乎意味了士人在政治上的黃金時期已逝。宋室南渡後，思想界依然諸說紛呈，但忝於王安石變法之際，君子與君子相爭相傷的結果，因此開始往內在面尋找，而逐漸走向心性論的討論。其中最著名者當屬朱熹（1130～1200）與陸九淵（1139～1193）二人。此時的政局已漸不利於治學之士，朱子之學甚至一度被官方認定是僞學而遭禁。此道禁令雖隨著時勢遷移而廢止，但如王安石得君行道的事例已不復可見。

　　南宋學者在政治上的影響雖不如北宋，但在學術上則著沿北宋的腳步作了更深一層的推演，其中朱子最居關鍵地位。朱子不僅註解經典、整理學術，並在北宋學術的基礎上繼承且創新，而立下了學術的典範。朱子學的典範對當時的影響尚還有限，但隨著朱子學受到官方的承認，影響的層面便逐漸擴展開來。

　　朱子學於南宋曾一度被禁，直至宰相韓侂冑被誅後方才解禁，但此後朱

子學的地位便一路攀升，入元之後，官方立朱子的《四書集註》爲科舉定本。明代承襲此制，而明太祖朱元璋（1368～1398 在位）更刻意標榜朱子學，制定爲官方學術的正統，加上明成祖（1403～1424 在位）又親自主持《五經大全》、《四書大全》、《性理大全》等書的編纂，從而使得以朱子爲中心的官方學術得到了全面確立。明初諸儒身處此境，乃守朱子學的矩矱，而無多違異，不過學術路數已稍有出入；﹝註1﹞而這種風格至陳獻章（1428～1500）更加突顯；待陽明出，終於掀起風潮，開啓有明一代心學的學術。

第一節　學術典範的建立與繼承

王守仁，字伯安，浙江餘姚人，因曾築室於陽明洞，習養生之術，自號「陽明子」，故學者尊稱爲「陽明先生」。

陽明一生功業巍然，平宸濠、斷八寨，係其犖犖大者，而除了事功之外，陽明影響後世最鉅者，當推其所創「致良知」的學術。

「致良知」一詞，其實是陽明所創，但陽明對於這個觀念卻定義得不甚清楚，以致其歿後，門人眾說紛紜，而莫衷一是，生乎今日，我們欲再窺此說之精蘊，其難可知，由於本文處理思想變遷的問題，因此此處僅止約略勾勒其說而已。﹝註2﹞

所謂的「致良知」，大體是說人人都有良知，而這個良知主宰了個人的一切，個人舉凡思想、情感、言語行爲，皆應受其指導，並且遵循良知的指示而行。對陽明而言，唯獨如此，方可達到士人素所嚮往的聖人境界。但在良知之外，個人尚有一種習氣，會干擾良知的運作，並且取代良知成爲個人的主宰。就此而言，良知與習氣，其實是彼此對立，而不能相容的。因此，個人在修養上，便須克服習氣的用事，讓良知作主。故此，須用「致」的工夫。陽明弟子後來對於如何「致」良知的問題，其實有相當多的討論，但大體對於以「致」爲工夫來讓良知作主的認知，則無太大出入。

「致良知」觀念的提出，對陽明而言具有何種的意義？我們必須觀察陽

﹝註1﹞ 參考陳榮捷，《朱學論集》（台北：台灣學生書局，1982），〈早期明代之程朱學派〉，頁 331-351。

﹝註2﹞ 宋明理學方面的研究，如牟宗三的《從陸象山到劉蕺山》（台北：台灣學生書局，1984 年），對陸王心學的討論甚爲明晰，且對「致良知」之說自有一套獨到的見解。由於本文所關注的是時代脈絡，因此在此未沿用其說。

明成學的歷程方才能夠得到更深一層的瞭解。陽明早年曾經出入二氏之學，心中不能自安；直至他三十七歲（1508）於龍場驛大悟後，方才明白聖學之精蘊所在；此後陽明遂先後倡導「心即理」、「知行合一」、與「致良知」諸說。其中，陽明五十歲（1521）時所揭櫫「致良知」之說，當可視爲他晚年學術圓熟後的結晶。如陽明所說，「致良知」三字，乃「聖門正法眼藏」、「千古聖聖相傳，一點滴骨血也」，〔註3〕可見他對於「致良知」之學的自負之深。

　　陽明這種自負，一方面與歷經百死千難得致良知的歷程有關，一方面則是有意在建立一個學術的典範，與南宋末期以降流行的朱子學抗衡。對陽明而言，朱子的學術雖有功於聖人之學不少，但與堯舜姬孔以來的道統乃稍有違異之處，因此隨著自己學術的圓熟，自信漸增，終於在五十三歲（1524）時正式以道統自任，而表明了他企圖自成典範、在學術上另開新局的心跡。主導整個明代中期的學術發展的陽明學於焉展開。

　　陽明的學術系統作爲典範，自有一套對於整個學術傳承的解釋；對陽明而言，聖學道統自孔子、顏回歿後，聖學之精蘊乃不盡傳，唯獨曾參以一貫之唯，下傳孟子，至孟子沒則聖學乃晦，之後雖經漢唐一千年餘的時間，士人始終不明聖學，馴至有宋諸儒，雖欲挽回聖學，力有未逮，而流於訓詁、記誦、詞章之學，其中以朱子爲代表。須至陽明歷百恐千難後悟得良知，方才盡得堯舜姬孔以來聖學之眞傳。〔註4〕

〔註3〕王守仁，《王陽明年譜》（收入《王陽明全集》，台北：大申書局，1983）卷二，頁40。

〔註4〕如陽明在〈別湛甘泉序〉中說：「顏子沒而聖人之學亡，曾子唯一貫之旨，傳之孟軻，終又二千餘年，而周、程續，自是而後，言益詳，道益晦，析理益精，學益支離，無本而事於外者益繁以難。」《王陽明文集》（收入《王陽明全集》），卷一，頁4。這段話必須與其它的資料互相參照：如陽明亦云：「顏子沒而聖學之正派遂不盡傳矣。」（同前書，上卷，頁48）又云：「孔孟既沒，聖學晦而邪說橫。」《傳習錄》（台北：金楓出版社，1987），中卷，頁104。參考以上三條資料即知，陽明以顏回得聖學之眞傳，而曾子則僅得聖學之一偏而已。而文中之周、程，指宋學之開山──周敦頤、程顥二人而言，這部份必須與〈拔本塞源論〉參照，其文之一段云：「孔孟既沒，聖學晦而邪說橫，……世之儒者，慨然悲傷，蒐獵先聖王之典章法制，而擬拾修補於煨燼之餘，蓋其爲心良亦欲以挽回先王之道。聖學既遠，霸術之傳積漬已深，雖在賢知，皆不免於習染，其所以講明修飾，以求宣暢光復於世者，僅足以增霸者之藩籬，而聖學之門牆，遂不復可睹；於是乎有訓詁之學，而傳之以爲名，有記誦之學，而言之以爲博，有詞章之學，而侈之以爲麗。」此段所說，與上述「言益詳，道益晦，析理益精，學益支離，無本而事於外者益繁以難」

以上說法，陽明開其端，而其弟子則更進一步充實其說之內容，其中最為人所熟知者，則是王畿所建構起來的學術傳承的系譜。王畿所建構的系譜有兩個重點：第一，清楚地分別顏回、曾參的不同。顏、曾雖然同得聖學之宗，但顏回之學無階級可循，無途轍可守，而曾參之學則猶為可循可守之學，因此王畿認為聖人之精蘊唯獨顏回能發之。〔註5〕

第二，分別顏回與子貢、子張的不同。既然顏、曾之學至後世皆無傳，則須交代後世學術的來源為何，因此王畿乃歸咎到子貢、子張之學，其學為多聞多見多學一路。由於顏回沒而聖學亡，子貢、子張之學遂流傳後世，士人相沿相習，遂淪於訓詁之學、滿是功利之念，而不復向裏求取自家良知。此後，周敦頤、程顥（1032～1085）二人之所悟與聖學庶乎近之，因此乃能稍復聖學，但至朱子時，乃變周、程指訣，以讀書為窮理之要，聖學於是又晦。及乎陽明出，方才一洗千百年之陋習，上窺絕學之傳，聖學至此大明。〔註6〕

由上可知，無論陽明或王畿，皆致力建構一套學術系譜，並有相當程度的現實考量，即為了確立自己學術的地位而設。由於自南宋末年以降，朱子學長久佔居學術主流的地位，而陽明偏偏與朱子標異，因此陽明若欲取得主流地位，便須考量朱子學對他造成的阻礙，因此一方面在學術上攻擊朱子，諸如斥朱子之學為徇外等等；一方面則利用系譜的架構，既貶低諸儒——尤其是朱子——之學為得聖學之真傳，同時則提高陽明學術的成就，形容「致良知」為千古之絕學。

其實同義，故知「世之儒者」，當指以周、程為首之宋儒而言，又知陽明認為宋儒雖欲挽回先王之道而不能，乃流於訓詁、記誦、詞章之學，故聖學之傳須在陽明身上方有所得。

〔註5〕原文如下：「顏子沒而聖學亡，此是千古大公案，曾子、孟子傳得其宗，固皆聖人之學，而獨歸重於顏子者，何也？……（顏子）既悟之後，無虛無實，無階級可循，無途轍可守，惟在默識，……曾子、孟子雖得其宗，獨為可循可守之學，與顏子所悟，微涉有迹，聖人精蘊惟顏子能發之。」王畿，《王龍溪全集》（台北：華文書局，1970），卷十六，頁9。

〔註6〕原文如下：「子貢、子張之徒，雖同學於聖人，然不能自信其心，未免從多聞多學而入，……顏子沒而聖學亡，子貢、子張之學，相沿相習，淪浹于人之心髓，亦千百年于茲矣。」（同前書，卷二，頁11。）另一處又曰：「濂溪主靜無欲歸於無極，明道定性無事本乎兩忘，蓋幾之矣。」（同前書，卷八，頁13）。又曰：「顏子沒而聖學亡，後世所傳，乃子貢一派學術，濂溪主靜無欲之旨，闡千聖之秘藏，明道以大公順應，發天地聖人之常，……文公（指朱子）為學，則專以讀書為窮理之要，以循序致精、居敬持志為讀書之法，程門指訣，至是而始一變。」（同前書，卷十，頁17）。

　　在此架構中，最關鍵的一點是顏回沒而聖學亡的觀念。如呂妙芬指出，由於顏回沒則聖學亡，顏回以下諸儒皆未得聖學之眞傳，故不可與孔顏相提並論，而陽明及其弟子又利用「顏子之傳」的方式，以陽明上接孔顏之學，進而將陽明提高到與孔顏比肩的地位，〔註7〕則陽明乃成爲今日之孔顏矣。以陽明爲今日之孔顏的觀念，在門人身上表現至爲明顯，如王艮稱陽明爲「聖師」，〔註8〕把陽明與至聖先師——孔子同尊；而王畿在面對時人的質疑時，時人勸王畿不妨捨陽明而別學孔孟時，乃爲王畿所反對，認爲捨此則別無可學，〔註9〕其意乃以陽明之學即孔孟之學，不可二之。〔註10〕

　　既然陽明即今日之孔顏，陽明的學術即孔顏之學術，則身爲陽明弟子者，便應遵循陽明的典範，闡釋、傳揚其學。如王畿說：

　　　夫吾人既有見於良知，立心立命以繼絕學之傳，豈分外事耶？〔註11〕

治陽明歿後，諸弟子更以書院爲場所，遊走四方的書院，招聚士人講學，而士人亦多有到書院聽講者，陽明學乃得以廣傳於士人之間。

　　由於官方仍以朱子學爲正統，因此士人於參加科舉考試時，必須憑藉他們對於朱子學的熟悉；至於在致良知上的領悟則對此無法提供多少的幫助。因此陽明弟子如何化解科舉與學術的衝突，乃成爲問題所在。此外，門人講學的場所，係以私人所建的書院爲主，而由於書院之廣設、講學之盛興，甚至曾經造成官方兩度禁學而詔毀書院，從而爲門人講學增添了一大變數。出路的考量、禁學的挫折，門人在講學與政治兩端如何取捨，成爲十分關鍵的問題。以下討論明初以來講學與政治彼此交涉的背景，再行處理陽明弟子面對不利的政治情勢又如何自處。

〔註7〕參見呂妙芬，〈顏子之傳：一個爲陽明學爭取正統的聲音〉，《漢學研究》15：1（台北：1997年），頁73-92。

〔註8〕王艮，〈和王尋樂〉，《王心齋全集》（台北：廣文書局，1987），卷四，頁16。

〔註9〕其文曰：「但謂不肖守師門之學，思以易天下，故推尊而發明之，豈可變也。自謂不妨舍是而直學孔孟，如此分疏，從何處來，非不肖所敢言也。良知不學不慮，……正是推明孔孟相傳之絕學，公謂舍是而別有所學，於是於虛空中忽起分別之相，正是意見聲聞，心魔作祟。」（《王龍溪全集》，卷十一，頁4。）此處言孔孟，而不言孔顏，當是答人疑問之故，人以孔孟問，故以孔孟答。

〔註10〕另一處則說：「孔門之學，務於求仁，今日之學，務于致知，非有異也。」（同前書，卷五，頁29。）

〔註11〕同前書，卷十三，頁16。

第二節　政治禁令下的陽明學

　　自春秋時代以降，學術所代表的道統，與政治所代表的治統，二統交涉產生的諸多問題，不斷纏擾著士人的心靈。士人一方面承擔道統加予他們的責任，一方面又須往政治尋求發展，以實踐經世濟民的理想。因此在二統之間如何取得協調，便成為士人無法逃避的問題，而這個問題也在不同時代、不同環境下以不同的面貌呈現。

　　明初官方以朱子學為官學，以政治的力量，一方面將朱子學捧到正統的地位上，為士人參加科舉所必修習者；另一方面則壓制其它流派學術的發展，如成祖永樂年間，曾有饒州儒生朱友季獻書，其書專詆周程張朱之說，成祖覽之大怒，令有司聲罪杖遣，悉焚其所著。〔註 12〕一是利之所趨，一是勢之所禁，於是士人治學乃多以朱子學為主，而少有違異。

　　雖然，在明初四儒身上，已多少可以看到學術轉向的端倪。曹端（1376～1434）、薛瑄（1389～1464）、吳與弼（1391～1469）、胡居仁（1434～1484）四人雖篤守朱子學的矩矱，但有宋以來所討論熱烈的本體論──諸如太極、天理的問題，在四儒文集中卻已不佔重要位置。四儒轉將眼光從抽象的本體界，落實到現實的人生界中，關懷與己切身相關的個人主體性及道德自主等課題，此一傾向正好埋下後來心學發展的種子，而為心學之先驅。〔註 13〕

　　陽明生前雖曾建立碩大功業，但待晚年學術圓熟後，則一意講學接引後學，把闡揚學術的希望放在弟子的身上。陽明既歿，幾位中堅弟子──如王畿、錢德洪（諸山，1496～1574）、王艮，多對仕進不感興趣，而寧願以講學為職志，終身講學。所以如此，應有幾方面的原因：第一、陽明學對個人主體性的強調，使其不求外在的功名成就；第二，科舉考試既以朱子學為標準，而陽明恰與朱子對反，學術路數的不同，必然造成第一代的陽明弟子不小的困擾，尤其門人在良知學的領悟，對其科舉考試幫助不大，甚至有可能使其處於不利地位，於是以講學為終身職志適為可供選擇之一途；〔註 14〕第三，

〔註12〕　參見張廷玉等編，〈成祖本紀〉，《明史》（北京：中華書局，1974），本紀第六，成祖第二，頁 81。

〔註13〕　相關討論請見陳榮捷，〈早期明代之程朱學派〉，《朱學論集》（台北：學生書局，1982），頁 331～351。

〔註14〕　關於陽明學術不利科舉一事，時人頗有這方面的疑慮，以致王畿亦不得不著文答之，曰：「有疑於夫子（即陽明）之學者，大約有二：一者疑夫子教人本乎心性，不專以讀書為務，近乎禪學；二者謂夫子所講之學，時與晦翁稍有異同，

除了科舉方面的考量外，現實的政治局勢亦頗不利於第一代的門人弟子在政治上發展。

關於第三點，只須觀察明世宗（1522～1566 在位）的禁學即可知，當時在學術上與陽明齊名的湛若水，其學遭人參奏爲邪學，湛若水爲此請辭官職，〔註15〕世宗雖慰留之，但卻禁毀其講學書院，而待湛氏歿，諸臣請卹，世宗更直叱其僞學盜名而不許。此外，王畿曾爲人所舉薦，世宗亦以僞學小人稱之。〔註16〕湛、王俱爲當世心學之要角，竟皆爲世宗所斥，則其時之政治局

或妨於舉業之途。……夫舉業不患妨功，惟患奪志；今之舉業，所習者聖賢之書，所繹者聖賢之意，非如禪官小說外典之相庚也，夫子與晦翁之論雖有異同，要之均爲發明聖賢之旨，不妨參互以盡其變，非如薰蕕黑白之相反也，惟所志在進取，未免於涉獵記誦，離本遂末，而爲學之志或爲所奪，此則可患耳。」（《王龍溪全集》，卷十四，頁12。）對王畿而言，朱子學術屬於子貢子張之學，乃未得聖學眞傳，唯一繼承千古絕學者僅陽明一人而已，因此何者爲學術之正派，乃不言可諭。然而，對於陽明學術不利於科舉的事實，即令王畿亦不得不以朱、王交互參照答之。而所謂「參互以盡其變」，其實只是一種妥協，乃是迫於情勢，不得不正視朱子學爲科舉取士標準的事實，從而承認朱子學確實有研究的必要。其回答顯示對不利科舉一事仍是無可奈何的，故末後又說惟患志爲所奪，來強調陽明學術依然有學習的必要。從王畿的回答，我們不難看出陽明弟子對於科舉一事的無奈。如明末艾南英也說：「蓋自摘取良知之說而士稍異學矣，然予觀其書，不過師友講論立教明宗而已，未嘗以入制舉業也。其徒龍谿、緒山闡明其師之說而又過焉，亦未嘗以入制舉業也。」楊起元，《太史楊復所先生證學篇》，收入《四庫全書存目叢書》（台南：莊嚴出版公司，1995），子部第90，頁431 所附〈四庫全書總目證學篇四卷附證學篇論策一卷提要〉。從第一代弟子不以講學之言入舉業，可知陽明學初創之際，確實無益於科舉矣。而若再與第二代弟子的情形比較，則更爲明顯。如羅汝芳從顏鈞習陽明學，「閒作時藝，隨筆揮成，見者驚服，私相語曰：『乃知學問之大益舉業也。』」羅汝芳，《盱壇直詮》（台北：廣文書局，1996），卷下，頁48。此處的「學問」自指陽明學的無疑。羅汝芳屬於第二期學術的人物，其時學、政的關係已變，故所學方才能施之於舉業。詳細情形，待第二章處理。而比較王、羅，益見第一代弟子時，陽明學在科舉上所面臨的困難，故云第一代弟子選擇以講學爲職志，當與此有關。

〔註15〕《續通考》記載云：「明世宗嘉靖十七年（1538）四月，吏部尚書許讚，請毀書院，從之。至帝十六年二月，御史游居敬，疏斥南京吏部尚書湛若水，倡其邪學，廣收無賴，私剙書院，乞戒諭以正人心。帝慰留若水，而令所司毀其書院。至是，讚復言撫按司府多建書院，聚生徒，供億科擾，亟宜撤毀，詔從其言。」

〔註16〕《萬曆野獲編》卷二〈講學見絀〉一條記載云：「如嘉靖壬辰年（1532），御史馮恩論慧星，而及吏部侍郎湛若水，謂素行不合人心，乃無用道學；恩雖用他語得罪，而此言則不以爲非。至丁酉年（1537），御史游居敬，又論南太宰湛若水，學術偏陂，志行邪僞，乞斥之，并毀所創書院；上雖留若水，而

勢不利於陽明學可知。

由於上述三點原因，第一代陽明弟子乃多有在野講學而不求仕進者，即使入仕從政者，其實亦未完全向現實妥協，他們仍然不時舉行講學活動，鳩集周遭的士人共同講學，期待能夠在陽明學的倡導上盡一份心力，如鄒守益（1491～1562）即為一例。令我們感到興趣的是，面對現實政治不利的情勢、甚至壓迫，何以竟未令這些門人有所退縮，反而繼續講學不輟，或乾脆選擇不仕而專門講學？

這一點與門人對於陽明的定位有關。對門人而言，陽明乃為今日之孔顏，其學乃千載之絕學，因此彷彿孔顏在春秋之際不得志，陽明學術也不為世所容；且孔顏之學雖不見用於當代，但大有功於後世，則門人對陽明學術的期待，恐亦如此。對門人而言，將來若有王者出，取陽明學術來用，則治世可期，因此身為弟子的任務，不是汲汲求進、為世所用，而是沈潛下來，一方面是維繫學脈之道脈，不令失傳，如王畿云「我秉師門一唯參」，〔註17〕就是在此心理下而作的發言。曾參在明中期的形象，屬於未得學術真傳但能執守師說不變的人物，王畿以曾參自況，即是守先待後之意。又如錢德洪所說：

> 古之人，得志澤加於民，不得志修身見于世。見為見龍之見，在田之龍，不以位而以德。吾人講明正學，以待將來為王者所取法，文明之徵也。〔註18〕

此即修身見世，待王者興之意。〔註19〕又如王艮說「此學既明，致天下堯舜之世，只是家常事」，而王艮〈王道論〉寄託其政治理想，就是希望能夠得到君主的賞識而施行此學，故王艮又以「出則必為帝者師」自詡說：

> 故出必為帝者師，言必尊信吾修身立本之學，足以起人君之敬信，來王者之取法，夫然後道可傳亦可行矣。〔註20〕

其意與錢緒山同，咸皆認為須待王者，道方可傳、可行。

書院則立命拆去矣。比湛沒請卹，上怒叱其偽學盜名，不許；因以逐太宰歐陽必進，其憎之如此。至辛丑年（1541），九廟災，給事戚賢等，因災陳言，且薦郎中王畿當亟用，上曰：『畿偽學小人，乃擅薦植黨。』命謫之外。湛、王俱當世名流，乃皆以偽學見斥。」《萬曆野獲編》（台北：偉文圖書出版社有限公司，1976），卷二，頁139～140。

〔註17〕《王龍溪全集》，卷十八，頁10。
〔註18〕同前書，卷二十，頁13。
〔註19〕《王心齋全集》，卷三，頁11。
〔註20〕同前書，卷三，頁11。

　　雖然有待王者興的理想，門人仍須有實際作為，於是乃效法孔門弟子，講學四方，並且給予這種行為一套理論的說辭，即修身見世之說。如錢德洪對「見」字解釋為「不以位而以德」，即士人雖不踐位，但仍可講學，一方面是為在野講學之舉辯護，一方面為士人講學取得了理論基礎，於是士人乃不必有位，無論在朝在野皆可講學。而王艮更進一步以「處必為天下萬世師」自詡曰：

> 處必為天下萬世師，言必與吾人講明修身立本之學，使為法於天下，可傳於後世，夫然後立必俱立，達必俱達，庶幾乎修身見世而非獨善其身者也。〔註21〕

綜上討論可知，第一代弟子頗有不在乎政治之窮通榮辱，而以傳承此學、發揚此學為己任者，對這些門人弟子而言，陽明學當時不為世所容，問題出在政治上未有王者出，故不能識得此學價值而取用之，於是門人一方面期待將來有王者興，一方面則講學修身見世以自我期許。以下接著看第一代弟子流派分歧的情形，以及講學的內容為何。

第三節　士人講學與民間講學

一、講學兩派之分

　　晚明鄒元標為王時槐（1522～1605）的文集作序時，針對明代中期的學術，簡單作出分類說：

> 元某自縮髮參海內諸同志，總其途有二端：有謂學在透性，透性別無餘事，此即程伯子識仁之旨，然于伯子所謂識得此體，以誠敬存之之語，便以為落第二義。……有謂大德曰生，孔（子）生機在轍環易世，欲易世機，在轉當事者以易千萬人，然予睹未轉法革竟為法革轉者。兩者俱自敗之道也。〔註22〕

　　鄒元標生於 1551 年（嘉靖辛亥），待他學有所成時，時代的腳步已漸由明中期走入晚期，因此鄒元標對明中期學術所作的評論，應有其參考價值。明中期學術確如其所言，有兩途分別發展者：前者之學，要在致得良知到手，

〔註21〕同前書，卷三，頁 11。
〔註22〕鄒元標，《願學集》（收入《景印文淵閣四庫全書》，台北：台灣商務印書館，1983）集 233，卷四，頁 45。

可稱為士人講學；後者則從事民間講學。我們暫且依循鄒元標的分類，以展開下面的討論。

自陽明樹立學術典範後，「致良知」便成為第一代弟子討論的主要課題。對於如何致得良知到手，眾說紛紜，莫衷一是，而眾多的弟子，彼此議論、溝通、交換意見，諸如〈致知議辨〉、〈致知議略〉一類對於「致良知」的論辨，乃纏訟不休。以致得良知到手為第一要務的學術，即鄒元標所說透性一路的學術。但隨著講學活動的興盛與發達，開始從士人講學中分出一派，專門從事民間講學的活動，儘管民間講學只是一條支流的發展而已，而本文以兩者並陳，則在於二者講學風格的影響層面頗有不同之處，故須分別討論。

關於兩派的差異，可從講學的目的、對象，以及對政治所抱持的態度三方面來觀察。士人講學的講學目的，主要是透過講學的方式，士人彼此討論如何能夠致得良知到手。對這些士人而言，心體之透徹、良知之到手與否，是此生第一等大事，至於經世致用終究只是第二義，此即「為己之學」的取徑。而士人講學初創之際，即以士人為對象，菁英色彩本重，外諸如致良知的課題又純粹是一個學術課題，與百姓的日常生活隔閡頗深，因此這一派的學術並未廣傳到百姓平民中間，而侷限在士人之間的研討講論。

若士人講學的特色是「為己之學」，則民間講學顯然與此相反。民間講學的目的，不只是為己而已，還有其善世之功，即將其學廣傳民間，讓人人都能接受學術的洗禮。當然，所謂洗禮，充其量只是一些簡單的教導，但透過這些簡單的教導，卻更能夠深入百姓心中，令百姓平民循道而行。這種作法其實與士人講學的「為己之學」取徑相對，故鄒元標批評這一派是未轉法華而為法華所轉，其意即這一派太重善世之功，不免忽略了在心體上的用力。

兩派的講學目的、對象的不同，同時也影響了他們對政治的態度。士人講學的對象既是一般士人，而從政又是明代士人最重要的一條出路，因此如何處理學術與政治的關係，成為這一派重點所在。此中可以王畿之言為代表——

> 出則以其道格於上下，輔世長民以兼善天下，處則以其道獨善其身，守先王之法以開來學。〔註23〕

如王畿所說，視政治環境之利與不利來決定出處，以及或出或處所該從事的工作。

〔註23〕《王龍溪全集》，卷十四，頁 15。

　　民間講學則賦予了「講學」不同的意涵，從而與政治保持了相當的距離。士人講學的「講學」具有高度的政治意涵，故存有出則兼善天下的目的。民間講學則視講學爲「善世之功」，而少考慮得君行道、兼善天下一類事。此實將「講學」的政治意涵，取代以社會意涵。

　　但須補充說明一點：民間講學一派雖是學習孔子轍環易世的作法，欲以講學達到善世之功，但易世的關鍵畢竟不在百姓，而在當政者身上；因此，民間講學雖與政治保持一定的距離，但仍不可能與政治全然無關，至少在轉易世機一事上，必須與當政者有所交涉；而當政者的好惡，更可能決定民間講學的興廢；如張居正（1525～1582）之殺何心隱即是一例。

二、士人講學的發展

　　陽明晚年主張「致良知」，而以四句教——「無善無惡是心之體，有善有惡是意之助，知善知惡是良知，爲善去惡是格物」——行之，其中「無善無惡是心之體」被視爲是陽明對心體的解釋，乃爲門人所奉行不悖，並且貫串了整個明代中期的學術而不改。直至晚年東林學派繼起，事態方生變化，詳細情形則留待第三章再行討論。

　　陽明創致良知說，而門人乃守成其說，但在什麼是以及如何能致良知的問題上論辨甚繁，門人彼此切磋討論、交換心得，而幾位中堅人物更各自提出於「致良知」的見解，帶動思想界的討論熱潮。據王畿的整理，當時對於「致良知」的解釋，較著名者已達六家之數，〔註24〕若實際情形恐怕更多。

　　其時門人將「致良知」一事視爲人生第一等大事，如王畿說「人生一世，只有這件事」，〔註25〕若不能致得良知到手，生則虛生，死則虛死矣；在這種思想的指導下，諸如科舉利祿、濟民利用厚生等等乃皆可退居其次而不管，

〔註24〕原文如下：「先師首揭良知之教，以覺天下，學者靡然宗之，此道似大明於世。凡在同門，得於見聞之所及者，雖良知宗說，不敢有違，未免各以其性之所近，擬議攙和，紛成異見。有謂良知非覺照，須本於歸寂而始得，如鏡之照物，明體寂然而妍媸自辨，滯於照，則明反眩矣。有謂良知無見成，由於修證而始全，如金之在鑛，非火符鍛鍊，則金不可得而成也。有謂良知是從已發立教，非未發無知之本旨。有謂良知本來無欲，直心以動，無不是道，不待復加銷欲之功。有謂學有主宰、有流行，主宰所以立性，流行所以立命，而以良知分體用。有謂學貴循序，求之有本末，得之無內外，而以致知別始終。」（同前書，卷一，頁32～33。）

〔註25〕同前書，卷七，頁9。

只求良知到手而已。如《論語・憲問》所云，「古之學者爲己」，以致良知爲此生之大事，正是當時爲己之學的內容，所謂的「己」，指眞己而言，亦即心性之本體，也就是良知；唯獨爲己，方才能夠致得良知到手，並且保任良知不使或失。如陽明說：

> 人須有爲己之心，方能克己，方能成己。〔註26〕

即是此意。而羅洪先亦曰：

> 時時刻刻只有自了一著於吾人最緊切。〔註27〕

這段話是羅洪先得到王艮指教後的心得。王艮以正己正物、一正百正爲說，謂聖人以此修己安百姓而天下平，羅洪先聞其言有省，乃謂人們應當時時爲己，方才了得性命。

此爲己之學必須配合陽明的另一學說──「聖人與天地民物同體」〔註28〕合觀。所謂爲己，並非如自了漢一般，只求自了而餘皆不管；人若眞實爲己，須以天地萬物爲量，以天下爲己任，必如此方能成己。這種說法乃爲陽明弟子所承襲，如王畿說：

> 竊念吾之一身，不論出處潛見，當以天下爲己任。……古之欲明明
> 德於天下，最初立志，便分路徑，入此路徑，便是大人之學，此外
> 便是小成曲學。先師萬物一體之論，此其胚胎也。〔註29〕

此萬物一體論，指人若致得良知，即能以天地萬物爲量，而不侷限於一己而已，因此是一種心性論的意涵，而未必涉及在政治上實際的作爲或事功。王

〔註26〕《傳習錄》，上卷，頁 73。

〔註27〕羅洪先，《念菴文集》（收入《景印文淵閣四庫全書》，台北：台灣商務印書館，1986）集 214，卷五，頁 16。

〔註28〕《王陽明年譜》，卷三，頁 47。此外，著名的〈拔本塞源〉論中，說得更加清楚，曰：「夫聖人之心，以天地萬物爲一體，……天下之人心，其始亦非有異於聖人也，特其間於有我之私，隔於物欲之蔽，大者以小，通者以塞，人各有心，至有視其父子兄弟如仇讎者，聖人有憂之，是以推其天地萬物一體之仁以教天下，使之皆有以克其私，去其蔽，以復其心體之同然。」按其意，乃以與天地萬物一體爲心體之量，若失此量，乃生私、蔽，故曰「克其私，去其蔽，以復其心體之同然」。（《傳習錄》，中卷，頁 102。）

〔註29〕《王龍溪全集》，卷五，頁 24。如羅洪先亦云：「近來見得吾之一身當以天下爲任，不論出與處，莫不皆然。眞以天下爲任者，即分毫躲閃不得，亦分毫牽係不得，古人立志之初便分蹊徑，入此蹊徑乃是聖學，不入此蹊徑乃是異端，陽明公萬物一體之論，亦是此胚胎，此方是天地同流，此方是爲天地之心，生民立命，此方是天下皆吾度內，此方是仁體。」（《念菴文集》，卷三，頁 56。）

畿接著說：

> 吾人欲爲天地立心，必其能以天地之心爲心，欲爲生民立命，必其能
> 以生民之命爲命，今吾所謂心與命者，果安在乎？識得此體，方是上
> 下與天地同流，宇宙內事，皆己分內事，方是一體之實學。〔註30〕

所謂一體，只以良知爲標準，而不論事功高低，因爲士人處世所當致意者，
當以致得此知爲要，而不必在乎在政治上的遇與不遇。羅洪先爲突顯此點，
更以遁入深山爲說，認爲儒者若存一體之心，則即使遁入深山，亦不與自私
者同。〔註31〕

在爲己之學的基礎上談一體之論，而又刻意撇開個人際遇、政治事功的
糾纏，而爲了眞實眞己、充實一體之心，便須講學，〔註32〕於是講學乃駕於
從政上而成爲第一義的要事。如王畿雖說「聖人之學，主於經世」，〔註33〕但
其經世是以爲己爲大本，以講學爲途徑，而以政治際遇之窮明爲末節。〔註34〕
「經世」的內容，幾乎已被爲己之學與講學二事所奪，而政治方面的際遇與
事功卻不再佔有要緊的地位。

相對於此，二氏之學雖亦是爲己心切，但不能存此一體之心，故遁入出
世而不願經世。因此陽明乃以三間屋之說爲譬，以聖人與天地萬物同體，能
包得三教，而二氏自私其身，僅僅得其一偏而已，因此對於二氏存而不論可
矣。〔註35〕連帶對於出世之學所關注的生死問題亦可置之不講。〔註36〕所

〔註30〕《王龍溪全集》，卷五，頁24～25。

〔註31〕原文如下：「深有感於萬物一體之論，即使逃入深山，終與二氏宗旨懸絕不同。」
（《念菴文集》，卷四，頁87。）對羅洪先而言，二氏乃自私其身者（如曰：「……
此聖賢之道之大所以異於老佛二氏者，以其通天下爲一身，不以一身自私故
也。」同前書，卷八，頁19）。故儒者若有一體之心，則不論際遇如何，皆與
二氏不同。

〔註32〕如王畿一方面以立「以天下爲己任」之志爲說，一方面說「既有此志，須學
以充之」；既須「學以充之」，則講學遂爲必要。《王龍溪全集》，卷七，頁16。

〔註33〕同前書，卷一，頁12。

〔註34〕如伊尹或者得爲明君所用，或者不遇而窮老村野，但其學之價值並不因此而
有所加損，所以王畿也說：「士之處世，所重全在立志，遇與不遇非所論也。
伊尹只是箇莘野耕叟，便以天下爲己任，匹夫匹婦有不被堯舜之澤，若己推而
納諸溝中一般，何異狂語？蓋其萬物一體之心，原切於膚，不容自己，使其終
身不遇，亦是窮困的阿衡，其聘而得遇，亦只是個榮達的耕叟，非有加損也。
吾人若無此志，到底只成自了漢，謂之小家當，非大人之學也。」（同前書，
卷七，頁15～16。）

〔註35〕原文如下：「譬之廳堂三間，共爲一廳，儒者不知皆吾所用，見佛氏則割左邊

謂「吾儒主於經世，二氏主於出世」，〔註37〕應可作為儒學與二氏之學的分野所在。

三、民間講學的成形

陽明弟子由於在致良知的理解上的歧異，以致分門別派，各成一家，而在諸多門人中，仍有幾位弟子是時人所推崇的領袖人物，如王畿、錢德洪、王艮等。王畿、錢德洪在陽明生前即已得其印可，待陽明歿後，遂為時人所崇慕，而二人亦遊走四方，矢志講學而不敢或懈。王艮出身布衣，早年自學成功，後往見陽明辯難學問，終於折服而納贄為弟子，待陽明歿後，王艮亦周遊四方講學，創「淮南格物」說，據《明史》卷二八三〈王畿傳〉所說，「泰州王艮，亦受業守仁，門徒之盛，與（王）畿相埒。」足見其學影響之廣。

如前述，為己之學與經世相表裏，具有學術方面的意涵，而與政治關係不大，故政治際遇之窮達不當列入考量之中，於是學術在不小的程度上得以擺脫政治的糾纏，稍稍擁有一片自由的空間，而門人仍可以講學為務，修身見於世。這一點是門人所共同同意。但所謂修身見於世，究竟其強度為何？幾位門人弟子遂有不同的看法。其中以王艮的看法與民間講學淵源最深。

對王艮而言，修身講學不僅是大本所在，且應一生從事不改，以此為終極關懷才是。對於受到許多儒家士人所尊崇的伊尹，他卻指出，伊尹須能得遇明君，事功方才有所建立，若不遇，則獨善其身而已，因此他撇棄伊尹不

一間與之，見老氏則割右邊一間與之，而己則自處中間，皆舉一而廢百也。聖人與天地民物同體，儒佛老莊皆吾之用，是之謂大道，二氏自私其身，是之謂小道。」〈王陽明年譜〉，《王陽明全集》，頁47。王畿予以闡釋曰：「夫儒佛二氏，皆是出世之學，佛氏雖後世始入中國，唐虞之時，所謂巢許之流，即其宗派，唐虞之時，聖學明，巢許在山中，如木石一般，任其自生自化，乃堯舜一體中所養之物。蓋世間自有一種清虛恬淡不耐事之人，雖堯舜亦不以相強。……先師嘗有屋舍三間之喻，唐虞之時，此三間屋舍原是本有家當，巢許輩皆其守舍之人，及至後世。聖學做主不起，僅守其中一間，將左右兩間甘心讓與二氏，……有不能自存之勢，反將從而歸依之，漸至失其家業而不自覺，吾儒今日之事何以異此？……先師良知之學，乃三教之靈樞，于此悟入，不以一毫知識參乎其間，彼將帖然歸化，所謂經正而邪慝自無，非可以口舌爭也。」（《王龍溪全集》，卷一，頁18～19。）

〔註36〕 如羅洪先說：「天地之間，萬死萬生，天地不為欣戚，以其在天地未嘗有增、未嘗有損也。生死不增損於我，我何欣戚？故聖人實之。」《念菴文集》，卷八，頁34。

〔註37〕《王龍溪全集》，卷十，頁29。

取而另行提出孔子爲宗，以爲孔子無論有位無位、得時與否，皆有所作爲。
故曰：

> 伊傅得君可謂奇遇，設其不遇，則終身獨善而已。孔子則不然也。
> 〔註38〕

> 我而今只說志孔子之志，學孔子之學。〔註39〕

所謂「志孔子之志，學孔子之學」，指孔子無論有位無位，皆講學不息而言，
又說：

> 不論有位無位，孔子學不厭而教不倦，便是位育之功。〔註40〕

王艮乾脆抖落了政治的糾纏，而以講學爲終極關懷之所在，僅僅講學而不問
其餘，於是將經世全部的重量放在講學一事上，而施政之作不與焉，講學變
成了經世的全部內容。由於王艮由於出身灶丁，文化素養不深，講學語多不
加修飾而淺顯易懂，使其講學較易吸引平民百姓參與其中。以講學爲經世的
全部內容，以及平民的參與這兩項特色，遂開了民間講學一路的興起。

　　王艮之後，有顏鈞專意致力於民間講學。顏鈞出身布衣，早年因讀陽明《傳
習錄》有所悟，遂在家鄉組織「三都萃和會」，宣講太祖〈六論〉。「三都萃和會」，
成效斐然，當顏鈞母親去世時，一鄉老壯男婦爲之慟慘泣涕，如失親姚之狀，
但同時也使他發現己學尚有缺陷在，〔註41〕於是「獨違家鄉，奮游四方，必求
至人，參裁耿快。」，〔註42〕遇徐樾，拜爲師，後更因徐氏引薦，投入王艮門下，
受傳「大成學」，學術終於有成，而自成仁道。〔註43〕接受王艮學術的洗禮是顏
鈞學術成形的關鍵。王艮逝後，顏鈞方才出講豫章同仁祠，貼「急救心火榜文」，
於會中收羅汝芳爲弟子，而顏鈞的講學活動亦自此正式展開。

〔註38〕　《王心齋全集》，卷三，頁9。
〔註39〕　同前書，卷三，頁7。
〔註40〕　同前書，卷二，頁8～9。
〔註41〕　其文曰：「惜哉！匹夫力學年淺，未有師傳，周知此段人和三月，即尼父相魯，
　　　　　三月大治，可即風化天下之大本也。奈何苦執哀泣之死道，竟廢一鄉之生機。」
　　　　　顏鈞，《顏鈞集》（北京：中國社會科學出版社，1996），卷三，頁24。
〔註42〕　同前書，卷三，頁25。
〔註43〕　顏鈞自述道：「叼天降生陽明，引啓良知，直指本心，洞開作人正路；繼出淘
　　　　　東王心齋，自師孔仁，印正陽明之門，晚造大成之止，授傳耕樵（即顏鈞），
　　　　　肆力竭才，于七日閉關默識，洞透乎己心性，若決沛江河，幾不可遏。如左
　　　　　右逢源，惟變所適，三年五年，自得孔子師道之法程，翼後《大學》、《中庸》
　　　　　之繩脈。」（同前書，卷四，頁36）。

顏鈞承襲王艮以講學來經世的取徑，但更強調講學的果效，他說：

千古正印，以衍傳于吳農漢，破荒信，徹良知，洞豁樂學，始以耕心樵仁爲專業；承流孔孟，轍環南國，繼以安身運世爲事功。〔註44〕

而所謂安身運世之事功爲何？顏鈞又說：

大道無私，人品殊科，不有先覺，孰開其蔽？況天下之廣，億兆之衆，苟不沿流申道，遞分四方，誘以同學，則有志者阻于遐僻，昧于見聞，終將貿貿焉莫知所謂大道。是故在昔孔孟流環以木鐸天下，亦惟恐生獨樂之私，不得與衆同耳。吾輩學宗孔孟以善世，可自嫌于枉徇而私利乎！〔註45〕

所謂的事功，即將此學遞予億兆之衆，以收善世之效。

審顏鈞之言，乃以講學善世爲要務，即如鄒元標所說「孔生機在轍環易世」之意。所謂講學善世，乃是以一些簡單的教導，讓百姓得有遵循之軌轍，從而家家父慈子孝，而無悖亂之事，此即善世之效，故不必以透徹心體爲務。此與士人講學爲己之學的觀念，恰相背反，因此這一派學術乃獨樹一格，而與士人講學標異。

民間講學雖針對百姓傳道，但就轉易世機一事，仍不得不將重點放在轉易當政者上。檢閱顏鈞的文集亦蘊藏此意；如曰轉易天下之機在君臣之手中，〔註46〕又曰今日若有一仁臣如文王之心、伊尹之志，則可一人定國，而運顛危於反掌；〔註47〕究其意，乃以仁臣爲世道之機，故若仁臣在位，則國可治矣。

惟考顏鈞生平，未見其有何轉易當政者之事蹟，唯一與此相關者，乃顏鈞曾與士人講學南京，利用講學的機會，冀能在這批士人中培植一些將來施政之仁臣。〔註48〕相對於此，顏鈞所從事的民間講學卻頗爲當政者所排斥，

〔註44〕同前書，卷一，頁2。

〔註45〕同前書，卷一，頁5。

〔註46〕參見〈急救溺世方〉一文。同前書，卷六，頁53～54。

〔註47〕其文曰：「曾有一仁臣如文王之心、伊尹之志，欲救堯湯七年九年水旱之苦，憂皇皇思回天心，即可運今日顛危如反掌，即可如孔入魯三月國大治耶！豈終諉曰：『一言興邦』、『一人定國』爲虛誕哉！」同前書，卷六，頁50。

〔註48〕在〈告天下同志書〉中，顏鈞針對士人講學，說：「遂擇南畿爲四方中都，約豪杰成三載良會，將以萃神協志，忘懷孚麗，人皆受學，學皆中正。……然後五七爲明，八九類群，將所學至東西南北，述通未聞之人，俾皆感吾輩忠信之誠，自入于化導之中。由是聖學明而信從易，師道立而善人多，恥格之

如官員薛應旂（1500～1573）便批評說：

> 直指本原，刪蕪別穢，伯安於學者亦不可謂無功也。特其自任有教
> 無類，而門多市井，至使以游辭惑世，則其慮之所未及也。〔註49〕

薛氏站在朝廷的立場，對市井之徒以學自任特致不滿之意，對薛氏而言，學術應由上主之，而非由下主之，〔註50〕所以民間講學被薛氏貶爲「季世之教」。

顏鈞於 1566 年（嘉靖丙寅）在揚州買船正待南還時，爲南道提學耿定向派人誘往太平府講學，開講三日即受擒入監，被誣以盜賣淮安船，坐贓三百五十兩銀，幸賴羅汝芳納贓搭救，始得出獄。〔註51〕對此鄒元標說：

> 山農雖以學自任，放言矢口，得過縉紳不少，南刑曹業置之死地矣。
> 先生（指羅汝芳）以身代爲之贖，而顏得生全。〔註52〕

顏鈞之被捕，係得罪當政者所致，此事反映了當時民間講學受到打壓的狀況。顏鈞歷經此事之後，似乎意氣爲之消磨不少，此後先是被兩廣總兵俞大猷納爲參謀，參與征剿海寇的活動，繼則滯留家鄉專心著述，而不再從事講學。

第四節　王道理想的提出

陽明弟子在不利陽明學的政治局勢下，一方面懷抱「待王者興」的想法，一方面則「修身見世」講學以開來學，所謂的待王者興的想法，其實背後另有一套王道理想的架構在支撐著。王道理想與修身見世的觀念，既是陽明學講學的兩大支點，同時亦貫串了整個明代中期的學術，成爲此時學術的基礎所在。

王道之說，古已有之。《尙書·洪範》曰：「無偏無黨，王道蕩蕩；無黨無偏，王道平平；無反無側，王道正直」，乃以「無偏無黨」、「無反無側」說明王道的內容。蓋王道作爲士人之政治理想，自古已然，故歷代對於王道之

民，伊周之相，將丕成輩出于天下矣。」（同前書，卷一，頁 4。）究其意，顏鈞恐是利用向士人傳講的機會，希望士人參與其中，並將此學傳播四方，令四方之民皆入於化導之中，養成所謂「恥格之民」，而士人本身，既得聆此學，一旦得位，則成爲「伊周之相」。故此次講學，不僅秉持庄會講學向百姓傳講之意，且有培養將來仁臣之寄託在焉。

〔註49〕薛應旂，《薛子庸語》，收入《四庫全書存目叢書》，子部第 10，卷四，頁 2～3。
〔註50〕原文如下：「治世之教也，上主之，故德一而俗同；季世之教也，下主之，故德二三而俗異。」薛應旂，《薛方山記述》，收入《四庫全書存目叢書》，子部第 10，卷四，頁 12。
〔註51〕參見《顏鈞集》，卷三，頁 27～28。
〔註52〕《願學集》，卷六，頁 51。

論說頗多，各家意見多因所處時代背景不同，而論說亦有所出入，故對於王道內容之界說，迄今仍難有定論。

與王道相對即是霸道。王霸之辨首見《孟子》一書，窺其意，大體以義利之辨爲王霸之辨的基礎，亦即以道德標準分別王霸。然而王霸之辨，孟子或發其先聲，未必人人皆以其說爲然，故關於王、霸之討論，繼孟子之後尚多有說者，且無代無之，故亦難有定論。

王道觀念與王霸之辨的內容，既然歷代論釋皆有不同，因此審諦一個時代的觀念，便須扣緊時人的論釋，而不能任意跳躍，援引其它時代的說法介入其中。本章討論既以第一期學術爲背景，故須扣緊這個時代的思想脈絡來討論王道觀與王霸之辨的內容爲何。

明代陽明學的王道觀念與王霸之辨的問題，係自陽明開其端，而陽明於〈拔本塞源論〉中說之甚詳。〔註53〕陽明先就學術的基礎論之，以聖人之學以復心體之同然——即良知——爲大端，知識技能非所與論；而心體之同然既爲性分所本有，不假外求，故人人能之；若知識技能，則因各人才質高下而有別，故不必強求，各安其分即可。秉持此說，陽明將之推諸王者之施政，聖人在位，不過教士民復其心體之同然而已，而士民之所說，亦不過學此而已，除此之外別無它教、別無它學。至於實際的政治事務，聖人則視各人才質之所長而安排其職份，使之終身居其職而不易；若才質之下者，則居平民之位，安其農、工、商、賈之分，相生相養，無有乎高慕外之心。此即唐虞三代之王道世界，亦即王道理想的具體圖象。所謂霸道乃適與其反，以良知爲未足，以知識技能爲尚而相矜相高，故所爲皆功利富強之事業。審其意，即以學術之取徑，爲王霸之辨的標準。陽明在學術上的對手是以朱子爲代表的朱子學，而在陽明的定位下，朱子學糾纏於知識技能等過深，故陽明眼中的霸道，其實有兩層涵義，一是指事功傾向的學術，另一則是指朱子一派徇於知識技能的學術；二者皆非正道。若欲覓王道之途，則非陽明學莫屬。陽明更進一步勾勒了一幅王道的圖象，這幅圖象，一言以形容之，就是君臣士民相與講學的圖象。〔註54〕而審諦陽明的王道理想，其實不出兩項要件：其

〔註53〕以下關於王道與王霸之辨的討論，皆本此論而言，參見《傳習錄》，中卷，頁100～105。

〔註54〕這幅圖象，被陽明弟子繼承了下來。如王艮說：「聖人經世，只是家常事；唐虞君臣，只是相與講學。」《王心齋全集》，卷二，頁7。此外，王艮在〈王道論〉中更清楚地將這幅圖象勾勒了出來，說：「夫養之有道而民生遂，教之有

一是以聖人之學爲內容，其一是君臣士民相與講學。

對陽明而言，己學即是聖人之學，故實現王道理想的條件，所爭差者只是第二點的問題；而第二點又可分爲二小點來看，一是君主是否用其說，一是士人是否信其說；必須此兩小點能夠配合，方能達到君臣相與講學的理想。故此，陽明晚年專心以闡明己學爲務，希望己學能爲士人所信，其實正是爲了實現王道理想所作的一種努力。

陽明既歿，陽明弟子遂秉持師志，繼續傳揚學術的工作，其時政治局勢並不利於陽明學的傳播，如明世宗便有兩次禁學之舉，因此對時君取用其學的期待當時落空，但陽明弟子並未就此放棄，他們承襲陽明的作法，從士人身上下手，期冀藉由講學的工作，吸引士人之信從。

陽明弟子作法其實相當務實，由於士人作爲帝國的骨幹，乃無可疑之事實，因此爭取士人的支持，其實正是關鍵所在；一旦陽明學普遍爲士人所接受、廣泛流行於士人之間，對於長久拘蔽在朱子學之中的學術風氣的改造，當可收到不小效果，而以陽明學爲內容的王道理想，亦可算是初步達成。加上士人是朝廷官員的組成主幹，因此一旦有信從陽明學之士人入仕從政，且爲數不少，則能主導政府之施政，而成經世濟民之功；一旦朝中多數官員皆陽明學中人，必能扭轉原本不利陽明學的政治局勢。

但在講學得到政治的承認之前，講學與從政畢竟歧分爲二，即令士人當時一面從政又一面講學，亦非如陽明所說的以講學爲從政的內容，而是官員自身招集士人講學，屬於從政以外之事。即使如此，當時有不少門人卻可以講學爲安身立命之所，而不必另尋政治上的出路，所以如此，則跟「見龍」理論的提出有關。

中國講學的傳統，可遠溯春秋時代，以孔子爲代表，孔子曾說「天下有

方而民行興，率此道也以往，而悠久不變，則仁漸義摩，淪膚決髓，道德可一，風俗可同，刑措不用而三代之治可幾矣。然非天子公卿講學明理躬行於上以倡率之，則徒法不能以自行，而卒亦不可致矣。苟不知從事於此而惟末流是務，則因陋就簡，補弊救偏，雖不無一時騶虞之效，隨世以就功名，終歸於苟焉而已，非王道之大也。」（同前書，卷四，頁12～13。）由於全文顏長，故不能具引，但究其重點所在，乃是「天子公卿講學明理躬行於上以倡率之」一語，亦即前引君臣相與講學之意。又如王畿說：「吾人此生，不論出與處，閒與忙，只有講學一件事。」（《王龍溪全集》，卷十一，頁1。）處則講學，無可異，但王畿又說出亦講學，則所謂的出，應指在王道理想下的政治局勢而言，此種政局即是如王民所說的君臣相與講學的圖象。

道則見，無道則隱」(《論語‧泰伯》)，「見」是爲淑世理想而仕之意，「隱」則是遯出全身以守此善道之意。有道無道，孔子皆有因應之策。但下逮明中期，這方面的看法稍有變化，如錢德洪說：

> 古之人，得志澤加於民，不得志修身見于世。見爲見龍之見，在田之龍，不以位而以德。吾人講明正學，以待將來爲王者所取法，文明之徵也。〔註55〕

此段對「見」的解釋特別值得注意。《論語》原文中的「見」當指出仕從政而言，須在天下有道的條件下方才成立，錢德洪必知此語，亦應知其原意。但當時正值時勢不利陽明學之際，錢德洪在仕途上又不順利，而在野講學，此時此境，錢氏若遵孔子之言，則當隱而已。〔註56〕但當時陽明學既受禁學的壓迫，則其傳播須倚重門人在野講學，因此如何爲在野講學之舉辯護，遂成關鍵課題。故此，錢德洪援引《易經‧乾卦》「九二見龍在田」之言，重新詮釋「見」之一字，解爲「不以位而以德」，於是「見」之內容，變成專指講明正學而言，則「見」不必有道，無須有位，在野講學亦是「見」了。相對於孔子「無道則隱」的說法，錢德洪使用「修身見世」之說，配合「見龍」的觀念，構成他從事講學的理論基礎。

類似的觀念，也可在王畿身上見到，如曰：

> 出則以其道格於上下，輔世長民以兼善天下，處則以其道獨善其身，守先王之法以開來學。〔註57〕

按字面意義來看，所謂「獨善其身」，應與「無道則隱」同意，但王畿乃以「開來學」規定之，則其用意與錢德洪其實無二。

若參照上述王道理想的圖象來看，講學作爲王道的基礎，在野在朝皆須講學。循此覈之，則錢德洪爲講學所做的辯護，便非單指在野講學一事而言，在朝講學一事亦包括在內。所謂的「不以位而以德」，意即在野在朝，位雖不同，但從事講學則一。在「見龍」的理論基礎上，講學變成士人所應終身從

〔註55〕《王龍溪全集》，卷二十，頁13。

〔註56〕對於「隱」之意義，或有不同的解釋，但若落實在陽明弟子身上來看，如王艮說：「此隱字對見字說，……隱則如丈人沮溺之徒，絕人避世而與鳥獸同群者是已。」(《王心齋全集》，卷二，頁10～11) 言下之意甚明，即視隱爲絕人避世，故孔子所說「無道則隱」，在陽明弟子眼中，恐指無道之時即當絕人避世，而不應講學之意。

〔註57〕《王龍溪全集》，卷十四，頁15。

事者，亦即士人一生立足之所在。故士人無論出處、有位無位、在野在朝，皆須講學，而不能自逃於講學之外。王畿說得最爲直截，曰：

> 吾人此生，不論出與處，閒與忙，只有講學一件事。〔註58〕

這句話必須配合前引王畿之言，並且放在王道理想的圖象中來看。前引王畿所說，出則輔世長民以兼善天下，處則守先王之法以開來學；處則「以開來學」，固指講學言而無疑，若出則兼善天下，其實在王道理想中，亦只是君臣相與講學而已，因此即令「出」，亦只是講學；出處皆講學，故曰此生只有講學一件事而已。因此，「見龍」之說其實爲士人終身講學一事提出理論基礎。對此，王艮也說：

> 孔子謂「二三子以我爲隱乎」，此隱字對見字說。孔子在當時雖不仕，
> 而無行不與二三子，是修身講學以見於世，未嘗一日隱也，隱則如
> 丈人沮溺之徒，絕人避世而與鳥獸同群者是已。乾初九「不易乎世」，
> 故曰「龍德而隱」，九二「善世不伐」，故曰「見龍在田」，觀桀溺曰
> 「滔滔者天下皆是也，而誰以易之」，非隱而何？孔子曰「天下有道，
> 某不與易也」，非見而何？〔註59〕

這段話將「見」、「隱」對舉，以示今日之務不在絕人避世，而在「修身講學以見於世」，此說適可印證上文之推論。王艮在此基礎上，更進一步說：

> 見龍，可得而見之謂也，潛龍則不可得而見矣，惟人皆可得而見，故
> 「利見大人」，聖人雖時乘六龍以御天，然必當以見龍爲家舍。〔註60〕

所謂「以見龍爲家舍」，清楚地點明了在「見龍」的理論基礎上，講學足可提供個人安身立命之所的情形。〔註61〕

〔註58〕同前書，卷十一，頁 1。
〔註59〕《王心齋全集》，卷二，頁 10～11。
〔註60〕同前書，卷二，頁 14。
〔註61〕這裡必須交代的是，此處的「以見龍爲家舍」之說，其實與王艮「出則必爲帝者師，處則必爲天下萬世師」之說相通。而由於王艮向來以師道自任，視此爲終身職志，且「見龍」的內容又是與人講學、好爲人師之意，因此王艮才會視見龍爲其安身立命之所。而如我們在本節的第三小節所討論的，王艮之學，與其它門人相較，風格較爲特出，尤其出處必爲人師之說，更爲其它門人所無。故此，似乎王艮的情形未必可適用在其它門人身上。然而，其它門人雖未必皆如王艮好爲人師，但出處咸必講學的觀念，則與王艮相仿，故雙方所爭差者，只是一者好爲人師，一者則否而已。而如上述王畿與錢德洪二人，皆終身講學，以修身講學以見於世來自我期許，而錢德洪的「以位不以德」之說，更與王艮說同一機杼。故知王艮之學，雖較特出，與其它門人的差別終究有限。因此王

綜上所述，由於時局對於陽明學頗多不利因素，致令門人多有在野講學；加上陽明所勾勒的王道理想的圖象是以講學爲基礎，故門人一方面既已在野講學，一方面又懷此王道理想，而發展出一套「見龍」的理論爲講學作張本；進一步更以「見龍」爲家舍，視講學爲安身立命之所。於是士人因致力講學，而不必汲汲於往政治上，尋求發展，甚至在士人講學之外更歧出了民間講學一派的學術，此派乃乾脆以講學爲經世之途，而向平民百姓傳講學術。

小　結

總結本章所討論者，陽明所開創的學術，是一種以爲己之學爲中心的學術，所謂爲己之學，即以透徹心體爲主，以萬物一體爲量，而又與經世互爲表裏。至於講學一事，則同時承載了兩方面的意義，一者是爲己之學，一者是經世之學。爲己之學的部份，指士人藉由講學的研討，在群體中做學；經世之學的部份，則指士人的王道理想而言。講學既然具有兩方面的意義，則承載的重量不可謂不重，士人亦因此得有安頓之所。這種爲己之學與經世互爲表裏，而以講學爲方式，以萬物一體爲量的情形，貫串了整個明代中期的學術，直至第三期學術方才有變。其時由於儒學關於本體論的部份已露破綻，本體論乃幾爲釋氏所奪，故爲己之學亦發生危機；爲己之學的問題，造成經世之學亦失去基礎，而出世之學乃大爲流行；爲己與經世既皆有病，「見龍」之說終爲「惕龍」所取代；「以位不以德」的觀念亦受到質疑；而民間講學一路的學術更是弊病百出。這些將留待第三章討論。

艮「以見龍爲家舍」之說，在某個程度上，其實亦可用來形容其它門人的情形。尤其視講學爲安身立命之所的取徑，更普遍流行於門人之間。本文爲了證明方便，因此直接使用王艮之言，但附說於此。

第二章　明中期學術與政治

前　言

　　在門人的努力下，一、二十年間，陽明學講席終於遍佈海內，陽明學取代了朱子學而成為思想界的主流，但在同時不少弊病如播弄本體的問題亦逐漸暴露出來，而為士人所詬病；於是有人對陽明學予以改造與創新，亦即在陽明學的脈絡下，對第一期學術作出進一步的發展，故本文稱此為第二期學術。

　　此時政局亦生變化。自明太祖洪武十三年（1380）廢相以後，終明之世未曾再設宰相，大權於是統歸到君主一人手上，但國家事務繁多，致使君主不得不下放權力，讓大學士參與機務，內閣制度因此逐漸形成。隨著時勢之遷移，大學士責任漸重，所掌權力亦越大，及乎世宗一朝，更是一大轉折的關鍵。史稱：「至嘉靖間，始委政內閣，而居首撰者責任尤專，凡一時政治得失，皆視其人為輕重。」〔註1〕從此一切政務遂操之內閣手上，而首輔亦成為政治領導的中心，其職彷彿古代宰相，操縱了予奪之大權。學術與政治關係如何，首輔對於講學抱持何種的態度，遂成為重要關鍵。

　　1530年代，夏言（1482～1548）原本居首輔之位，但於1542年（嘉靖壬寅）被世宗免職，大學士嚴嵩（1480～1565）趁機奪取夏言在內閣中的權力，此後經過一段紛擾的時期，先是夏言再度被召回內閣，但被嚴嵩用計除之，然後整個內閣遂為嚴嵩所控制，直至他於1562年（嘉靖壬戌）去位為

〔註1〕《四庫全書總目提要》（台北：藝文印書館，1964），卷58，頁290。

止。

嚴嵩既任首輔，大權在握，但卻不得士人擁戴，不少士人甚至因爲嚴嵩的緣故而致仕歸鄉，唐順之（1507～1560）因爲東南倭亂而應嚴嵩之召出山，卻因此招人物議。〔註2〕另一方面，陽明後學經過多年的經營，講學的成績斐然，朝廷官員支持陽明學的人已不在少數；而門人更有不少在朝中官居高位者，尤其他們多年來在政壇所培植的勢力亦不容小覷。一旦時機成熟，一呼百應，則聲勢之大，絕非初創之時所能比擬。

嚴嵩雖然不受士人歡迎，但他對講學並未嚴加禁止，加上陽明學者徐階（1503～1583）任大學士，於是有靈濟宮講會舉行。靈濟宮講會的舉行，凸顯了學術與政治的關係已經有所調整。

本章第一節首先討論第一期學術發展至今的變化，包括學術本身，以及外在環境——主要指政治局勢的轉變。第二節與第三節則接著討論學術本身的改變，內容主要有三：一是在某程度上離開陽明學的規範而自立新說的取徑，二是不再以陽明爲典範，而直接往上繼述孔子的作法，三是由於第一代陽明學者玩弄本體的流弊，導致側重工夫的傾向。第四節則主要處理由於外在環境的轉變，學術與政治的關係有所調整，而士人如何爲這種新的關係提出理論依據，並且建構一套理論爲其基礎；而這套理論一旦建構成功，對於現實情勢又造成了怎樣的影響；以及政治繼續的發展，又如何破壞了這套理論等等。

第一節　內外環境的轉變

一、世代交替

陽明學在門人弟子的大力的倡導下，至1540、50年代，已獲致不小的成果；其時陽明學講席遍佈海內，「致良知」亦成爲思想界的中心課題。

然而，隨著歲月的逝去，王門第一代弟子的中堅人物，亦已逐漸凋零。王艮逝世最早，死於1540年（嘉靖庚子），鄒守益、羅洪先亦分別卒於1562年（嘉靖壬戌）、1564年（嘉靖甲子）。至此，王畿不得不感嘆說：

〔註2〕黃宗羲說：「先生晚年之出，由於分宜，故人多議之。」分宜指嚴嵩。參見黃宗羲，《明儒學案》（台北：里仁書局，1987），卷二十六，頁598。

諸公相繼云亡，老師學脈，不絕如線，吾人後死者，不與出頭擔當，
後將誰賴。〔註3〕

言下之意即已面臨世代交替之機。諸人中，王畿去世最晚，故目睹此景，而
應慨係之。隨著第一代弟子相繼云亡，王畿知己日無多，故視今日要務，爲
尋一可傳道法之人，而曰：

不肖年逾七十，百念已灰，潛伏既久，精神耗溺，無復有補於世，
而耿耿苦心，惕然不容自己者，有二：師門晚年宗説，非敢謂已有
所得，幸有所聞，心之精微，口不能宣，常年出遊，雖以求益於四
方，亦思得二三法器，眞能以性命相許者，相與證明領受，衍此一
脈如線之傳。〔註4〕

又曰：

若不及時尋求法器，眞肯發心者數輩，相與究明斯旨，以圖遠業，
一線之緒，將自此而絕。〔註5〕

王畿生於1498年（弘治戊午），由「年逾七十」一句，可知此時已是1570年
代，而與王畿同一師門，並列爲王門二大弟子的錢德洪，更於1574年（萬曆
甲戌），撒手西去。第一代弟子之凋零由此可見一般。也因此王畿才會迫切地
要尋一法器，以傳此道。然而，及乎1570年代，在第一代弟子主導下的講學，
由於中堅人物的逝去，無人撐持，其內在危機亦一一浮現出來。

　　陽明學的內在危機，最嚴重者當屬玩弄本體的流弊。由於陽明學以「良
知」爲本體、以「致」爲工夫，務要致得良知本體到手方可，因此，關於良
知——亦即本體論的部份，特受時人青睞，而時人亦將目光焦點泰半放在本
體論的討論上。但本體如何，總無可見，亦無以佐驗，隨著陽明學盛行，不
免有人張皇其事，耽溺於本體。約1550年代時，羅洪先便曾說：

今之談學者，多認良知太淺，而言致良知太易。〔註6〕

又說：

而今之言良知者，一切以知覺播弄，終日精神，隨知流轉，無復有
凝聚純一之時。此豈所謂不失赤子之心者乎？恐陽明公復出，不能

〔註3〕《王龍溪全集》，卷四，頁4。
〔註4〕同前書，卷十五，頁19。
〔註5〕同前書，卷二，頁32。
〔註6〕《念菴文集》，卷八，頁2。

> 不矯前言而易之以他辭也。……自未聞良知之說以前，諸公之學頗
> 多得力，自良知之說盛行，今二十餘年矣，後之得力較之先進似或
> 不勇，此豈無故耶！〔註7〕

由於士人不曾實用功夫，一味耽溺於本體追求，遂有所謂「以知覺播弄」的
流弊。羅洪先洞覺此弊，已先聲此憂，但不見改善。及乎1570年代，此事更
爲人所詬病。如李材批評道：

> 今人動欲辨體，只爲一向以知爲宗，故概以游揚活潑者當之，此程
> 伯子所以謂認得時活潑潑地，認不得時只是弄精魂也。〔註8〕

> 三十年講學，爲辨體之論，耽誤光陰者半。〔註9〕

李材之言，正是針對耽溺本體的流弊而發。自羅洪先以至李材，一致對此提
出攻擊，顯示這項流弊確實困擾士人不少。而學術發展，亦已面臨不得不變
的抉擇。我們將在第二節看到士人對於這方面所作的努力。

二、現實情勢的轉變

　　除了陽明學內部的問題，學術與政治的關係亦已達調整之機。陽明學發
展至1550、60年代臻於巔峰，而此時的政局則由原先之禁學，轉爲由政府提
倡講學，此一成就須歸功於王門弟子數十年的經營。陽明學初創之際，政局
尚頗不利於陽明學的傳播；然而，無論禁學的威逼、或是科舉的利誘，皆未
動搖門人傳揚師說的決心；與此相反的，門人更加以傳道爲己任，甚至多有
寧願放棄官職而選擇在野講學者，以期將來可以逐漸扭轉官方的態度，使陽
明學可以取代朱子學而成爲顯學。

　　來到1550年代，此一理想大體已經獲得實現，此可從靈濟宮講會的舉
行得到印證。1553～1554年（嘉靖癸丑～甲寅），嚴嵩任首輔一職，但大學
士徐楷，與歐陽德（南野，1496～1554）、聶豹（雙江，1487～1563）、程文
德（松溪，1497～1559），同於京師的靈濟宮講學，盛況爲之空前，《明儒學
案》形容說：

> 癸丑甲寅間，京師靈濟宮之會，先生（歐陽德）與徐少湖、聶雙江、

〔註7〕同前書，卷三，頁33。
〔註8〕李材，《見羅先生書》，收入《四庫全書存目叢書》，子部第11～12，卷十三，
　　　　頁8～9。
〔註9〕同前書，卷十五，頁12。

程松溪為主盟，學徒雲集至千人，其盛為數百年所未有。〔註10〕

（徐階）及在政府，為講會於靈濟宮，使南野、雙江、松溪程文德
分主之，學徒雲集至千人。其時癸丑甲寅，為自來未有之盛。〔註11〕

從「為自來未有之盛」一語，我們已足可想見此次講學規模之大。而招集此
次講學的人，竟是一批政府官員。凡此等等，若與昔日政府從上禁學的情形
相較，實在不可同日而語。

此會有兩點值得注意：一是舉行地點；一是主持人物。靈濟宮之會位於
京師近畿，而京師作為全國的政治中心，朝廷對於在此舉行各類群體活動自
然頗為敏感，因此選擇在此講學，其實相當容易引起流言誹議。而如前述，
明世宗曾經於1540年代禁學，而如今卻竟在天子腳下，肆無忌憚地公然講學，
則除非當時講學已得到官方的默許，否則絕無可能。而當時士人甚至雲集有
千人之數，對於如此龐大的群體，官方竟不擔心，更顯奇特。

所以如此，跟主持者的身份有關。由於主持者本身就是政府首長，故此
次講學當然能夠達到官方的許可。而士人之雲集，其實亦有內情在焉，蓋主
持者如徐階，職屬內閣，登高一呼，加上歐陽德、聶豹等部院官員配合，則
底下大小諸官，豈有不附合響應之理？又怎有可能不積極參加？也因此才有
可能如黃宗羲所說的「為自來未有之盛」，但若務實來看，這種盛況的造成，
其實有一部份的成份是官員的奉承討好，方才有此可能。〔註12〕

儘管如此，但仍不減靈濟宮之會在講學發展的過程中所象徵以及所代表
的意義。關於徐階等人以政府首長的身份而提倡講學一事，我們若拿來與1540
年代的禁學相較，二者簡直有天壤之別，陽明學的勢力至此其實已經滲透到
政府高層之間，尤其千人參與的盛況，更意味了陽明學在當時已成為了顯學。
或可說，門人所企圖由下而上的改革，至此大體已獲得了實現。

靈濟宮之會後，至1562年（嘉靖壬戌）嚴嵩去位，徐階終於接任首輔
一職，登上了士人在政治上的最高位，而徐階向來熱心講學，此時既以首輔
的身份而倡學，底下的士人、官員，不免人人趨之若鶩，爭取講學以迎合其
意。講學的流行至此而達到高峰。《萬曆野獲編》卷二十四〈書院〉條說：

〔註10〕《明儒學案》，卷十七，頁360。
〔註11〕同前書，卷二十七，頁618。
〔註12〕參見蘇錦玉，〈徐階的政術與學術〉（新竹：清大歷史所碩士論文，1996），第
　　　　三章第一節。此節對於靈齋宮講學有詳細的討論。

> 嘉靖末年，徐華亭以首揆爲主盟，一時趨鶩者，人人自托吾道；
>
> 凡撫臺菌鎮，必立書院，以鳩集生徒，冀當路見知。其後間有他
>
> 故，時駐節其中，于是三吳間，竟呼書院爲中丞行臺矣。〔註13〕

講學竟成謀官晉身之階，而與昔日講學的性質迥異。晚明葉向更針對這種情形而批評說是「以學爲市」。〔註14〕

此時的講學既已不再是單純的在野講學，而開始與政治有所聯繫，甚至成爲士人晉身之階。同時更不同於往日初創之時，下倡而上禁，而是首輔倡學，上行而下效。基於以上的原因，士人對於講學與政治的關係的看法，不能再如昔日一般，把講學與政治分作兩橛，而必須另行有所謂調整。

第二節　學術的繼承與發展

一、創立新說的傾向

第一期學術的關鍵，在於陽明建立了典範，讓門人在學術上有所遵循，而門人乃可在此典範下作守成的工夫，並且序以闡明發揚，令其學得以流播四方。但隨著第一代弟子的消隕，以及陽明學內在危機日益明顯，在繼承前人步履的前題下，第二期學術的士人發展出新的方向。

本文選擇了李材、耿定向、羅汝芳三人作爲第二期學術的代表人物。耿、羅、李三人皆於 1560 年代投入講學的活動，經過幾番波折，終於在學術上各自成家。如李材記述己學的變化，說：

> 區區淺陋，蓋嘗實致良知者，所以丁巳（1577）疑之，曾爲知體之
>
> 說；辛酉（1561）悟之，復爲性覺之論；丙寅（1566）而後悟之，
>
> 乃漸有知本之疑；壬申（1572）而後又悟之，乃斷然有信於知本，
>
> 而確然無戀於致良知矣。〔註15〕

按其言，其求學過程，乃對陽明學先信而後疑；及至 1570 年代方才走出自己的一片天。成學之後，李材轉而批評第一期學術，說：

〔註13〕《萬曆野獲編》，卷二十四，頁 1607。

〔註14〕「以學爲市」一詞，乃斟酌作者之意而說，原文是：「往徐文貞在政地，好講學，朝紳或借以爲市。」見馮從吾，《馮恭定全書》，收入：《叢書集成三編》（台北：新文豐出版公司，1996），卷四，頁 28。

〔註15〕《見羅先生書》，卷十二，頁 16。

三五十年來，爲辨體家風，耽滯學者光陰，蠹壞生人命脈，如隔手
　　猜枚相似，道兩道三，茫無實事。〔註16〕
此段明白指出，第一期學術的流弊乃是耽溺於本體的辯論；鑑於第一期學術
的流弊，李材因此一方面往《大學》尋找根據；根據「止於至善」之說，李
材主張「至善」方是本體，藉以駁斥陽明以「知」爲本體的說法；同時拈出
「攝知歸止（至善）」〔註17〕之說來收攝陽明學之流弊。除了以「至善」爲本
體之外，李材並不願意涉入對於「至善」本體的討論中，因此另又標榜「學
急明宗，不在辨體」〔註18〕之說，期能徹底根除士人耽溺本體討論的可能；
然後提出「修身爲本」爲宗作來他學術的中心思想，故曰：
　　舍修身〔註19〕爲本，別無有可揭之宗，故舍修身爲本，別無有可明
　　之學。……入手一個知止，合頭一個知本，眞可謂不傳之秘也。無
　　怪乎竟二千年淪晦，以至於斯也。〔註20〕
「修身爲本」是李材思想的宗旨；按上段引文來看，李材對於己學相當自負，
故曰「二千年淪晦」，言下之意，即二千年學術唯獨李材方得其解。對李材而
言，無論是宋代朱子之格物，或是今日陽明之致知，其學都還不能算是學術
之正脈；〔註21〕學術之正脈，須至李材方才重光。此類言論的出現，足可證
明李材的學術，至此已經脫離陽明學術典範的拘束，而自立新說了。
　　類似傾向也可在耿定向身上見到。耿定向的學術亦曾歷經一番轉折，從
原先的尊陽明，轉而自立新說，唯一與李材不同的，是李材在自立新說後，
便以己學爲二千年不傳之秘，而耿定向則未曾如此誇口，而只是以學術已然
獨立成家的姿態出現而已。以下則觀察耿定向學術的轉變過程。

〔註16〕同前書，卷十八，頁10。
〔註17〕原文如下：「從古論學，必以格致爲宗，即陽明天啓聰明，亦祇以致知爲奧。
　　　　《大學》之旨意歸宿，果在知乎？止於至善，恐不可以知名之也，不可以知
　　　　名，善則止之主意，不以知爲歸宿也決矣，故曰：『知止而后有定。』蓋是要
　　　　將知歸止，不是直以止歸於知，此宗之辨也，此攝知歸止，鄙人之所以敢切
　　　　惓惓也。」（同前書，卷十三，頁12～13）。
〔註18〕同前書，卷十三，頁12。
〔註19〕原文爲「外」，據上下文改爲「身」。
〔註20〕同前書，卷十三，頁20。
〔註21〕但引其中一段文字以證之，其文曰：「《大學》一書，雖云節經表章，而止字、
　　　　本字，入手落地要緊關頭，竟爾遺脫，而專意於致知、格物，懸空講之，無
　　　　有實際，此意見支離，病之所由起也，此儒者之學所以卒未光也。」（同前書，
　　　　卷八，頁4。）

　　1564 年（嘉靖甲子），耿定向與王畿聯袂講學於水西之會時，耿氏尚以「致良知」為宗，而曰：

> 春秋之時，功利習熾，天下四分五裂，人心大壞，不復知有一體之義，故孔子提出個仁字，喚醒人心；求仁便是孔氏學脈。到孟子時，楊墨之道塞天下，人心戕賊，為害尤甚，不得不嚴為之防，故孟子復提出個義，非義則仁之道無由而達；集義便是孟子學脈。梁晉而下，老佛之教，淫于中國，禮法蕩然，故濂溪欲追復古禮，橫渠汲汲以禮為教，執禮便是宋儒學脈；禮非外飾，人心之條理也。流傳既久，漸入支離，至分心理為兩事，陽明先生提出良知，以覺天下，使知物理不外于吾心，致知便是今日學脈。皆是因時立法，隨緣設教。〔註22〕

　　然而，進入 1570、80 年代（詳細時間無法確定），耿氏學術乃生變化。耿氏不僅沿用昔日——孔宗仁、孟宗義、宋宗禮、陽明宗知——之說，同時更提出「信」為今日宗旨的說法，以救陽明學末流崇虛耽無、視見解為良知的流弊，他說：

> 夫由仁而義而禮而智，聖賢提掇宗旨，若時循環，各舉其重，然實是體之舉一即該其全，此本天命造化使然，立教者亦未知其所以然而然也。乃今致知之旨，學者又多以意識見解承之，以此崇虛耽無，論說亦玄亦眇，而實德亦病矣。實是志學者須黜見省議，神明默成，以身體之，以行與事證之，此則所謂信，今日所當為宗旨也。蓋信之於四德，尤土之于五行，惟信則實有諸己，而仁義禮智，皆本諸身而誠，徵諸民而安，達諸事而理矣，不則無虛也。造化至此，自合遞傳此宗。〔註23〕

「信」是實有諸己，耿定向以「信」為宗旨，正可反末流崇虛耽無的流弊，故言語中乃特重踐履、躬行。而耿定向除了以「信」繼「知」之外，另又主張孔孟「不容已」之仁脈，說：

> 嘉靖辛酉（1561）秋，余偕仲子晤胡正甫于漢江之滸，相與訂學宗旨。余時篤信文成良知之宗，以常知為學，無異矣。正甫則曰：「吾學以無念為宗。」仲子曰：「吾學以不容已為宗。」正甫首肯數四。

〔註22〕《王龍溪全集》，卷四，頁10。
〔註23〕耿定向，《耿天臺先生文集》（台北：文海出版社，1970），卷五，頁25～26。

> 余懼然失己，蓋訝仲子忽立此新論也。胸中蓄疑十餘年，……嗟嘆
> 仲子之天啓也。此年來益篤信此爲堯舜周孔仁脈，雖聖人復起，不
> 能易矣。〔註24〕

仲子是指耿氏的二弟耿定理（1534～1577）。耿氏於 1560 年代初聆「不容已」
之學，歷十餘年後方才篤信不疑。這段過程，與由宗「知」向宗「信」的轉
變，時間斷限應無太大出入。由此可知耿定向在進入 1570 年代後，便陸續地
提出「不容已」與「信」作爲自己學術的宗旨，並已獨立成家，以提衡學術。

這種獨立成家的風格，不僅李、耿二人而已，耿定向的知交——羅汝芳
亦然。羅汝芳早年得聞陽明致良知之旨，受其說影響甚大，後更拜在顏鈞門
下受學。此後羅汝芳游行四方，遍訪知名之士，與之商榷學問，中間更出入
二氏之門，羽客緇衣，莫不與交，迨及晚年，羅氏學術終於有成。古人學與
年並進，羅氏從得聞致良知之旨至於晚年學術有成，在這數十年的時間，其
學當曾有所轉折變化。耿定向詳細敘述了羅汝芳學術轉變的過程，首先說：

> 近溪會試中式後，不廷試而歸，學十年已，偕數十友，自旴江趨吉
> 州，印正於令祖，暨南野、雙江諸老。……令祖就質之曰：「子不急
> 仕進而歸學，十年于茲，其志卓矣！近所得如何？」近溪作而對曰：
> 「只是一個無。」令祖莞爾哂曰：「羅大人力學十年餘矣，如何尚在
> 門外耶？」……近溪老來又放下這無，而專提掇生機。〔註25〕

本文取材自耿定向寫給鄒汝光信中的一段，鄒汝光係鄒守益之孫，文中之令
祖，即指鄒守益而言。文中之會試舉於明世宗嘉靖甲辰年間，時爲 1544 年時，
由此推算，可知羅氏之訪鄒守益應於 1554 年左右。按耿氏之言覈之，羅氏之
學本以「無」爲宗，但經鄒氏點破，方才漸漸放下成見，所謂「老來又放下
這無」。可知羅氏在經過鄒氏指教後，經歷一段長久磨練的求學歷程，而企圖
在「無」之外更覓他途。所謂至老「專提掇生機」，則是學術有成之後的事。
然而，根據耿氏的這段敘述，我們尚未能知羅汝芳在這段求學歷程中的實際
情形爲何？耿定向接著說：

> 蓋余自嘉靖戊午（1558），獲交羅子，于時羅子談道，直指當下，令
> 人反身默識，不效世儒者，占占然訓解文義。……甲子（1564）以
> 后，羅子博綜富蓄，所學益弘以肆，其時談道，間爲寓言，提激朋

〔註24〕同前書，卷八，頁 2～3。
〔註25〕《耿天臺先生文集》，卷四，頁 3～4。

儕，而淺膚者或訝其惝恍。……今視近溪子集中，發明孔孟學脈甚
的，指示孔孟路逕甚明，粹然一軌于正，更無隻字片言勦襲仙釋家
語柄，而仙釋之奧窔精髓，故亦已包括其中矣。〔註26〕

審其言，羅汝芳在這段歷程中，前後又經三變：首先是戊午年間，羅氏以「直
指當下」為法；迨乎甲子之後，則「間為寓言」；馴至晚年，方才粹然「一軌
於正」，以孔孟為的。若按此段引文文末觀之，可知羅汝芳在晚年學術有成之
前，其學多有雜染釋老之說者，這可從羅汝芳自述之言得到印證——

予守寧國時，啟迪告戒，時雜禪語，今年來，一尊孔矩，且知孔矩
之無以尚，更不必從它門乞靈。〔註27〕

這段話說明了羅氏之學從其學雜染釋老之說至於晚年學術有成中間的變化。
羅氏於 1562 年（嘉靖壬戌）出守寧國，據其自述，當時講學「時雜禪語」，
1564 年（嘉靖甲子）是在羅汝芳出守寧國後二年，耿定向再見羅汝芳時，羅
汝芳之學給予耿定向的印象是「間為寓言」，故此可知所謂「間為寓言」恐怕
是指「時雜禪語」而言。我們亦由此可知羅氏之學「間為寓言」的階段，是
從 1562 年開始的，迨乎其學「一軌于正」，則應是學術有成的時候了。1576
年（萬曆丙子），楊起元納贄為羅氏弟子時，羅汝芳說：

我從千辛萬苦走徧天下，參求師友，得此具足現成生生不息大家儅，
往往說與諸人，奈諸人未經辛苦，不即承當。今一手付與吾子，吾
子篤信弗疑，安享受用，即是討便宜了。雖然，創業者固艱，守成
者不易，若不兢兢業業，物我共成，雖得之，必失之，古之守成業
者致盛治，端有望於吾子矣。〔註28〕

審其言，乃以創業自居，而要求門人守成，足見羅氏之學至此已然有成而無
礙，顯示「一軌于正」的階段應是 1570 年代左右的事。

羅汝芳至 1570 年代而學術有成的過程，其實與李、耿二人同調，三人
率皆於 1560 年代開始參與思想界的討論，中間幾經波折變化，至 1570 年代
左右紛紛自立新說，時間之巧合，誠然令人訝異。隨著陽明學第二代弟子如
李、耿、羅等人學術有成而獨立成家，思想界的發展至此於是走入了下一個
階段。

〔註26〕同前書，卷十一，頁 14。
〔註27〕《願學集》，卷六，頁 51。
〔註28〕羅汝芳，《盱壇直詮》（台北：廣文書局，1996），下卷，頁 21。

二、上溯孔子的取徑

　　第一期學術在陽明的典範下，門人守成其學，但當第二期學術士人以獨立成家的姿態回顧陽明時，雖仍承認陽明對於學術的貢獻，但在認知上已跟先前的觀念有所出入，既不再以守成自居，更以自立新說的姿態出現。此時既已不再守成陽明學術，則在學術上尋找另外一位宗主乃成爲必須。對士人而言，在學術上所當宗主者當屬孔子而無疑，因此耿、羅、李三人亦越過陽明而上溯孔子，而以孔子爲宗了。

　　三人中耿氏最推崇陽明，他甚至仿照《史記・孔子世家》而作〈陽明世家〉，以示陽明學術可如孔學一般，傳之永久而不湮。但即使如此，耿定向鑑於時弊，一方面提「信」以代陽明之「知」，一方面則上溯堯舜姬孔，而主張「不容已」。「信」的宗旨，我們或尚可說耿氏是接武陽明所宗的「知」而作出的進一步發展，但若「不容已」之說，則與陽明無關了，其說是越過陽明，往上接續堯舜姬孔之仁脈，並譯成通用的語言（即不容已）。相對於第一期守成陽明學術的作法，耿定向則是繼述孔子的學術。〔註29〕

　　至於李材，則根本不信「致良知」之說是孔子學術的眞傳，故對陽明亦頗有微詞，他一方面反駁說：

> 從上立教，未有以知爲體者。經書星日炳然，吾敢無徵而說，此予二十年前即不信之矣。……陽明先生曰：「良知即是未發之中，即是寂然不動、廓然而大公的本體。」儘力推向體邊。其實良知必竟是用，豈可移易？〔註30〕

一方面則表示陽明所提揭者，未愜孔曾宗要，而說：

> 區區之見，每以陽明眞命世之才，有度越千古之見，諸所論著者，每一非學聖之眞工，而獨其所提揭者，以救弊補偏，乃未愜孔曾之宗要。〔註31〕

〔註29〕耿定向以繼述孔子學術自居，乃是時人所共知的，而李贄甚至爲此而與耿定向翻臉成仇。詳情參見〈答耿中丞〉、〈答耿司寇〉，收錄於李贄，《焚書》（台北：漢京出版事業有限公司，1984），卷一，頁13～16、頁42～58。二文內容滿是李贄詬病耿氏之言。另可參考〈與周柳塘〉、〈與李卓吾〉，分別收在《耿天臺先生文集》，卷三，頁35～36與卷四，頁40～45。

〔註30〕《見羅先生書》，卷十一，頁20～21。

〔註31〕同前書，卷十二，頁1。

若孔曾之宗要，則須待李材揭出「修身爲本」，方才重獲光顯。〔註32〕

較諸耿定向，李材顯然激進得多，他視致良知說爲救弊補偏之說，所以在道統的傳承上沒有合法的地位，因此他必須直接上溯孔曾，方能得著學術之宗要。對李材而言，他自己也的確做到了，孔曾之宗要歷二千年後，在他身上終於重獲光顯，而他也因此以孔曾學術的繼承者自居。就此而言，李材的作法其實與耿氏出入不大，都是以繼述孔子的學術爲己任。

至於羅汝芳，他在晚年學術有成後，乃積極以創業自居，而交給楊起元守成其學的任務。這種以創業自居、要求弟子守成的方式，其實有與陽明較勁的味道在。蓋若陽明作爲當時門人所守成的對象，則羅汝芳吩咐楊起元守成，其實是把自己提到與陽明並尊的地位上，而陽明自負己學乃是繼千古之絕學，而羅汝芳之稱己爲創業，其實亦是蘊涵了與陽明同樣的自負。羅汝芳的深心，楊起元最爲明瞭，故楊氏乃刻意將羅汝芳的地位抬到最高，甚至超越陽明，而說：

> 自孔子以來未有吾師者也。〔註33〕

> 竊謂孔子一線眞脈，至我師始全體承受者，正在於此，而其學亦可
> 謂至矣。〔註34〕

所謂「始」「全體承受」，其意即孔子以下唯獨羅汝芳盡得孔子眞傳，言下之意，即陽明之學恐是未盡得孔子眞傳的。就此觀之，羅汝芳被提到比陽明還高的地位，爲孔子後一人，陽明則不與焉。這種越過陽明而繼述孔子之學的作法，與上述耿、李二人的情形十分類似。

然而，羅氏之學除了繼述孔子之學的態度與時人合轍外，其實尚有標異於時人處。此即羅氏尊崇太祖一事。若單單以羅氏爲孔子以下一人，其實尚不足以概括其學，因此楊起元又說：

> 羅子之學，實祖述孔子，而憲章高皇。〔註35〕

必得孔子、太祖雙提，方才算是識得羅氏學術之大概。至於羅汝芳爲何尊崇太祖，由於與政治的關係頗切，留待第四節再談。

〔註32〕 李材說：「惟不欲明孔曾之旨，則可捨拙刻，別可循入；如欲明孔曾之學，區區蠡管雖甚淺庸，亦略見十之六七矣。」（同前書，卷十四，頁11。）足見他的自信之滿。

〔註33〕 《盱壇直詮》，下卷，頁96。

〔註34〕 《太史楊復所先生證學編》，卷二，頁49。

〔註35〕 《盱壇直詮》，下卷，頁95。

　　繼述孔子學術情形的出現，一方面的確反映了第二學期的士人不再願意單單守成陽明學術而已，而企圖另行上溯孔子，而以孔子為學術的典範。但另一方面，陽明在第一期學術時既是學術的典範，是道統的代言人，道統與學術，乃皆聚焦於陽明一人身上，如今既不再視陽明為典範，則道統與學術亦至此而聚焦到孔子身上，此事後詳。在此之前，我們必須先討論此時學術的特色所在——鑑於陽明學末流耽溺本體的流弊，第二期學術乃特別提重工夫，以避此患。

第三節　學風的轉變

一、本體之學與工夫之學

　　本節分成三個部份：首先處理本體之學與工夫之學的關係，以及第一期學術的取徑為何；次則觀察第二期學術側重工夫學風的內容；最後則揭示此種取徑的隱憂所在，此隱憂乃致開出後來的第三期學術。

　　《論語‧憲問》：「下達而上達」，這句話涵了兩層意義：上達指本體，下學指工夫，而本體／工夫雖有不同，又密不可分，二者處於不即不離的關係中。自古士人便因本體／工夫的問題，致分兩路做學：一者是先立本體，而工夫為第二義之事，此即本體之學。一者則由工夫入手，待工夫累積既久，方能透徹本體，此即工夫之學。雙方纏訟不休，迄無了義。二路學術之歧，最為著名的，當推有宋朱陸之辨。朱子偏向工夫之學一路，在〈格致補傳〉中，說：

> 至於用力之久，而一旦豁然貫通焉，則眾物之表裏精細無不到，而
> 吾心之全體大用無不明矣。

這裏講的是格物與致知的關係，但同時也反映了朱子對於本體／工夫的看法。在朱子的學術中，有「理一分殊」的預設；理是本體，但散落在分殊的作用上；理無可見，可見者作用，因此若欲透徹本體，則須自作用下工夫；此即「格物」所以必須的原因。待得工夫累積既久，則有朝一日必然豁然貫通，致得此知，窮得此理，而達到最高的境界。

　　若陸九淵則不然，他直接提出「先立乎其大」的論點，亦即先立本體，工夫僅是餘義，而與朱子相反對。首先，陸九淵先立「心即理」為其基本前

題，賦予了此心先天的根據，使得人人不必再往理去求本體，而此心即是。然後揭示「先立乎其大」，認為人人都有此心，作為個人的主體，指導其思想、行為。因此當人心蔽障時，它本身便具有去蔽解障的能力，不假外求。而這種能力，便是所謂的「工夫」，係附屬的「先立乎其大」之下，作為第二義的部份而提出的。

朱陸異同之爭勝，並未得到任何結論，然而政治力量似乎為此作出了判斷。隨著朱子學被列為官學，朱子一方終於獲得了勝利，而工夫之學一路的學術，也從成為主流，而為士人所熟習。

馴至明代中期，陽明提出「致良知」之學，立「良知」為本體，同時以「致」為工夫，本體、工夫並重，而無偏廢。此種作法，似乎兼包了本體之學與工夫之學二路的學術，而朱陸對本體、工夫，孰重孰輕的辯論，也似乎得到了解決。

對於陽明學術，學界討論頗多，本文不必涉入。此處我們感到興趣的是：陽明如何建構本體／工夫的關係？而門人又如何來理解？天泉證道一事，正好提供了我們很好的觀察點。

天泉證道的主角，是陽明兩大弟子——王畿與錢德洪。錢、王二人對於陽明的四句教的理解不同；王畿主張心意佑物皆是無善無惡；錢德洪則認為「心體原是無善無惡的，但人有習心，意念上見有善惡在焉，格致誠正修，此正是復那性體功夫，若原無善惡，功夫亦不消說矣。」〔註36〕二人意見不同，因此請教於陽明，陽明說：

> 二君之見，正好相資為用，不可各執一邊。我這裏接人，原有此二
> 種：利根之人，直從本源上悟入，人心本體原是明瑩無滯的，原是
> 個未發之中，利根之人一悟，本體即是功夫，人己內外，一齊俱透
> 了。其次不免有習心在，本體受蔽，故且教在意念上實落為善去惡，
> 功夫熟後，渣滓去得盡時，本體亦明盡了。汝中之見，是我這裏接
> 利根人的，德洪之見，是我這裏為其次立法的，二君相取為用，則
> 中人上下皆可引入於道，若各執一邊，眼前便有失人，便於道體各
> 有未盡。〔註37〕

在解釋這段話之前，我們必須知道陽明如何處理本體與工夫的關係。陽明認為，

〔註36〕《傳習錄》，下卷，頁220。
〔註37〕同前書，下卷，頁220～221。

本體彷彿太陽，但有時本體的發用會被雲翳──亦即「習心」──所遮蔽，故須撥雲見日，而這番撥雲見日之功，便是藉由良知本體來突破重圍。〔註38〕蓋人人良知昏明雖不同，但不礙其辨別黑白的功能。因此，從這種點良知精察去，便可復其本體。〔註39〕

所謂從良知精察去，其實方法也有不同；大體可分作二路：其一是單單依靠良知，良知之透顯，彷彿日光普照，魑魅魍魎──一消散，則本體工夫，一齊俱了。其一則以良知爲立腳，然後加強良知的發用，同時去除與它反對的「習心」的蔽障，亦即「爲善去惡」；然後待得有朝一日，良知本身到達一定的強度與能力，則終能與前者一般，單單依靠良知即可；此等境界，套用錢德洪的話，即「本體工夫自能相忘」。〔註40〕

錢、王之歧，其實便是這兩路的不同：一不靠工夫，一則反是。錢德洪雖然強調工夫，但也認爲工夫只是渡河之筏，只是一種手段而已，一旦到達彼岸，則工夫亦可不必再提。〔註41〕就此觀之，錢、王二人對靠不靠工夫雖有異同，但對工夫的看法則無二致。所以陽明以王之說可接利根人，錢之說則接中下人等，吩咐二人相取爲用，不可各執一邊。其言便是縐合二說之意。

因此，本體與工夫二者，工夫其實只是本體之工夫，所謂「功夫不離本體」，〔註42〕而沒有自己獨立的地位。而此時整個學術的重心既然放在良知的致得與否上，則工夫遂被收攝進入本體之中，而以本體來規定工夫的內容了，從而工夫只是爲本體來服務，故只須本體得以透徹，甚至工夫亦不必要。這種以本體收工夫的取徑，作爲明代中期學術的基調，隨著陽明學之流行，延

〔註38〕原文如下：「七情有著，俱謂之欲，俱爲良知之蔽，然纔有著時，良知亦自會覺，覺即蔽去，復其體矣，此處能勘得破，方是簡易透徹功夫。」（同前書，下卷，頁208。）

〔註39〕原文如下：「聖人之知，如青天之日，賢人如浮雲天日，愚人如陰霾天日，雖有昏明不同，其能辨黑白則一。雖昏黑夜裏，亦影影見得黑白，就是日之餘光未盡處。因學工功夫，亦只從這點明處精察去耳。」（同前書，下卷，頁205。）

〔註40〕《明儒學案》，卷十一，頁227。

〔註41〕如錢德洪便說：「良知廣大高明，原無妄念可去，纔有妄念可去，已自失卻廣大高明之體矣。今只提醒本體，群妄自消。」（同前書，卷十一，頁230。）言下之意，即認爲一旦良知透熟，則不須從前的工夫，只須提醒本體即可。所謂「只提醒本體，群妄自消」，正是點出此等境界，一旦達到如此境界，則與王畿之說幾無二致。

〔註42〕《傳習錄》，下卷，頁165。

續至十五世紀末而不改，直到東林學派出現，方才對於本體／工夫的關係，重新作了一番調整。東林的部份留待第四章討論。

但此處尚有餘義未盡：為己之學乃是以透徹心性為目的，而這種對於心性的透徹，乃是屬於以本體之學為中心的取徑，以本體收工夫。這牽涉到學術重「悟」以及「顏子之傳」的問題。本體須用「悟」，工夫須用「修」，而此時既以本體之學為中心，則重「悟」的傾向乃屬當然。另一方面，就「顏子之傳」一事來看，顏回所傳乃是良知之學，是一種本體之學，而陽明在其學已然不傳千年的條件下，既無可倚靠，又無所憑藉，若欲接承其學，便須用「悟」的方法。從以上兩點的討論可知，本體之學、「悟」、「顏子之學」，三者其實彼此交涉，而環環相扣。

綜上所述可知，為己之學、本體之學、重「悟」，以及「顏子之傳」作為陽明學的諸多命題，其實彼此交涉而不可或分。而我們若再觀察整個明中期學術以迄晚明學術的發展，陽明學雖然在1560、70年代曾中衰，但其命題仍繼續發揮影響，遲至晚明東林學派出現，方才將之全盤改換過來，從而重新建立新的命題，開啟另一個時期的學術。這部份留待第四章當再回頭作一次總整理，以便觀察明代中晚期學術發展的轉變。以下討論在第一期學術的諸多命題下，第二期學術因應陽明學的流弊作出了何種新的發展。

二、側重工夫的學風

第一期學術因有末流播弄知體，故此時學風一轉，歸落到實地上，儘管在以本體收工夫的命題下，本體之學仍然是最主要、也是最中心的部份，但工夫的部份卻相對更被強調。於是如王畿那種一超直入的學術風格，相對較不受歡迎，如耿定向甚至曾經不客氣地指出，王畿學術膚淺，已失陽明宗旨。〔註43〕以下乃分別就李材、耿定向、羅汝芳三人的學術討論之，三人的學術較諸第一期學術但務本體的風格，確已有所轉向而側重工夫了。

李材之學，前文已有論及，乃是最厭人談本體的，他曾說：

《論語》以求仁為宗，然全書說學、不說仁，孔子辭仁聖而不居，

〔註43〕耿定向的文集中，有不少處論到王畿，姑引兩段。耿氏於〈與劉養旦〉一文中，寫道：「頃見王龍溪為存翁壽文中，多傷奇語，弟雖亦能解其說，然實惡聞之也。其淺膚如此。」而在〈與吳伯恒〉的信中，則說：「時龍溪所論已失本宗。」參見《耿天臺先生文集》，卷四，頁54～55與卷六，頁3。

> 然卻願學不厭、不敢倦。仁，即今之所談本體之謂也，本體雖聖不
> 增，雖凡不損，而凡聖殊趣，則學不學之所由分也。學之則聖，不
> 學之則凡，而仁與不仁，汙隆於其間矣。……若不向學上講求，懸
> 空說仁，如數他財，對塔而空說相輪也。〔註44〕

空談本體乃李材之大忌，故表示應向「學」上講求，而不當懸空說仁。即使
《論語》全書以求仁爲宗，李材亦特別強調《論語》只說學，不說仁，孔子
只說不厭不倦，但不居仁聖。仁是本體，而不厭不倦是工夫。又說：

> 此《論語》所以雖屢言仁，而至於取日虞淵，和盤托出，直挈仁體，
> 以交付學者，則雖聖人到此，亦難以下口也。……故仁果難言，聖人
> 所以罕言仁也，惓惓與二三子語者，只是教以求仁之方而已。〔註45〕

學、不厭不倦都是求仁之方；聖人教人，罕言仁，而只教以求仁之方，皆是
側重工夫一面來說，則其取徑乃至爲明顯。

　　耿定向目睹陽明學末流播弄本體的流弊，故提出「信」爲宗旨，要人身
體力行，而不必耽溺於本體的討論，而說：

> 乃今致知之旨，學者又多以意識見解承之，以此崇虛耽無，論說亦
> 玄亦彩，而實德亦病矣。實是志學者須黜見省議，神明默成，以身
> 體之，以行與事證之，此則所謂信，今日所當爲宗者也。〔註46〕

審其言，則所謂「信」，即「神明默成，以身體之，以行與事證之」。而耿氏
於1582年（萬曆壬午）修書予劉養旦說：

> 弟年來益信虛見易徹，實踐爲難。〔註47〕

「實踐」即「以身體之，以行與事證之」之意。又如耿定向所說，「惟信則實
有諸己」，〔註48〕故知對耿氏而言，做學的重點乃是在實踐所學，而不在於以
言語論說而已。就此觀之，耿定向之宗「信」，其實與李材宗「修身爲本」極
其相似；一者重實踐，一者重修身，率皆懲於末流之弊，故黜虛歸實而落實
到此「身」上。而此學一旦落實到此身上，無論修身爲本，或者要求身體力
行，都是屬於工夫層面的問題，於是工夫乃位居做學之要津。如耿定向在〈新
建侯文成王先生世家〉中，更特別強調陽明晚年克治之切與修證之實，以彰

〔註44〕《見羅先生集》，卷十，頁7～8。
〔註45〕同前書，卷五，頁13～14。
〔註46〕《耿天臺先生文集》，卷五，頁26。
〔註47〕同前書，卷四，頁54。
〔註48〕同前書，卷八，頁6。

著陽明治學所用的工夫。〔註49〕審其意，即爲標榜自己側重工夫的取徑。

此時的另一位思想家——羅汝芳，其學乃自《易經》起家，故對於本體自有一套獨到的心得與看法。羅汝芳的學術系統有兩個中心思想：一是赤子之心，一是孝弟慈。赤子之心作爲羅汝芳的本體論思想，應與他對於《易經》乾元的體認有關；孝弟慈的觀念則本諸《大學》，是他教人做學的落實下手處，循此修諸己而率乎人，則人人親其親長其長而天下平。對此，羅汝芳說：

> 故仲尼將帝王修己率人的道理學術，既定爲六經，又將六經中，至善的格言，定爲《大學》，以爲修己率人的規矩，而便後之學者，於物之本末、事之終始，知皆擴而充之，老吾老及人之老，長吾長及人之長，幼吾幼及人之幼。〔註50〕

如羅汝芳所說，《大學》提供學者修己率人的規矩，亦即實際作工夫的方法，而「孝弟慈」即是《大學》的宗旨；因此「孝弟慈」實可視爲羅氏學術的工夫論。羅汝芳的弟子便說：

> 我師之學，直接孔氏，以求仁爲宗，以天地萬物爲體，以孝弟慈爲實功，以古先聖神爲矩則。〔註51〕

「以天地萬物爲體」，本諸乾元的思想，此處不必深論。「以孝弟慈爲實功」，則是指羅汝芳的實際工夫而言。而如前述，羅晚年學術一意歸宗孔孟，絕口不談二氏之學，更命令子孫不可閱讀釋氏之書，以爲只須潛心於孝弟慈之旨即可。〔註52〕審其言，其實皆是側重實功之意；而考其取徑，乃與李材、耿定向相仿，率皆傾向務實一面，而側重在工夫上實落用功。〔註53〕

〔註49〕同前書，卷十三，頁 20～49。

〔註50〕《盱壇直詮》，上卷，頁 6。

〔註51〕同前書，下卷，頁 88。

〔註52〕原文如下：「此禪家之書，最令人躲閃，一入其中，如落陷阱，更能轉頭出來，復歸大道者，百無一二，戒之！戒之！且潛心於《大學》孝弟慈之旨可矣。」同前書，下卷，頁 88。

〔註53〕關於羅氏之學，必須注意羅氏學術的轉變，若未知其學已變，而一昧執定羅氏早年思想來概括之，則不免厚誣古人。古人學與年並進，尤其明儒，特別講究學術三變之說（如陽明、羅洪光，其學皆曾三變），因此儒者晚年學術若有所轉變，實屬常事，而毋須訝異。職是之故，本文特別於第二節第二小節，花費相當的篇幅，處理羅氏晚年學術轉變的問題。同時由於羅氏之學直至晚年方才有成，而以創業自居，因此本文在論述羅氏之學時，一律以其晚年學術爲準。而此處側重工夫的問題，亦是如此。羅氏早年出入二氏，並且沾染禪學之風，而不甚講究工夫。但待到晚年時，羅氏卻特

由李、耿、羅三人的學術風格可知，此時實有側重工夫的傾向。這種傾向的形成，與學術的流弊有關，但我們仍不免懷疑，這種風格的形成，是否還有其它的原因？此外，羅汝芳的情形也令我們感到興趣。羅氏之學，既自《易經》起家，則其學本體論之強固不待言，但其晚年何以竟亦側重工夫？尤其羅汝芳早年求學曾經出入二氏，何以如今卻竟不准子孫閱讀釋典？

以上諸多疑問，其實與釋氏之學對於第二期學術的挑戰有關，下一小節將討論之。

三、學術的隱憂

耿、羅、李三人雖各自提出新說，但其實仍只是在陽明學的矩矱中提出見解與主張，而未建立一套典範性的學術。典範的缺乏成為第二期學術的命門所在，此可從禪學的入侵看出。〔註54〕第一期學術有體有用，且規模廣大，因此士人只須專注於學術本身即可，不必太過憂慮二氏的威脅。因此有人感於釋氏本體論特強而主張儒學本體難明、可借釋氏而悟入之說，就此請教於王畿時，王畿的回答是——良知本身已然具足，不必外假，〔註55〕並說：

> 佛老自有佛老之體用，……聖人自有聖人之體用。〔註56〕

別交待弟子說：「予守寧國時，啓迪告戒，時雜禪語，今年來，一尊孔矩，且知孔矩之無以尚，更不必從它門乞靈。」（《願學集》，卷六，頁51）「孔矩」乃指工夫而言，是絕無可疑的，而我們若從「佑孔矩之無以尚」一言來看，則其崇尚工夫之意更是溢於言表。故曰羅氏與李材、耿定向相仿，都是側重在工夫上實落用功的。

〔註54〕這裏必須說明的是，雖然釋氏之學，分別門派，諸說不同。但自宋代以降，釋氏之學的系統中，禪學便一直居於獨盛的地位，且滲透進入儒學之中，士人學術乃或多或少沾染了禪學的色彩。宋明理學家，甚至有不少人藉用禪學的語言講學與教導學生，即連陽明也不出此窠臼。故此，宋明兩代，關於釋氏之學的討論，往往以禪學為主，而此處所說的釋氏，亦指禪學而言。

〔註55〕原文如下：「友人問：『佛氏雖不免有偏，然論心性甚精妙，乃是形而上一截理，吾人敘正人倫，未免連形而下發揮，然心性之學沈埋既久，一時難為超脫，借路悟入，未必非此學之助。』先生曰：『此說似是而實非，本無上下兩截之分。吾儒未嘗不說虛，不說寂，不說微，不說密，此是千聖相傳之秘藏，從此悟入，乃是範圍三教之宗。自聖學不明，後儒反將千聖精義讓與佛氏，纔涉空寂，便以為異學，不肯承當。不知佛氏所說，本是吾儒大路，反欲借路而入，亦可哀也。……先師良知之學，乃三教之靈樞，于此悟入，不以一毫知識參乎其間，彼將帖然歸化，所謂經正而邪慝自無，非可以口舌爭也。』」《王龍溪全集》，卷一，頁18～19。

〔註56〕同前書，卷七，頁12。

又說：

> 吾人今日，未用屑屑在二氏身分上辨別同異，先須理會吾儒本宗明
> 白，二氏毫釐始可得而辨耳。〔註57〕

無論是已然具足之說，或是不必辨別同異的看法，其中所透露出來的都是一種對於致得良知本體的確信。

　　但當第一期學術中衰，而第二期學術又側重工夫，關於本體論的考究不如昔日深刻，禪學遂可藉儒學本體論的弱點而趁機混入。如耿定向說：

> 佛嘗言色空不二，又欲普度眾生，顧所度眾生，其教指多從上一層
> 說法，吾儒便從下學而上達，如此覺稍有異。顧今學人賢者，多難
> 達上一步，不得已而借筏于彼氏，以登岸行也。〔註58〕

耿氏以釋氏專說上達，儒學是下學而上達，前者專提本體，後者側重工夫，由工夫而本體，這恰凸顯出第二期學術因側重工夫而無法滿足時人對本體論的追求，所以有人入釋以求本體的領悟，亦即「借筏于彼氏」。如李材也說：

> 只為儒學久不明，士人無所依以立命，殘羹餿炙，競拾佛老唾餘，
> 竊之以為秘寶，至有為方士禪伯所不齒者。〔註59〕

> 後世儒者之道不明，故使佛老之說，得以交亂；修身為本之學不著，
> 故使意見知解之說得以橫生。直以意見抵真修，知解作實際，老佛
> 之唾餘，當孔曾之心法，此講學之士所以人滿天下，號稱知學而學
> 卒未光也。〔註60〕

以為己學若出，便可令儒學重光，而佛老之說必無餘地。我們若就李材所指出的時弊來看，所謂「競拾佛老之唾餘」，恐亦與耿定向所言「借筏于彼氏」之意相同，都是入釋尋上達之意。這種遼視儒學為下學，而另外入釋尋求上達的作法，我們可以給它一個名稱，即：「儒釋合流」。

　　但須多作說明的是，側重工夫與禪學入侵二者孰先孰後，孰因孰果，其實難以釐清。我們無法確知，是禪學的入侵，方才使得第二期學術側重工夫，又或者是側重工夫而導致禪學的入侵；也許二者存在著一種辯證關係：第一期學術的沒落，與第二期學術側重工夫的風格，導致禪學的入侵；而禪學的

〔註57〕 同前書，卷四，頁8。
〔註58〕 《耿天臺先生文集》，卷四，頁29。
〔註59〕 《見羅先生書》，卷九，頁6。
〔註60〕 同前書，卷十五，頁33。

入侵，令士人更增戒心，但因在本體論上不易分疏二者，於是士人乃更加強工夫的比重，以工夫來突出儒學的不同，從而形成了側重工夫的風格。

瞭解了上述的背景，遂不難得知，何以羅汝芳晚年竟亦側重工夫，且禁止門人子弟閱讀釋典。側重工夫，原本是為救陽明學末流之弊，但士人入釋尋求上達的流弊則使其更加堅持須藉工夫突出儒釋的差異，所以羅汝芳跟弟子說：

> 予守寧國時，啟迪告戒，時雜禪語；今年來一尊孔矩，且知孔矩之
> 無以尚，更不必從它門乞靈。

孔矩是指工夫的部份，而「不必從它門乞靈」，似乎認為藉由儒學的工夫便可勝過禪學。

儘管利用工夫區別儒釋，但本體論的部份反而是第二學期的弱點所在，若不能解決這個問題，仍然無法阻止人借路蔥嶺以求上達。對此耿氏只有無奈表示：

> 六經語孟具在，孔孟宗旨，燦然如日中天，第恨智者過之，愚者不
> 及，致令二氏之學，充塞流衍，許大豪傑，亦自沈困顛迷于中而不
> 自覺也。弟……自矢更不敢以虛知見誑己誑人，謹守孔孟門戶，待
> 後而已。〔註61〕

這是耿定向寫給胡直（1517～1585）信中的一段話，耿、胡私交甚篤，因此文中所言當為可信。耿氏說二氏學流行之今日，己則謹守門戶，待後而已，足見其心中感慨之深。而耿氏態度之消極，亦令人驚訝。無力回天的感慨，除了嚴守門戶外，更表現在謹守孔孟以待後，以及承認佛書亦有益於悟道，而說：

> 顧三四君子（指周敦頤、程顥、張載、陽明），譬之借筏登岸，便從
> 正路直入長安矣。百世之下，省其言論，日屢可睹也。讀佛書者，
> 信如諸君子，何惡於讀佛書哉！〔註62〕

儒釋合流端於士人借釋以求上達，耿定向卻在某種程度上容許這種作法，等於承認了儒學有所不足，本體論必須求助於釋氏方可。反對三教合一的李材的看法則是：

> 天之生物，真令凡聖同胎，何況老佛。若只就體上論，與吾儒真所

〔註61〕《耿天臺先生文集》，卷三，頁8。
〔註62〕同前書，卷十九，頁52。

謂共堂處也，只其學旨之差別毫分，致大小公私之隔絕千里。〔註63〕
學旨指宗旨而言，在李材的系統中，三教之別，本體同而宗旨異，因此說二
氏與吾儒共堂處。然而，無論是耿氏言中所透露的儒學本體論不足之意，或
是李材的儒釋本體論相同的說法，這些觀念都爲後來的三教合一開了一道門
戶。蓋儒釋本體論既然相同，則三教本體當然可一而無疑；而儒學本體論既
然不足，自然需要釋氏來補；故繼第二期學術之後，便有第三期學術的繼起，
而以三教合一說作爲他們的主流思想。

值此之際，羅汝芳一方面雖然篤守工夫而不閱釋典，另一方面則已看穿
此時學術之危機，而告訴弟子說：

> 三教聖人之道支離已久，我朝幸挺生高皇帝，穿透此關，以開其合
>
> 之之端，將來必生一至人，大大合併一番，但氣數未齊，時候未到，
>
> 然以其時則可矣。你們有造化，庶幾或得遇之。〔註64〕

言下之意，即儒學已不能堅守一隅，而必須與二氏合流。從羅汝芳的態度中，
我們亦不難見此時思想界的風氣確已逐漸走向與二氏合流一途，因此來到
1590 年代，終於在學術上逼出了三教合一的結果。〔註65〕而羅氏之言論至此
亦眞成事實，而他所尊崇的太祖，更成爲此時主張合三教者最喜援用的依據。
這些留待第三章討論。

〔註63〕《見羅先生書》，卷十九，頁7。
〔註64〕管志道，《續問辨牘》，收入《四庫全書存目叢書》，子部第88，卷二，頁83。
〔註65〕若據耿定向的學生——管志道所言，在三教合一的洪流下，即連耿定向亦
把持不住，而至晚年時也同意三教合一之說了。管氏曰：「夷考先師之學，
蓋亦三變；而末後一著，最爲端的。愚事先生三十餘年，而顧測其用心之
所在。其初蓋以無思無爲之本提人，使之默識仁體；謂西來直指之宗，原
不違於一貫，所違者，佛心歸於斷滅，而聖心則生生不息也。蓋本陽明良
知之旨而淵泉之，然猶有個直超之宗在。繼乃滌除玄解，專務躬行；謂佛
道不可以治天下國家，乘六龍以御天者唯孔子。于時狂儒狂禪塞楚路，辭
而闢之，廓如也。蓋研孟氏衛道之幾而力任之，似猶有個龍德之首在。末
則掃蕩情塵，窅然喪其故我，參及如來一大事因緣，而得原始反終之實際，
則不復以孔道二佛道，而但以聖宗遏狂宗。蓋與鄙見一一符合，若有所默
印於拙牘者。」（同前書，卷二，頁70～71。）按此可知，耿氏學術凡有三
變。其初係守陽明良知之旨，繼而鑑於良知學沒落，末流流於狂儒狂禪，
遂轉而專務躬行。晚年則終於走入三教合一說之中。然而，管氏本身主張
合三教甚力，則他對於耿氏學術，是否讀入了個人的學術觀念，是頗爲可
疑之處；故此處僅列出以供參考。

第四節　學術理想與政治現實

一、尊道統與循治統

　　陽明學發展至 1550、60 年代左右已成爲顯學，即連不少朝中官員也是此道中人，於是自然影響政權的態度，從而調整先前禁學的政策。相對於昔日待王者興，士人轉而希望諧調道、治二統，重新規劃學術與政治的關係。此時士人仍然秉持前人的態度，以師道爲己任，以講學爲安身立命之所，如羅汝芳談到講學時說：

> 孟子當時急務，只是要正人心；僕今日只要諸公講學。〔註66〕
>
> 我父師止以此件家儅付我，我此生亦惟此件事幹，舍此不講，將無
>
> 事矣。〔註67〕

此與第一期的「見龍」之說同一機杼。

　　既然講學，必有宗主。第一期學術宗主陽明，士人既以孔子爲典範，故亦依循孔子的軌轍而汲汲講學，以明學淑人爲事，但孔子只是道統的代表，若欲諧調道、治二統，則士人不當止是宗孔而已。若就傳統的觀念來說，堯舜兼道、治二統，而孔子任道統，孔子可爲士人傳道的榜樣，而堯舜則是道、治二統協調的典範，因此士人可提出堯舜作爲宗主，以求協調道、治二統。如李材說：

> 吾視千載而上，明學問於廟堂之上者，唐虞也；明學問於林壑之間
>
> 者，洙泗也。〔註68〕
>
> 處爲洙泗，出爲唐虞。〔註69〕

但堯舜畢竟是遠古的帝王，理想的成份太重，若欲藉之以協調道、治二統，總是理想大於實質，而難以開出新局。此時另一位思想家——耿定向，已有不同的看法，他說：

> 余惟三代以降，講學之盛未有如我昭代者。……宋慶曆以後，濂洛

〔註66〕《盱壇直詮》，下卷，頁23。

〔註67〕同前書，下卷，頁25。如李材亦曰：「吾徒處世，更有何事？明學淑人，喻如商賈農工，各職其業。……蓋自修之善有限，而淑人之功大也。雖然，此猶二言之也，其寔未有不自淑而能淑人者，此所以即淑人使是自淑也。」《見羅先生書》，卷十一，頁11。其意亦以「明學淑人」爲事。

〔註68〕同前書，卷四，頁4。

〔註69〕同前書，卷三，頁20。

關閩間，稍稍尋孔孟脈路，而姦黨偏學之禍，抑何烈也。……惟我
高皇……即其昭揭學術，統一聖眞，令天下學者悉歸宗于孔孟，……
是我昭代，原以講學爲功令，未聞以講學爲屬禁也。〔註70〕

耿氏是王門中人，他所謂的講學，講的當然是陽明學。然而，明太祖雖以孔
孟之學立國，但規定以朱註爲定本，而不許有與之違異者，實情既是如此，
豈不與耿定向之言有所衝突？尤其「以講學爲功令」一語，似無視於世宗年
間禁學之事，所謂「未聞以講學爲屬禁」，則是根本不合史實。但這些與史實
出入的言語，是否意味了什麼？值得注意。

陽明學初創之際，最大的阻礙來自居於官方正統地位的朱子學；在朱子
學的壓力下，陽明學不僅不受官方承認，且時遭禁止；此時陽明學既盛，主
客易位，朱子學在士人之間反倒退居成爲支流的地位；於是朱子學剩下的唯
一憑藉，便是官方的力量；而反觀陽明學若欲取得合法的地位，首要之務就
是取得官方的承認。於是如何陽明學取代朱子學得到合法的地位，便成爲此
時陽明學門人的一大課題。

耿定向身居要位，不可能不知其中的關鍵，而他捧出一個明太祖作爲歌
頌的對象，其實就是暗藏了這個目的。明太祖乃是明朝的開國君主，若利用
太祖來支持講學，則太祖便可成爲融通學術與政治的關鍵。耿氏鎖定太祖開
國立基定孔孟之學爲官學一事來說，賦予太祖以講學爲功令的形象，同時又
絕口不提此學僅限於朱子學，藉口這番說辭來爲陽明學講會尋找合法的根據。

「以講學爲功令」觀念的提出其實含藏幾層的涵義：其一，太祖既以講
學爲功令，則士人今日之傳講陽明學，只是奉行太祖之意而已，學術與政治
之間並無衝突可言。其二，「以講學爲功令」，尚與科舉有關。陽明學初創之
際，朝廷科取士採用朱子學爲標準，以致陽明學的內容在科舉上無可用力；
如今「以講學爲功令」一語，其實揭示了情勢已然有變，陽明學已能在科舉
應試時派上用場；科舉既是士人求取利祿之途，對士人而言乃至關緊要，故
耿定向必須特別點出。其三，明世宗昔日的禁學，屬於以講學爲屬禁之舉；
而今陽明學既已掌握大局，即連朝中官員亦多陽明學中人，則「以講學爲功
令，未聞以講學爲屬禁」一語，正是爲了表示陽明學已成今日之顯學，而不
必擔心再度被禁。

綜上三點可知，耿定向藉著對太祖的重新詮釋，扣緊太祖定孔孟之學爲

〔註70〕《耿天臺先生文集》，卷五，頁34。

正統以及「以講學爲功令」二事，來處理講學與政治的關係；等於利用太祖作爲今日講學與政治的新關係的支撐，學、政二者的關係在太祖身上得到了成功的融合。

　　相較於遠古的堯舜聖王傳說，耿定向援引太祖爲己辯護，其實更具現實意義。透過耿定向的敘述，太祖變成一位願意接受儒學、將儒學用在政治上的君主，更明白地說，太祖彷彿就是錢德洪所期待的王者，一如錢德洪所期待的，太祖僅重用儒學，且定講學爲功令，於是生乎此世，士人豈還有抑鬱不得志之理？當然這樣來說，時間的次序根本錯亂。太祖遠在錢德洪之前，若他眞是王者，則錢德洪必已受其恩澤，豈還有會待王者興之說？但這當中其實正反映了兩段時期的不同；第一期，陽明學尚排擠，故與政治尚隔一段距離；至第二期陽明學成爲顯學，講學積極往政治靠攏，故須利用太祖作爲溝通學術、政治的共同語言。

　　再就另一方面來說，我們其實甚難確知，耿定向對於太祖的贊美，究竟幾分出自眞心，幾分是功利的成份，而且在耿氏的言論中並未直接點明太祖作爲王者的形象，因此對於耿氏如何看待太祖一事，其實尚多疑義。但無論如何，耿氏畢竟有尊崇太祖的意思，而且這些說話並非毫無所本，而是自有其來源的，此即嘉靖年間的六諭運動一事。尊崇太祖的思想，在另一位思想家——羅汝芳的身上得到了進一步的突破與創新，太祖不僅被用來拉攏講學與政治的關係，且被視爲不世出的王者、今日之堯舜，而成爲二統的代言人。

二、「眞儒從善治而出」

　　明太祖是一位相當傳奇的帝王，「蓋明祖一人，聖賢、豪傑、盜賊之性，實兼而有之者也。」〔註71〕他登基第三年便恢復科舉，立朱註四書爲科舉定本，同時頒布〈六諭〉、〈教民榜文〉以教化百姓，尤其〈六諭〉一文對有明一代更是影響深遠。

　　〈六諭〉其實僅止六言，即：孝順父母、尊敬長上、教訓子孫、各安生理、毋作非爲。終乎太祖之世，〈六諭〉的影響其實有限。直至世宗年間，政府所倡導的宣傳〈六諭〉運動，每月定期在鄉里傳講〈六諭〉，教育人民，〈六諭〉方才普遍爲社會大眾所熟知。〔註72〕如顏鈞在家鄉講學時，講學內容亦

〔註71〕趙翼，《廿二史箚記》（台北：史學出版社，1974），卷36，頁835。
〔註72〕參見酒井忠夫，《中國善書の研究》（東京：國書刊行會，1977），第一章。

多環繞〈六諭〉而談、且作箴言六章以闡釋〈六諭〉，〔註73〕可見當時六諭在
民間的流傳之廣與影響之深。

　　由於官方的提倡，〈六諭〉的教化深植百姓心中，而此時太祖的形象亦因
此與〈六諭〉息息相關。藉著〈六諭〉的流行，太祖的形象被塑造爲一位關
心百姓、且注意平民教育的君主。這個形象其實已經與儒者理想中的王者形
象頗爲近似。王者必須有德有位，〔註74〕如堯舜即是，太祖有位固不待言，
所當考量的是德的問題，德與學相關，而〈六諭〉的頒行，似乎爲太祖解決
了這個問題。〈六諭〉雖然只有六句話，但簡潔明白，與儒學的思想有共通之
處；而尤其它的流行，更意味〈六諭〉不是一套空論而已，而是透過實際的
操作教育人員，以臻於治世；這番作爲更與儒者長久以來的理想頗爲相合：
亦即期待有朝一日能得居行道而行經世濟民之實，此時太祖既已有此作爲，
則儒者推許太祖乃無可厚非，而太祖以開國君主之尊，而願意行此仁政，更
令儒者感到無比的興奮，彷彿明朝便是皇極之光的重光。

　　羅汝芳即是在此背景下而尊崇太祖的，所著眼者正是〈六諭〉一文，羅
氏的弟子敘述說：

> （羅）每以太祖高皇帝聖諭六言，爲諸人士敷宣闡繹。嘗曰：「我太
> 祖聖諭，直接堯舜之統，學者能時時奉行，即熙然同游于堯舜之世
> 矣。」〔註75〕

審視羅氏之言，對於〈六諭〉推崇備至，甚至認爲〈六諭〉直接堯舜之統，
其言頗有太祖即今日堯舜之意。羅汝芳曾作〈六諭翼〉，是一篇十分關鍵的作
品，以下將以這篇文章爲主來進行討論。

　　羅汝芳對於〈六諭〉的重視，一方面與上述宣傳〈六諭〉的背景有關，
一方面則是〈六諭〉的內容與他的學術路數相合。羅氏學術的中心思想，本
諸《大學》「孝弟慈」的觀念，以「孝弟慈」爲令天下太平的不二法門，因此

〔註73〕羅汝芳談到顏鈞在家鄉講學的情形時，說：「會中啓發講修，無非祖訓六條。」
　　　　（《顏鈞集》，卷五，頁44。）祖訓六條即指〈六諭〉而言。而顏鈞闡演〈六
　　　　諭〉之文，參見前書，卷五，頁39～42。

〔註74〕按照一般的說法，王者是有德有位，但此處討論是的明代中期講學與政治，
　　　　而明代中期的士人、尤其是陽明學中人，多將學術的路數視爲尊德性的基礎。
　　　　也因此《孟子》一書原本以義利之辨，亦即以德性來分別王霸的作法，此時
　　　　則變成以學來區別。故此，王者的有德有位，若改成有學有位反爲諦當。此
　　　　處沿用舊說，但下文則以「德與學相關」來切入「學」的問題。

〔註75〕《盱壇直詮》，頁2～3，〈鐫盱壇直詮序〉。

他說：

> 此三件事（孝弟慈），從造化中流出，從母胎中帶來，遍天遍地，亙
> 古亙今。……只堯舜禹湯文武，便皆曉得以此三件事修諸己而率乎
> 人，以後卻盡亂做，不曉得以此修己率人。故縱有作為，亦是小道，
> 縱有治平，亦是小康。不知天下原有此三件大道理，而古先帝王原
> 有此三件大學術也。〔註76〕

言下之意，即若不能本諸「孝弟慈」而治，則不可能達諸王道的理想，而恰
恰〈六諭〉便涵括了此精蘊。羅氏說：

> 然求如我太祖高皇帝，獨以孝弟慈望之人人，而謂天地命脈全在乎
> 此者，則真千載而一見者也。〔註77〕

「獨以孝弟慈望之人人」即指〈六諭〉而言。又說：

> 孔子曰：「仁者，人也。」孟子曰：「堯舜之道，孝弟而已。」我高
> 皇聖諭數語，直接堯舜之統，而兼總孔孟之學者也。〔註78〕

按其而言而推之，太祖既以〈六諭〉教民，而〈六諭〉的內容是總孔孟之學，
接堯舜之統，則太祖豈非當世之聖人？因此羅汝芳說：

> 高皇天縱神聖，德統君師。〔註79〕

君道指治統而言，師道指道統而言，自古以來，能夠兼此二統者，唯獨堯舜
而已，而孔孟有德有無位，尚且不能列名其中。此處卻說太祖「德統君師」，
竟將太祖與堯舜相提並論，其實含有太祖即是今日堯舜之意。

　　羅氏將太祖比擬為當代之堯舜，等於為自己理想中的王者提出了一位人
選，這位人選的提出，意味了明中期王道觀的確立。如第一章所述，第一期
學術雖有王道理想，但未有具體的王者人選，此處羅汝芳以太祖為王者、為
今日之堯舜的觀念，正是接著第一期學術的王道理想而繼續發展。我們若將
羅汝芳對第二期的學術的影響考慮進去的話，則王者人選的確立，將主導1590
年代講學的發展。這部份留待第三章討論。

〔註76〕《旴壇直詮》，上卷，頁5～6。另一處又說：「不知所謂保太（平），其作用又
　　　　須何如？曰：天下太平者非他，即人心和平之極也；人心之和平者非他，即
　　　　中庸之各率其性而為孝為弟為慈，平平而徧滿寰穹，常常而具在目前者也。」
　　　　（楊起元，《太史楊復所先生證學編》，卷首，頁2～3。）
〔註77〕《太史楊復所先生證學編》，卷首，頁3。
〔註78〕同前書，卷首，頁1。
〔註79〕同前書，卷首，頁1。

　　羅氏既然認爲太祖是當世之堯舜，勢必影響道、治二統關係的建構，羅氏曰：

> 往時儒先每謂太平原無景象，又云皇極之世，不可復見。……則皇極世界，舍我大明，今日更何從求也哉？故前時皆謂千載未見善治，又謂千載未見眞儒，計此兩段，原是一個；但我大明今日又更奇特，蓋古先多謂善治從眞儒而出，若我朝，則是眞儒從善治而出；蓋我高皇天縱神聖，德統君師，只孝弟數語，把天人精髓盡數捧在目前，學問樞機，頃刻轉回掌上，以我所知，知民所知，天下共成一大知也，以我所能，能民所能，天下共成一大能也，知能盡出，天然聰明，自可不作，豈非聖治之既善，而儒道之自眞也哉！〔註80〕

這段話的關鍵即「眞儒從善治而出」一語。其語係針對「善治從眞儒而出」的命題而設，而提出此命題者即兩代二程之程頤（1033～1107）。程頤爲其兄程顥所作之〈明道先生墓表〉中曰：

> 周公沒，聖人之道不行；孟軻死，聖人之學不傳。道不行，百世無善治；學不傳，千載無眞儒。無善治，士猶得以明夫善治之道，以淑諸人以傳諸後；無眞儒，天下貿貿焉莫知所之，人欲肆而天理滅矣。〔註81〕

在此段話中，「善治」指行聖之道的政治，眞儒則是傳聖人之學的儒者。細究程頤之意，乃認爲眞儒較諸善治更爲基本，而善治須以眞儒成之，故其意應可以「善治從眞儒而出」一語概之。而羅汝芳則是以「眞儒從善治而出」駁之。

　　羅汝芳的反駁，就所針對的命題來看，係是針對程頤而設，但程顥既是北宋年間人，與羅汝芳毫無利害關係，則羅汝芳之言，似更有對於現實的指射。此指射爲誰？應指陽明及第一代弟子而言。

　　對王門第一代弟子而言，陽明是道統的代言人，因治統尚未有王者出，故講學以待將來王者興，此即「善治從眞儒而出」的觀念。這種觀念含有三層涵義：一是士人對於學術的自負，認爲學術是政治的基礎。二是門人對於陽明的尊崇，認爲陽明是道統的代言人。三是這種觀念的前題，即明朝至今尚未有王者興，因此士人擔負了明此學以臻於善治的責任。

〔註80〕同前書，卷首，頁 1～2。
〔註81〕程顥、程頤，《二程集》（台北：漢京出版事業有限公司，1983），卷十一，頁640。

　　此時羅汝芳既視太祖爲今日之堯舜，爲兼總道、治二統者，「眞儒從善治而出」，於是在上述三點皆與第一代弟子的觀念有所扞格；第一、太祖既兼道、治二統，則士人的學術皆自太祖而出，有何自負可言。第二，以陽明作爲道統的代言人尤其顯得極不恰當；陽明既是眞儒之一，而明代既不同於歷朝，乃是眞儒由善治而出，則陽明亦當歸附到太祖之下才是，豈可自任道統，與太祖並尊。第三，明朝既已有太祖在，豈可曰無王者？而待王者興的觀念，更只是透露了門人不知太祖之爲王者，乃門人自暴其短而已。羅氏與第一代弟子的觀念，彼此幾乎截然相反，背道而馳。

　　陽明學初創之際，講學與政治的關係並不密切，故門人才有待王者興的觀念，期待將來此學能夠大行於世。如今講學既然成爲顯學，甚至科舉取士亦可使用陽明學來作時文，講學與政治關於既已如此密切，第一代弟子所期待此學能夠壯大的時代已到來，則再講待王者興，不免不切實際，並且不合時勢之需要。今日之要務，反倒是爲講學與政治二者關係的調整建構一套理論的基礎才是。

　　職是之故，羅汝芳與耿定向二人皆提出太祖以溝通二者，只是羅氏較諸耿氏更理論化，並且走得更遠。在耿氏手上，太祖尚還只是在「以講學爲功令」的觀念下，作爲今日講學的憑藉。羅汝芳則乾脆以太祖爲今日之堯舜、身兼道、治二統。既然「眞儒從善治而出」，則有明諸儒之學，皆自太祖而出，即連陽明之學亦由太祖而來，在太祖的典範下，今日士人只須闡明太祖之學術，便可致得太平盛世。故曰：

> 人無所不至，惟天不容僞，此所以仁親性善之旨，自孔孟已將涓滴，
> 至我高皇，一旦而洋溢四海，二百年來，日新月盛，而歲不同。今若
> 自上逮下，由寡及眾，合力揚波而沛然達而充之，則盡洗炎蒸之苦，
> 而共登清涼之界，不過舉手之間，而其樂將熙熙於萬宇矣。〔註82〕

言下之意，正是要人齊心合意，揚舉太祖之道。

　　總結羅汝芳的觀念，最重要的一個關鍵，是視太祖爲明代學術的源頭，即連陽明學術必亦是自太祖而來，今日士人所講之學，只是太祖之學。既然學術盡出於太祖，而太祖又是治統之所尊，則講學與政治之間的關係乃達到最高程度的協調，彼此再無間可離。在此理論架構下，學術與政治皆被收歸太祖之下，太祖乃成爲今日士人所當極力尊崇者。

〔註82〕《太史楊復所先生證學編》，卷首，頁5。

　　除了尊崇太祖以外，尚有一點必須釐清：第二期學術以孔子作為講學與道統的代表，而太祖是否可能壓過孔子？此時講學尚盛，孔子地位自然崇高，即使羅汝芳提出太祖作為今日之堯舜，但仍與時人同尊孔子，如其弟子楊起元論其師學術時，說得最為中肯，曰：

　　　　羅子之學，實祖述孔子，而憲章高皇。〔註83〕

這句話的文法，係出自《中庸》「祖述堯舜，憲章文武」一句。祖述者，即其學之所自，憲章者，即作為參考之用。就此觀之，羅汝芳的學術，畢竟還是以孔子為尊。

　　儘管羅汝芳將孔子與太祖列於並尊的地位，但又特別點出孔子任道統而未居治統的事實，以此為孔子學術的缺陷所在，說：

　　　　蓋有正便有邪，有誠便有偽，自古為然，豈獨末世，乃始紛亂？但
　　　　孔孟費多少氣力，放之閑之於春秋戰國，竟無少補。我高皇纔止數
　　　　語，而萬年天日，一時頓然開朗。……所以仁親性善之旨，自孔孟
　　　　已將涓滴，至我高皇，一旦而洋溢四海。〔註84〕

孔子費多少氣力仍無少補之事，太祖竟只六言便能令天地頓然開朗。二者的差異所在，就是在於孔子未踐君位，故其學所能成就者畢竟有限；而太祖既任道統，又居治統，故僅只六言即可收開天闢地之功。羅汝芳的這番比較有何深意，我們無法測知，但若就思想史發展的脈絡來看，羅汝芳確具卓識，馴至1590年代，講學敗壞，加上孔子又無君位作保證，故一時地位下滑，從與太祖並尊的地位，變成只能居於臣位的儒者。此事後詳。

　　總結羅汝芳的學術，「祖述孔子，而憲章高皇」一語最為貼切。孔子是此時士人所共同祖述者，因此尊崇太祖，並以太祖為道、治二統的代表，作為協調學術與政治關係的理論基礎，便成為羅氏之學最與時人標異處。羅氏一方面利用所謂「真儒從善治而出」的說法，以太祖來壓過陽明；一方面則與時人之尊孔標異，而能夠擁有自己的獨特風格。羅汝芳本人亦儼然成為太祖以下一人，其地位乃凌駕其它諸儒之上。此種作法影響相當深遠：尊崇太祖、以太祖為今日之堯舜的觀念，至第三期學術頗為不少士人所接受，因此羅氏作為太祖以下一人的地位同樣受到士人的肯定，而其學遂亦深深影響了第三期的學術，甚至成為部份士人的學術典範。這部份留待第三章討論。

〔註83〕《盱壇直詮》，下卷，頁95。
〔註84〕《太史楊復所先生證學編》，卷首，頁4～5。

以上兩小節主要處理士人如何爲學／政的新關係建構一套理論基礎，以下則觀察現實政治的情形又是如何。

三、首輔禁學及其影響

明代中期的政治局勢，在明神宗（1573～1620 在位）親政以前，整個政治的重心多半落在首輔身上；首輔居一人之下，萬人之上的權力與地位，應可視爲士人從政的最高標的，故若士人能夠取得首輔之職，則經世濟民之說便非空談，而可主導一切政治的發展。因此，首輔之職實兼總了現實與理想兩方面的意義：現實方面是政治的中心，理想方面則是士人得君行道理想的目標，因此一旦有人取得此高位，便會承受來自士人的壓力，從而使得明代中期的首輔一職，不只是官僚組織的一員而已，還跟學術、和士人的政治理想有頗密切的關係。因此觀察學／政關係之動態，首輔是其主軸所在。

如前述，陽明學在 1550 年代臻於極盛，朝中官員多有合流講學者，大學士徐階以王門弟子的身份，帶領士人講學靈濟宮，更是轟動一時，爲千百年未有之盛事；馴至 1560 年代，徐階躍居首輔，大力提倡講學，講學之盛，更是無以復加；《萬曆野獲編》說：

> 嘉靖末年，徐華亭以爲首揆爲主盟，一時趨騖者，人人自托吾道，
>
> 凡撫臺蓝鎮，必立書院，以鳩集生徒，冀當路見知，其後間有他故，
>
> 時駐節其中，於是三吳間，竟呼書院爲中丞行臺矣。〔註85〕

這段文字前文已有引用。所謂「一時趨騖者，人人自託我道」，正是描寫徐階以首輔倡講學，講學淪爲謀官進階之具的流弊；此處姑且不論其流弊，過去多由士人在下倡陽明學，而政府在上或禁學、或置之不理，如今竟由政府倡導，上行而下效，實與一般的情形迥然異調。

我們對於徐階之倡陽明學一事，還可將之放在講學的發展脈絡中來觀察。明中期的王道理想視講學爲第一義，從政爲第二義，亦即政治的隆污，必須建立在從政士人的知學與否；因此士人須先講學，經過一番學術的陶養，方才入仕從政，才能在政治上有所作爲；於是講學之興衰遂成爲政治隆污的關鍵所在。既有此王道理想，則講學便不只是學術活動，更帶有政治方面的目的。因此徐階於 1560 年代繼任首輔一事便具關鍵的意義，而徐階以首輔之

〔註85〕《萬曆野獲編》，卷二十四，頁 1607。

尊而倡講學，其實更帶有實踐士人所勾勒王道理想圖象的意義。

但一事達到高峰的同時，往往也是衰落的開始。講學亦然。經過徐階的提倡，陽明學雖然大為興盛，但亦逐漸變質。以首輔而倡講學，既導致了「以學為市」的流弊；加上科舉可以陽明學的觀念寫入時文中，士人為了能夠在科舉上獲得高分，故亦積極參與講學，於是導致了講學在某種程度上的變質。另一方面，民間講學此時亦行極一時，而何心隱帶領的民間講學所掀起的風潮，最後更形成了當道所忌憚的社會勢力。

關於民間講學，此處有稍加敘述的必要。何心隱，原名梁夫山，曾受學於顏鈞門下，後於 1553 年（嘉靖癸丑）在家鄉創辦了「聚和堂」以實踐其理想。聚和堂不同於先前顏鈞所創的三都萃和會，只有定期或不定期的聚集民眾講話，而是相當有組織性的。何心隱的作法，是把整個族合成一個共同體，視之為大家庭一般，以具體實踐《大學》「齊家」的這個步驟。黃宗羲於〈泰州學案〉便說：「謂《大學》先齊家，乃搆萃（聚）和堂以合族。身理一族之政，冠婚喪祭賦役，一切通其有無，行之有成。」〔註 86〕正是這種組織性管理的最佳寫照。

這類組織的成立，是顏鈞講學之時所沒有的，故可視為民間講學的更進一步的發展，但也因此因此觸犯了當道的忌諱。1559 年（嘉靖己未），何心隱便因「皇木銀兩」一事而被捕入獄，後來得到友人搭救，方才免於充軍，但先前經營的成果卻也就此付諸雲煙，而組織亦告解散。〔註 87〕此後，何心隱便游走四方，聚徒講學。

關於何心隱一生的事蹟，我們知道得並不詳細，此處最要緊的，是何心隱在社會上到處的聚徒講學，其實造成了民間講學與政治之間的緊張；尤其是組織的成立，更加深政府的疑慮；加上此時講學的流行與變質，民間講學在社會上所造成的風潮不免引人側目；因此在張居正接任首輔後，何心隱終被殺。

政治上，有「以學為市」之風；學術上有講學的變質；社會上，有民間講學的活動。種種問題漸漸浮上了檯面。而當徐階在一場政治鬥爭中引退後，繼位的人選——張居正便針對這幾項弊病進行改革，陽明學的發展也因此進入了另一個階段。

〔註 86〕《明儒學案》，卷三十二，頁 704。
〔註 87〕參考容肇祖，〈何心隱集序〉，收入：《何心隱集》，頁 1～7。

　　繼徐階而起的首輔張居正擔任首輔的十年，正是明神宗一朝最初的十年，明神宗的沖齡繼位，尚不能任事，故由太監馮保與首輔張居正輔佐之，而朝野的大權乃幾乎操縱在張居正手中，於是張居正利用機會為當時的政治進行一場大規模的改革。張居正在位十年，其間的施政與改革，遍及各個方面，本文則僅止討論與陽明學有關的部份。

　　張居正對講學的態度與徐階截然相反，他因見政治上「以學為市」的流弊，因此極端厭惡陽明學及其講學活動。《萬曆野獲編》卷八形容說：

> 徐文貞素稱姚江弟子，極喜良知之學；一時附麗之者，競依壇坫，
> 旁暢其說，因借以把持郡邑，需索金錢，海內為之側目。張文忠為
> 徐受業弟子，極恨其事，而誹議之。〔註88〕

講學原本是一種學術活動，但此時流弊百出，甚至影響了政治的運作，因此張居正一旦當國，便要設法徹底根除這項流弊。首先，張氏先是在政治上進行改革，諸如嚴格考成法的落實，讓官員的汰選不會流於形式，讓「附麗之者」無所遁形；然後則是窘抑講學之士，而且演變到後來，更變成大規模的禁學活動，何心隱也在這次的活動中被殺。

　　張居正的禁學，始於 1579 年（萬曆己卯），終於 1582 年（萬曆壬午）張居正去位為止，歷時不過三年而已，因此此次的禁學活動規模雖大，但禁令的落實能夠達到怎樣的程度，著實令人懷疑。根據相關研究指出，當時全國的書院高達一千多所，而張居正所真正禁毀的書院，卻不過六十多所而已，其餘的書院則多半利用其它變通的方法來渡過此厄。就此觀之，禁學的成效其實十分有限。〔註89〕

　　那麼，這件為後人所熟知的事，便不能只是單純就實質禁學的成效來考量，而應該特別注意這件事背後隱藏的一些涵義。就此，我們可分作三個方向來討論。

　　首先，禁學一事，造成了講學與政治關係的緊張。如前文所述，先前士人一直努力協調講學與政治的關係，在徐階任上取得了最高成就，但講學也隨之變質。如今張居正懲於「以學為市」之弊而反其道而行，凡談名理士概

〔註88〕《萬曆野獲編》，卷八，頁 562。
〔註89〕參見樊克政，《中國書院史》（台北：文津出版社，1995），第六章。相關討論，
　　　　亦見張藝曦，〈明中期地方官員與王學學者的緊張——以白鷺洲書院興廢為
　　　　例〉，《大陸雜誌》104：6（台北：2002 年），頁 30-54。

擯斥之，令朝廷上下的官員不敢再隨意講學，相較於徐階的作法，簡直有天壤之別。鄒元標曾說：

> 蓋嘗論譚學華亭時易，譚學江陵時難。華亭時，右名理，即以理學
> 爲窟宅，朝登講堂，夕踞華要；江陵時，禁錮斥逐殆盡，世且爲波
> 流，且爲茅靡，……〔註90〕

華亭指徐階，江陵指張居正。「禁錮斥逐殆盡」，此句或嫌誇張，但在某程度上確實能夠反映事實。以羅汝芳爲例，就是因爲堅持講學才會落到罷官的下場。

這種現象對於當時支持講學的一些理論造成了不小的衝擊。以耿定向爲例，耿氏爲了替講學一事找根據，因此特別捧出太祖，說明太祖開國之初便是以講學爲功令的，因此講學不僅合法，且有助於仕途的攀昇，講學與政治也因此而緊密地連結在一起。如今禁學的事實，則根本否定了這種說法。講學不僅不是功令，且爲首輔所申斥、爲官方所禁止，而講學之士，無論眞心講學與否，亦因講學而有遭到擯斥的可能。於是原本協調二者關係的觀念，卻因禁學的事實而受到了挑戰。更重要的是，在王道理想的架構中，講學其實是政治的主體；而如今政治方面的禁學，則徹底地打擊了這種理想，尤其首輔一職，不僅是政治的重心，更是明中期士人王道理想中的軸心人物，因此張居正這種反對講學的態度，等於當頭澆了士人一頭冷水。

若分析由徐到張的轉變：徐階提倡講學，使得王道理想得到了初步的實現，但同時也暴露了理想與現實的差距。而張居正的禁學，則反映了一種心態：認爲這種以講學爲主體而構築起來的王道理想，其實相當不切實際；亦即講學無益於施政；因此在張氏對於整個帝國的改革圖新的計劃中，禁學被列爲其中的一項。張居正的作法反映了他自己對於講學與王道理想的反對，而他所反對的，卻偏偏是當時講學的核心觀念所在。

張居正的想法，透過他首輔的身份而獲得了實現，而明代中期的講學與王道理想遂因此而受禁制，直至張居正去位，禁令方才解除。但因張居正禁學，致令一些偏重事功的想法趁機而起，並且從此得勢，直到 1590 年代時乃以霸道之說的面貌出現。這種霸道之說，直至晚明仍然流衍不息，以致晚明的士人必須特別強調王霸之辨以對抗之。（詳第三章與第四章）〔註91〕

〔註90〕《願學集》，卷四，頁 53。
〔註91〕如晚明葉向高爲首善書院作序時說：「往徐文貞在政地，好講學，朝紳或借以爲市，江陵矯之，至盡毀天下之書院，使世以學爲諱。……世得無執江陵之

　　第二，民間講學方面，亦受禁學所影響，其領導人物何心隱爲張居正所殺，我們無法估量張居正殺何心隱對民間講學造成多大的衝擊，但可以確定的是，何心隱死後，民間講學便呈中衰。

　　張居正的禁學，影響雖然有限，而只是整個學術／政治關係變化中的一個環節而已。但藉著這件事，我們得以瞭解禁學前後講學性質的一些變化，緊接著禁學之後，第二期學術逐漸式微，而第三期學術接著取而代之。而另一條線索——東林學派——則同步進行著，等待適當的時機奪取講學的主導權。

小　結

　　總結本章所討論者，由於播弄良知的流弊，導致第二期學術的興起，而爲救末流之病，第二代弟子乃自立新說，而以側重工夫爲風格；但救弊的同時，又有禪學的入侵，造成儒釋合流的問題，從而爲三教合一說埋下了後來發展的種子。與此同時，學／政關係亦已開始有所調整；相對於從前政府在上禁學、士人在下倡學的情形，而今一改其態，變成政府公然承認講學，學／政關係因此達到了前所未有的密切程度；而爲了因應這種情勢，士人乃致力爲新的學／政關於建構一套理論；在這套理論中，太祖成爲融通學／政關係的代言人。而羅汝芳更進一步視太祖爲今日之堯舜，以太祖爲王道觀的具體人選；羅氏的觀念深深影響了後來第三期學術的發展。最後，我們討論了由於講學的變質，導致現實情勢有所轉變，講學開始爲時人所詬病，從而出現首輔張居正的禁學活動。學術上，由於側重工夫，導致禪學的入侵；政治理想上，以太祖來融通學／政關係作法，影響第三期學術的學術內容；現實的政局中，則是因爲講學的變質，造成張居正的禁學，以及民間講學的中衰。此三方面的發展，自然逼出了第三期的學術。

見以誚余乎？余亦甘之矣。」（《馮恭定全書》，卷五，頁28。）從「執江陵之見以誚余」一句可知，當時如張居正一般認爲講學無用的說法仍然存在。

第三章　轉折與發展：
無善無惡與三教合一

前　言

　　張居正死後，神宗親政，追討羅織張居正的罪名，誅連三族。張居正的改革亦因此宣告停頓。終神宗一朝，朝臣無有敢爲居正辯護者，直到熹宗（1621～1628 在位）朝，方才有人提議恢復張居正的爵位。

　　明神宗在位四十八年；除去張居正掌權的十年不算，也有三十八年，不可謂不長。這段將近四十年的時間在今天看來，正是明朝滅亡的關鍵時期。我們看到無論社會、政治、學術各方面都產生了種種衰象，在此過程中，神宗並無積極的作爲；社會方面，他派遣礦稅中使，造成社會不安，多起民變於茲釀成。政治方面，帝國繼承人立嫡立庶的問題延宕不決，君臣之間的裂痕日益擴大；神宗反應非常激烈，至於二十幾年不上朝；官僚組織的運作於是癱瘓。

　　在講學方面，更是沈痾難起。我們不但看到王道理想漸漸失落，更看到了日趨嚴重的學術流弊。所謂「拘儒」、「狂儒」、「霸儒」的問題，便是此時學術流弊的一項標誌，值得進一步討論。

　　拘儒、狂儒的產生，則與儒釋合流有關。陽明學傳承上並沒有堅強的闢佛理論，所以一些堅守儒學陣營的學者上溯闢佛最力的宋儒，襲取其說，但儒釋合一的潮流既已頗爲強大，即使宋儒之說也未必發生多少作用。這類闢佛者被稱爲「拘儒」。〔註1〕另一方面，在儒釋合流的趨勢下，士人借路蔥嶺

〔註1〕「拘儒」一辭，乃管志道所云，其言曰：「疑三教理非一原者，拘儒之談也。」

的情形屢見不鮮，他們往往在本體的部份用禪學，工夫的部份用儒學。但儒釋兩教，畢竟殊科，儒學工夫，與禪學本體，在許多人身上，便不能不分裂爲二，無法縐合，而有「二本」之病。不只如此，工夫艱難，本體簡易，流衍之下，不少士人更是只重本體，廢棄工夫，或者縱有工夫，亦不過徒具虛名而已，加上禪學重悟，於是有人藉口頓悟本體，而捨棄規矩，不守道德，尤其甚者，更有人自詡能夠身包三教（儒、釋、道）之道而更高於三教，行不顧言，言不顧行，藉三教之名，而行狂蕩放肆之實；人以儒攻之，儒以禪自解，反之亦然；左閃右躲，教人無可奈何。對於這種人，管志道特稱之爲「狂儒」。〔註2〕

在講學活動方面，則另有一批「霸儒」。所謂霸儒，指的是那些失去了講學理想後，沾染了豪俠之習的民間講學一派的士人，他們將講學作爲一種哄抬聲勢、獵取名利的手段，高舉學幟，煽動風潮。管志道曾說他們：「唯夫專事馳騖，而略無收藏，跡濫山人，行同商賈，……則中之蠹民而已矣。」〔註3〕霸儒的出現，正可視爲講學衰弊的一個標誌。

政治的變局、學術的流弊，拘儒、狂儒、霸儒的問題，以及王道理想的失落，種種的問題在在考驗士人的智慧。而我們也確實感受到他們那種彷彿站在時代的終點一般，收拾與整理一切的企圖心——雖然如此，我們又看到他們的成績其實十分有限，他們似乎只有在學術上眞正盡到了責任，對政治上的問題，則幾乎完全是無能爲力的。以下，我們將詳細討論他們面對的問題及其因應之道。

本章主要分成三個部份。第一部份分析第三期學術的背景以及此期學者對前期流弊採取的因應之道。第二部份中分析第三期學術的主要路數：即所謂「無善無惡」與三教合一的兩條路線。第三部份討論三教合一與「無善無惡」的內容，並將附帶地以李贄爲例，分析第三期學術沒落的原因。

《問辨牘》，收入《四庫全書存目叢書》，子部第87，亨集，頁25。而所謂疑三教理非一原書，即自宋儒開其端，兩拘儒即效法宋儒之說者。參見〈答趙太常石梁丈書〉，《續問辨牘》，卷二，頁20～27。

〔註 2〕 如曰：「再創於狂儒之不善學陽明者，染禪解而忽庸德，此非所以維持聖學也。」（《續問辨牘》，卷四，頁71。）又曰：「謂一身能包三教而時出之者，近日狂儒之錮習也。」《問辨牘》，亨集，頁25。

〔註 3〕 《續問辨牘》，卷四，頁71。

第一節　學術發展的轉折

一、方向的調整

明中期學術的基調是以透徹心體爲目的的爲己之學，而爲己之學又與經世相表裏。儒釋合流之風的興起，其實意味了儒學的本體論漸已不敵本體論特強的釋氏之學，於是第二學期士人有入釋尋上達的情形，造成了第二期學術的爲己之學漸漸成爲以釋氏之學爲本的情形，而把釋氏的出世以了生死之學吸納了進來。

第二期學術儒學雖有缺陷，但尚不見大的危機，上述爲己之學內容的改換，未必普遍可見於每一位士人身上。以李材爲例，他就秉持己說，積極以經世爲務，而反對出世、了生死之學。〔註4〕但此時我們卻也可在某些士人身上看到這種學術轉向的痕跡。如耿定向，他修書與好友——胡直討論經世、出世的問題，二人取得一致的看法，胡直說：

> 惟求吾心不昧，而不必致力於天地萬物者，此禪學所以爲出世也；以天地萬物莫非吾心，即以吾心天則而順應乎天地萬物者，此聖學所以爲經世也。止于出世，故釋氏所以未盡，雖經世而未嘗不出世，故聖人所以爲全。〔註5〕

言下之意，即儒釋之別，以經世與否爲準，而出世之學早是儒學本有者。對於了生死一事，耿定向亦以此法論之，曰：

> 夫出離生死，本是吾儒家喫緊事，何可獨歸之佛？〔註6〕

> 聖人一生急急皇皇，惟求所以無忝所生者耳，不求出離（生死）而自

〔註4〕如李材便秉持第一期學術的說法，以儒學爲經世，以釋學爲出世，而說：「只爲儒學久湮，佛老之學入於心髓之錮，不知經世、出世，路頭兩分，宗旨毫釐，就茲判決。」（《見羅先生書》，卷七，頁3。）同時，又不滿釋氏之專談生死，說：「孔子之學，只以修身爲本，無論鬼神死生之理，皆於此處取到，此處看得徹，即隱顯精粗，一切皆徹，此處信得及，即幽明上下一刀感應皆通，原來只是此理。……談死者，無過釋氏矣，棄君臣、背父子、削髮被緇，以自畔於名教，生事不知，卻愁無常到速，何其理之舛也？」（同前書，卷六，頁3。）

〔註5〕耿定向在回信中，便曰：「弟未嘗學禪，不暇爲他家分疏，但弟竊謂吾儒家亦必須出世而後能經世，其次皆隨世以就功名者耳，又其下，則皆混世希世人，不足筭也。」在必出世而後能經世的意見上，與胡直相同，故本文直接徵引胡直之說。參見《耿天臺先生文集》，卷七，頁35。

〔註6〕同前書，卷三，頁42。

能出離也。先正云：「存順沒寧。」此是出離生死正法眼，……〔註7〕

按照耿定向所說，其實總歸一句，即無論出世或了生死之學，早是儒學本有，不必釋氏來補，耿氏的用心，是一方面故意以儒學本有的說法來壓倒釋氏；一方面又強調儒學已有出世之學，但若論其精采處，畢竟還在經世之學上。

透過上述的討論，我們看到了學術的走向已經漸漸有所調整。原本對於出世、了生死之學絕口不提的士人，進入第二期學術後，開始有人正視這方面的問題。士人或者極力反對釋氏之學，如李材；或者截長補短，把出世、了生死的問題，納入了自己的系統中，滿足士人對這方面的關懷，如耿定向。但無論是李材或耿定向，他們的應對方式或有不同，基本立場則無出入，他們一致認為經世之學才是儒學的精彩所在。

這種著眼於經世的觀念，隨著二氏（尤其釋氏）之學的聲勢轉強，受到愈來愈來多的質疑。第二期學術側重工夫的風格，雖然在某種程度上區別儒釋，但在為己之學的基調下，士人必須在本體論的部份得到解決，故常入釋尋求上達，從而使得儒釋合流之風遂愈演愈烈，而第二期側重工夫、堅持儒學本位的學術乃漸趨於沒落。

須加說明的是，儒釋合流並非毫無阻礙存在。當時士人一方面入釋氏尋覓本體，一方面又以儒學作工夫；一方面以釋學出世，一方面又以儒學經世，其實犯了二本的錯誤，只是在儒學本體論不強、又專務經世的性格下，這種錯誤卻又無可避免。為了脫離這種困境，融通三教的呼聲，乃應時而起，而至 1590 年代成為思想界的主流。

三教合一的重點，即是會通三家的學術，以解決二本的質疑。他們的前題是：三家學術其實同出一源，只是側重點有所不同。因此釋老之本體，即儒學之本體，儒學之工夫，即釋老之工夫，但釋老偏本體一格，儒學則重工夫一路。同理，釋老之出世其實與儒學之出世相通，儒學之經世亦即釋老之經世，只是儒學有經世之名，釋老有出世之名。楊起元便說：

然則出世者，佛學之名也；盡其所以出世之實，恰與經世法類焉。

經世者，亦儒學之名也；盡其所以經世之實，亦恰與出世法通矣。

天地間寧有二道乎哉？〔註8〕

至此，經世、出世，已無主從之別，一如儒釋三教會通，並無孰高孰低的問

〔註7〕 同前書，卷七，頁40。
〔註8〕 《楊太史復所先生證學編》，卷二，頁35。

題。如我們在第一章所說，爲己之學與經世相表裏，以講學爲方式，而指向王道理想，因此在學術轉變的同時，講學與王道理想應亦有變動產生。

二、王道理想的挫折

1550、60 年代，是講學最盛期，士人於是根據王道理想的觀念，積極地把講學往政治靠攏，甚至讓講學在政治上落腳，成爲政治的主體。耿定向的「以講學爲功令」之說，正可視爲學／政融合的理論基礎。但同時講學風氣日益敗壞，最後引來張居正的禁學。我們可從時人的批評中見出端倪，如李贄曾諷刺地說：

> 夫唯無才無學，若不以講聖人道學之名要之，則終身貧且賤焉，恥矣，此所以必講道學以爲取富貴之資也。〔註9〕

李贄所不滿的，是那些藉講學取富貴的假學者，當時講學精神已壞，這類人士不僅有之，且所佔比例恐非少數。李贄接著說：

> 今之欲眞實講道學以求儒、道、釋出世之旨，免富貴之苦者，斷斷乎不可以不剃頭做和尚矣。〔註10〕

必須出世方能眞實講學，則當時講學風氣之壞可知。〔註11〕李贄之言，乃指士人講學的部份而說，而同一時期，民間講學的末流亦爲管志道所深疾：

> 蓋自泰州之學行，而好爲人師者眾，無忌憚之中庸亦眾，淺丈夫且以徒黨之多寡定道價之低昂，……〔註12〕

泰州指王艮。當時霸儒之風，竟以所聚人數之多寡來決定身價，則講學已非講學，反變成個人結黨營私的工具。無怪乎錢一本於 1590 年代所作的《魠記》

〔註9〕　《續焚書》，卷二，頁 37。另有類似的諷刺，說：「由此觀之，今之所謂聖人者，其與今之所謂山人者一也，特有幸不幸之異耳。幸而能詩，則自稱曰山人；不幸而不能詩，則辭卻山人而以聖人名。幸而能講良知，則自稱曰聖人；不幸而不能講良知，則謝卻聖人而以山人稱。展轉反覆，以欺世獲利，名爲山人而心同商賈，口談道德而志在穿窬。……然則鄭子玄之不肯講學，信乎其不足怪矣。」（《焚書》，卷二，頁 7～8。）按其意，不僅批評山人，且視講學之士亦與山人同類，亦非眞心講學者，故末曰「不肯講學」，蓋不願與之合汙矣。

〔註10〕　《續焚書》，卷二，頁 37～38。

〔註11〕　這種以講學來獵取富貴之行爲，想是當時的流行；因此顧憲成與管志道的論辨中亦有論及；但顧憲成歸罪於陽明的「無善無惡」，而管志道則說：「大概鼓舞之權，在上不在下，官機猾而士習污，固亦有爲之導者，而過不在陽明。」（參見《問辨牘》，利集，頁 19。）

〔註12〕　《續問辨牘》，卷四，頁 78。

中也說：

> 學之不講，原不止相與論說，亦原不是可與中人以下等人講說得的，
>
> 後世喜聚生徒如禪士濫開法場，其失聖人講學之旨多矣。〔註13〕

從「學非與中人以下人講說得」一句可知這段話有針對民間講學一路學術而反駁之意。民間講學一派的學術，本是奠基於「修身見世」的理論而發展出來的，如今對於講學竟已不存理想，甚至成爲時人眼中的蠹害，則是否意味了講學已不能再成他們的安身立命之所？答案極可能是肯定的。

關於這一點，在管志道的言論中透露消息最多。以講學爲安身立命之所，係以「見龍」爲理論基礎，而「見龍」的條件，是「不以位而以德」。但此時管志道卻大闢「見龍」之說，〔註14〕主張以「惕龍」取代「見龍」。他說：

> 數傳而文清（按：薛瑄）、文成（按：陽明）兩君子，復樹見龍之操，
>
> 流至於泰州之衰，入狂入僞，於是見龍之道窮，而難乎其爲的矣。是
>
> 故今日是道的，不立於見而立於惕。（按：惕指惕龍而言。）〔註15〕

管志道把「見龍」與「惕龍」對立起來以說明明中期以來的學術。前者以作人爲主，立言爲副，後者則不汲汲於作人，亦不汲汲於立言，而唯以進修爲實地。〔註16〕作人、立言，是明代中期講學的兩大精神，管志道歸之「見龍」，正反映了他對於學術大勢的瞭解，而他提倡「惕龍」，捨棄「見龍」，則與明中期講學風格幾乎全然相反。

除了主張「惕龍」，管志道更一反錢德洪的「不以位而以德」之說，特別標榜「位」的重要。他認爲：唯有有位有德的王者，方能承繼道統，否則即令孔子，亦只能居於臣道而任文統。

除了管志道之外，錢一本也說：

> 後世人無論用而不行，且多舍而不藏，亦爲後儒窮則兼善萬世之語
>
> 所誤。窮則惟有獨善其身，獨行其道，卷而懷之，潛而藏之已耳，
>
> 不能兼得天下，何能兼得萬世？祇取出位之羞耳。〔註17〕

〔註13〕錢一本，《黽記》，收入：《四庫全書存目叢書》，子部第14，卷一，頁42。

〔註14〕關於闢詆「見龍」之說的言論，管志道在〈答吳處士熙宇書〉一文中論之最詳，收錄於《續問辨牘》，卷四，頁69～80。

〔註15〕《問辨牘》，元集，頁10。

〔註16〕原文如下：「見龍之用，全在作人，而立言亦其餘事。惕則不汲汲於作人，亦不汲汲於立言，而唯以進修爲實地，是亦斯文之標也，此愚微意之所在也。」（同前書，亨集，頁49。）

〔註17〕《黽記》，卷一，頁32。另一處亦有說：「明明德於天下，要問地頭。如有道

此處亦針對「見龍」而發。曰「卷」、曰「藏」、曰「出位之羞」，正是譏諷明中期修身見世以兼善萬世的主張。

　　一旦講學敗壞，以講學爲內容的王道理想勢將隨之受到質疑，因此馴至1590 年代，明中期的王道理想幾已少有人提，加上此時時局已變，政治大權回歸君主手上，因此士人不能再如從前一般，認爲取得首輔一職即可掌控局勢，而必須視局勢而調整方向，於是明中期的王道理想之受到質疑亦不足異。

　　隨著明代中期的王道理想的失落，霸道之說乃盛行一時。霸道之說之盛行，實爲此時之一件大事，同時也是第三期學術標異於其它時期的一項特色。考王霸之辨，先秦孟子說之最詳，對霸道亦闢之最力。馴至明中期，四書學盛行，故士人仍秉持孟子之說，以王道爲正，以霸道稱奇。何以到了1590 年代，霸道之說卻突然興起？原因蓋有三端：第一，明代中期王霸之辨，主要著眼在學術取徑上，以復心體之同然爲務者爲王道，以知識技能相高者爲霸道，但到了1590 年代，爲己之學既有缺陷，儒釋合流的問題尚待解釋，則王道所引爲根據的學術，實已不足爲其護法，故士人容易超過這條界限，而進入霸道之說。第二，張居正死後雖爲神宗所抄家，但生前所作之改革，實有功於明朝，爲一般人所尊敬。張居正最不喜講學，於是主張霸道者，追懷張居正的功業之餘，往往又以張居正爲說，認爲講學之士徒務空談而無事功。李贄對此倡之最力。〔註18〕第三，此時霸儒提倡此說；蓋民間講學一派學術的走向，本就傾向以事功（即善世之功）爲主，故來到末流手上而倡霸道，乃不足爲奇。

　　霸道之說的流行，又反映了對人對於王道理想的不信任，故轉而以事功爲高。爲了支持霸道之說，主張者更以管仲爲典範，援引《論語・憲問》孔子評論管仲「如其仁，如其仁」一文，認爲孔子許管仲爲仁。既然管仲爲仁，而管

則見，以見爲明，無道則隱，以隱爲明；達則兼善，以兼善爲明，窮則獨善，以獨善爲明；若當隱與窮之地頭而兜攬見與達之事業爲明，其明也乃所以爲晦耳。」（同前書，卷四，頁 34。）

〔註18〕西元 1592 年，有日倭侵朝鮮之役，而明朝往援朝鮮，竟不能取勝；因此李贄感歎說：「些小變態，便倉惶失措，大抵今古一局耳，今日眞令人益思張江陵也。」（《焚書》，卷二，頁 37。）言中即透露了對於張居正的懷念之意。另一處又說：「然何公布衣之傑也，……江陵宰相之傑也，……則二老者皆吾師也。」（同前書，卷一，頁 12。）此處則直接表達以張居正爲師之意。而李贄更作《藏書》，書中大體以功利事功爲標準，以成敗爲是非，爲主張霸道者作了具體的示範。

仲本就屬於崇重事功的形象，則以事功爲重的霸道之說，遂有根據。〔註19〕此說流行於 1590 年代，第四期學術闢之甚嚴，於是如何重建一套王道理想，便爲此時刻不容緩之急務。

三、挑戰與回應

對如何重建王道理想，士人的看法是分歧的。有人仍然秉持明代中期的觀念，認爲學術是政治的基礎，首輔是政治的重心，如周汝登便持此說；另外有人則受到羅汝芳的影響，而提出太祖以支持他們的王道觀，管志道、楊起元皆然。

按照周汝登的說法，他期待有一位非常人物出現，能夠「即學即政」，既有學術，又有事功，王守仁近是。但陽明未居相位，畢竟不足。周汝登一心想望的，可說是一位居於相位的陽明。〔註20〕同時間則有士人提出相對的說法；他們認爲：以君主爲中心來構築一套王道理想，才是今日之急務。如管志道與楊起元便是。

管志道與楊起元的學術都與羅汝芳有所淵源，跟羅汝芳一樣，他們也提出太祖作爲王道觀的理想人選，也以太祖爲中心來建構王道理想。但他們的太祖形象又與羅汝芳的太祖形象稍有出入。在羅汝芳手上，太祖雖爲今日之堯舜，但在學術上的地位則與孔子相同。而管志道與楊起元的太祖，不僅是王者典範，更是學術的唯一宗主，其地位甚至凌駕於孔子之上。因此第三期學術三教合一說的推展，多須援引太祖以支持其說。

這一點在學術上表現得最爲明顯。第二期學術以孔子爲道統的典範，士人可一切援引孔子之說來解決學術的爭論。及乎 1590 年代，孔子在道統上的

〔註19〕參見《甌記》，卷二，頁 26～27。諸如此類的言論，不勝枚舉，此處不具引。
〔註20〕原文如下：「蓋即學即政，自昔未有判爲兩事者。降及後世，茲風始湮，師有專門，相多無術，雖以有宋眞儒輩起，而時位所拘，事功亦未有與著述並顯者。蓋自政學分歧，而大道始不得爲公，千餘年來，無有善治，聖人之所爲憂，其慮遠矣！惟茲昭代，乃有陽明，直接千聖之宗，復燃長夜之炬，挺身號召，到處朋從，當秉鉞臨戎而猶講筵大啓，指撝軍令，與弟子答問齊宣，竊謂自孔子以來未有盛於陽明，是豈阿語者哉？」又說：「當時（文成）特不爲相，使爲相，即以治盧陵者治天下，旋轉何難？凡此皆非意之者，眞學問之作用固如是耳！今時事紛紜，特無文成，有文成，何憂世道？吾以望之學文成者。」見周汝登，《東越證學錄》（台北：文海出版社，1970），卷七，頁 1～2 與頁 7。

地位既已岌岌可危，則孔子所獨攬的學術解釋權亦不免隨之動搖。如李贄便有「何必專學孔子爲正脈」〔註21〕與不以孔子是非爲是非〔註22〕之類的言論。楊起元也曾說：

> 高皇爲生民以來首君，匪特開闢治統也，道統亦爲開闢矣，二百年來，學者始稍尋眞緒，繼此尚有大明之日，國運長久，確然可徵矣。〔註23〕

〔註21〕《焚書》，卷一，頁46。這段話是李贄故意與耿定向標異之言。由於耿定向一再教人以孔子爲法，因此李贄特別在這一點上與之反對。但即使如此，我們也不應忽略了其中透露的消息：若孔子在學術上的地位，依然凜不可犯，則李贄便不會選擇在孔子身上作文章；尤其後來李贄作《藏書》時，更直接提出了不必以孔子是非爲是非的觀點，可知耿、李在對孔子的看法上，不只是意氣之爭而已，而牽涉了兩個時代觀念的不同。耿定向心中的孔子，屬於第二期學術的觀念，故可爲士人法；李贄的孔子，則地位下滑，不如以往，故不可依靠。

〔註22〕這種不以孔子是非爲是非的觀念，陽明在〈答羅整菴少宰書〉中已有此意。陽明當時主要鑑於時人過信朱子之弊，而特別提出「學貴得之心」之說，期能一掃其弊，因此，陽明發言的對象，主要針對朱子與朱子學的信徒，而非孔子本身。若李贄與陽明不同：他主要質疑以孔子爲非爲定本的觀念，認爲「夫是非之爭也，如歲時然，晝夜更迭，不相一也。昨日是而今日非矣，今日非而後日又是矣。雖使孔夫子復生於今，又不知作如何非是也，而可遽以定本行賞罰哉？」（〈世紀列傳總目前論〉，《藏書》，頁7）從而提出一己之是非。李贄的批評，未必針對孔子而說，其言更非意味了他不尊崇孔子。其實李贄只是質疑明代中期對孔子理解與定位，尤其是所謂的孔子之是非，同時則給予了是非標準一種相對性。然而，李贄的作法，其實有危險性在。當是非的標準變得相對時，則標準往往不可捉摸，於是只有求諸己心了，而若更往前推行，就會變得不顧孔子之是非，而斷以己心之是非。（當然，李贄未必便有此意，但其中確實暗藏這種可能性。）而使不推到極端，在李贄的系統中，己心之是非居於優越的地位，己心之是非，尚以孔子之是非爲標準，就此觀之，李贄的言論，便具有關鍵的意義了；尤其透露了一層消息：即孔子的地位，已不如以往，而有下滑的趨勢。

〔註23〕《太史楊復所先生證學編》，卷三，頁2。另一處又說：「高皇帝之學，直接夫堯舜湯文孔子之統……，眞儒輩出，而莫知其統。……予之學，蓋師盱江近溪羅子，羅子之學，實祖述孔子，而憲章高皇，蓋自江門洗著述之陋，姚江揭人心之良，暗合于高皇，而未嘗推明其所自，則予所謂莫知其統者也。……蓋二百年間，學者未嘗亟稱高皇，而羅子亟稱之，予謂後此者必由羅子以上溯於高皇，然後統紀可一，經常可正，而無邪慝奸其間也。」（《太史楊復所先生證學編》，卷三，頁14～15。）審其意，即以太祖爲明代學術之開山，故即使陽明自負己學乃孔顏絕學，在楊起元眼中，其學亦出自太祖，只是「莫知其統」而已。則楊氏之崇太祖可知。而文中曰太祖直接堯舜湯文孔子之統，其意乃太祖即今日之堯舜湯文孔子，故士人不須宗孔，而直接宗太祖即可。

所謂「道統亦爲開闢」，其意即是明代學術皆自太祖所出。言下之意：士人當闡揚太祖之道才是。孔子向來爲儒者所尊，如今楊起元卻尊太祖而不管孔子，則其中之變化不可謂不大。

關於這方面的變化，在管志道身上最可見出。管志道以太祖爲不世出的堯舜聖王，〔註24〕身兼道、治二統，是君而師者；至若孔子，由於不踐君位，故是師而臣者。〔註25〕而道統僅僅君主能任之，孔子居臣道，故不能任道統，只能任文統。文，便是敷陳道統的文章；文統，僅是作闡釋道統的工作。〔註26〕明代中期學術以孔子任道統，而士人若以道統自任，亦須上溯孔子，如今卻以孔子不踐君位之故，而無緣參與在道統的傳承上，同時士人亦不能再根據道統發言。於是一切權力被收歸到聖王手中，唯有聖王方可任道統，孔子只能闡釋道統而已。亦即以太祖爲聖王，而今日之士人只能闡釋太祖而已。

循此思路，當三教合一作爲第三期學術的主流，時人紛紛從各方面企圖找到它的合法性時，部份士人便會援引太祖《御製文集》的內容作爲作爲三教合一說之張本，此中以管志道爲代表，〔註27〕楊起元、焦竑等人亦然。〔註28〕

總結前文，第三期學術以太祖爲王者之人選，同時又以太祖任道統，並據《御製文集》來合三教。於是太祖儼然成爲道、治二統的典範，不僅取孔子道統的地位而代之，更儼然成爲明代學術的開山。至此，自明代中期以來陽明及其弟子所辛苦開創經營的學術，到頭來竟皆收歸太祖之下，而淪爲太祖的附庸。

〔註24〕原文如下：「高皇，不世出之堯舜湯文也。」（《續問辨牘》，卷四，頁 46。）對管志道而言，商湯與文王，亦是聖王，但本文僅僅著眼於堯舜，故不提另外二人。

〔註25〕原文如下：「吾夫子，師而臣者也，……堯舜，君而師者也。」（《問辨牘》，利集，頁 93。）

〔註26〕原文如下：「弟謂文王之文，全指周易。……弟又謂孔子不任道而任文，不贊《連山》、《歸藏》之易而贊《周易》，爲述而不作之臣道，此與宋儒任道統，明儒矜絕學之言更異矣。」（同前書，元集，頁 27。）由於管志道認爲文王亦是古代聖王，故以文王爲例。

〔註27〕原文如下：「昔文王之文在《周易》，得孔子發之而道光；我聖祖之文，亦班班在御集中，而發之者誰歟？此又聖祖以未竟之志遺吾儕也。」（《續問辨牘》，卷三，頁 94。）

〔註28〕如焦竑亦主此説，參見《焦氏澹園集》，〈贈吳禮部序〉，卷十七，頁 17～19。至於主張三教合一最力的楊起元自不待言，參見《太史楊復所先生證學編》，卷首，頁 22～23。

　　但以今觀之，士人之以太祖爲中心而建構王道理想，並且尊太祖爲學術宗主，其實是勢之所趨，不得不然的。蓋明中期的學術發展至此，不僅講學敗壞，流弊叢生，勢不能零星個別解決問題，所以有人便覺得應該在學術上另開新局，從大本上進行整頓。而沿襲述而不作的傳統，他們雖自開新局，卻仍不得不找一位古人作他們的學術宗主。第一期學術的宗主是陽明，第二期學術則宗孔子，但一旦「見龍」之學中衰，即連孔子也未必是最高宗主，然則適合作今日宗主的人選，除了太祖還能有誰？這也是當時思想界的趨勢之一。另一方面，由於時代的需要，必須重新建構一套王道理想，而王道理想仍須有具體人物作爲眉目，此具體人物究應誰屬？看來除了太祖，仍然不會有更好的人選了；這是政治面的大勢。綜合言之，大勢走到這個地步、客觀條件已經成熟，若欲水到渠成，所缺的只是一位隻眼獨具而又力能造成風潮、鼓動時勢的學者名宦。此人就是羅汝芳。他以太祖爲今日之堯舜，身兼道、治二統，適爲此作了鋪路的工作，管、楊遂援用其說，以太祖爲王者之人選以及學術之宗主。

　　提出太祖，在針砭時弊這方面的功效頗爲明顯。當時霸儒在講學敗壞之餘，藉口「見龍」而聚徒結黨，成爲社會大患，而如今以太祖爲道統之所在，則以道統自任的「見龍」之說遂無法成立，遂使霸儒無所藉口。若狂儒之害，則是出入三教、藉口頓悟而蕩廢規矩，故須以三教合一來破之。而三教合一之說，又須有力之宗主，以杜士人之騰議，塞反對人士之口，於是太祖的提出亦恰合此時之需要。

　　循此脈絡，我們觀察晚明士人對於第三期學術的諍駁，亦可知第三期學術提出以太祖作爲宗主，其實是相當成功的策略。太祖作爲明代的開國君主，在士人心中具有一定的份量，因此晚明士人與 1590 年代士人爭論三教合一的問題時，往往頗多顧忌，不敢直斥其說，而必須拐彎抹角，首先重新詮釋太祖的《御製文集》中〈三教說〉的內容，以示太祖未有合三教之意，然後方才進行駁斥，有趣的是：這番駁斥，竟然聚焦在有宋儒者——周敦頤身上進行。此點後詳。

　　在 1590 年代熱烈討論學術的同時，另一股力量亦正隱隱醞釀者。遠在張居正當政時，朝中已有顧憲成等人組成的三元會，以反張居正起家。馴至神宗親政，君主成爲政治的重心所在，一反從前首輔與大臣反對的現象。1593年（萬曆癸巳）的癸巳京察，君臣之間發生了衝突，不少與神宗持不同意見

的士人，或者被貶，如高攀龍，或者革職，如顧憲成。而這些士人之間，由於彼此已凝聚起了一股力量，因此這些士人於 1590 年代紛紛下野之際，開始專心從事學術研究，將目光焦點轉移到思想界的動態上，及乎進入十七世紀，顧憲成、高攀龍二人，成立東林書院，帶起一股講學風潮，包括講學關中的馮從吾，駐留仁文書院的鄒元標，彼此互通聲息，開出東林一派的學術，而主導了晚明學術的發展。這一派的學術，將其關懷由學術轉向政治。他們王道觀的內容，亦著眼於政治。如果說 1590 年代提出太祖是基於學術目的，則晚明的王道便是為了政治的關懷而立法。王道觀的不同，加上晚明學術，自成一套體系，且深詆無善無惡、與以太祖合三教之說，故進入十七世紀，流行於 1590 年代的學術便為東林學術取代其主盟的地位。

進入十七世紀，士人的關懷不同，學術內容亦不同，無論無善無惡、或三教合一，多為東林學所否定。因此，1590 年代可說是具有明代中期風格的學術的最後一個階段。尤其 1590 年代士人所從事者，其實是一場大規模整理學術的運動，無論三教合一，或利用聖王太祖以合三教的作法，都是這場運動的必然結果。因此，即使 1590 年代的政治不安徵兆已見，但士人仍然致力在學術上，而未曾插手政治，而另一批從政壇退下的士人，則須待進入十七世紀後，方才取得領導的地位。第三期學術乃至此告終。以下我們將討論此時的士人如何整理明代中期的學術，以及東林針對第三期學術的反駁。

第二節　無善無惡與三教合一

一、初始的關係

「無善無惡」之說源出於陽明晚年的四句教中，文見天泉證道一篇。陽明將自己的學術總結為四句話：「無善無惡是心之體，有善有惡是意之動，知善知惡是良知，為善去惡是格物」。〔註29〕「無善無惡」係被用來形容人心本體的狀態。明中期既是陽明學獨尊的時代，這套觀念為多數士人所接受，下逮晚明方始有變。

與「無善無惡」有關的即「三教合一」。陽明學發展到後來走入三教合一，於是 1590 年代的思想界，既有人談無善無惡之說，又有人倡三教合一，二說

〔註29〕《傳習錄》，下卷，頁 220。

並陳，成爲當時學術的兩大流行主題。下逮晚明東林學派，偏偏深詆二說，且視「無善無惡」爲「三教合一」之因。職是之故，理清二說之關係，不僅是觀察兩個時代之間學術的變化、轉折的必須工作，更是吾人瞭解第三、四學期學術的關鍵所在。

「無善無惡」之說乃是陽明率先使用，但此說並非陽明所創，其實早見於佛典之中。但陽明以爲己說與佛典的說法頗有出入，與弟子問答中便說：

> 佛氏著在無善無惡上，便一切都不管，不可以治天下。聖人無善無
> 惡，只是「無有作好」、「無有作惡」，不動於氣，然「遵王之道」，
> 會其有極，便自一循天理，便有個裁成輔相。〔註30〕

以「無有作好」、「無有作惡」的說法，與釋氏的「無善無惡」區別。對陽明而言，聖人之學與二氏之學雖有互通之處，〔註31〕但所謂「二氏之學，其妙與聖人只有毫釐之間」，〔註32〕二氏仍不足以奪聖人之席，故曰：

> 今學者不必先排仙、佛，且當篤志爲聖人之學，聖人之學明，則仙、
> 佛自泯。〔註33〕

這種作法相較於陽明對於朱子學排擊，實有天壤之別。爲了排擊朱子學，陽明特別分疏顏回、子貢子張二路學術的不同，而許己爲顏子一路的學術，朱子則是子貢子張一路的學術，所謂「顏子沒而聖學亡」。〔註34〕因爲陽明，聖學方得重光，若朱子則未窺聖學之全。利用這種分疏，陽明得以與朱子標異，而標榜出自己學術的獨特性。

對待朱子與釋氏的態度不同，與陽明的目的有關，讀〈拔本塞源論〉可知。陽明的目的，是重光先王聖學之傳，而不是與二氏爭高下，因爲聖學一旦重光，則二氏之學便起不了作用。〔註35〕因此陽明雖一再與朱子標異，但

〔註30〕同前書，上卷，頁60。
〔註31〕例如本體論的部份，陽明便說：「儒家說到虛，聖人豈能虛上加得一毫實？佛氏說到無，聖人豈能無上加得一毫有？但儒家說虛從養生上來，佛氏說無從出離生死苦海上來，卻於本體上加卻這些子意思在，便不是他虛無的本色了，便於本體有障礙。聖人只是還他良知的本色，更不著些子意在。」（同前書，下卷，頁197。）三教並非截然分途，只是二氏加了些意思，不如聖人之全。
〔註32〕同前書，上卷，頁76。
〔註33〕這句話其實是陽明的學生所說，但是得到陽明的同意，故直接徵引其說。同前書，上卷，頁36。
〔註34〕同前書，上卷，頁48。
〔註35〕如陽明自己便曾經出入二氏之學，後來見得聖學之廣大，方始嘆悔錯用了工夫。見前書，上卷，頁75～76。

對於三教之歧，卻只輕描淡寫地以「毫釐之間」一筆帶過。〔註36〕

　　此中的利害關係，陽明的弟子亦知之甚稔。因此當有人議陽明之學從蔥嶺借路過來時，王畿便反駁說：

> 羲黃姬孔，相傳之學脈，儒得之以爲儒，禪得之以爲禪，固非有所
> 借而慕，亦非有所托而逃也。若夫儒釋公私之辨，悟者當自得之，
> 非意識所能分疏也。〔註37〕

然而，陽明的作法難免落人把柄。第一，釋氏說「無善無惡」，陽明亦說「無善無惡」，不免惹人嫌疑。第二，陽明排擊朱子學甚力，對二氏則輕輕放過，更加啓人疑竇。第三，所謂三教毫釐之差，分疏不清，不免後來的三教合一開了一道門戶，一旦儒學衰微，二氏之學趁機混入，陽明便成了罪魁禍首。

二、中期的發展

　　自陽明創學後，批評陽明學術流於禪學的聲音便不時或見，有系統討論這個問題的多來自程朱學陣營中人。如陳建（清瀾，1497～1567）於1548年（嘉靖戊申）所作的《學蔀通辯》便是這類性質的著作，書中除了反駁程敏政的《道一編》、與陽明的〈朱子晚年定論〉外，更摘錄陽明思想中兼包三教與流入禪學的部份，質疑陽明的學術，更進一步論斷其絕非聖學，而說：

> 陽明一生講學，只是尊信達磨、慧能，只是欲合三教爲一，無他伎
> 倆。〔註38〕

> 按：陽明良知之學，本於佛氏之本來面目，而合於仙家之元精元氣
> 元神。據陽明所自言，亦已明矣，不待他人之辨矣。奈何猶強稱爲
> 聖學，妄合於儒書以惑人哉！〔註39〕

此言並非無的放矢。陽明生前對於三教分疏不清，而弟子如王畿更說「先師良知之學，乃三教之靈樞」，〔註40〕是以落人口實，以爲陽明有綰合三教之意。

〔註36〕 所謂的「毫釐之間」，指二氏之學，雖與良知學頗有相似處，但良知學又必然
　　　　高於二氏之學，故彼此不可以相比擬。因此說「聖人與天地民物同體，儒佛
　　　　老莊，皆吾之用，是之謂大道；二氏自私其身，是之謂小道。」（《王陽明年
　　　　譜》，卷三，頁47。）其言正是聖學還在二氏學之上之意。
〔註37〕 《王龍溪全集》，卷七，頁5。
〔註38〕 陳建，《學蔀通辯》（京都：中文出版社，1977），下卷，頁5。
〔註39〕 同前書，下卷，頁3。
〔註40〕 《王龍溪全集》，卷一，頁19。

　　無論陽明是否確有此意，但當陽明學盛興之際，二氏之學其實難以構成
威脅，更無三教合一之患，遲至 1570 年代左右，隨著陽明學的中衰，令其優
勢頓失，加上三教藩籬本已不嚴，儒釋合流之風方才隨之大盛，而有第二期
學術士人起而救正之。此中詳情見第二章。

　　當時士人爲救陽明學之弊，遂自創己說，其中亦頗有與陽明標異者在焉，
如李材。李材由於不滿陽明以「知」爲體，故亦斥「無善無惡」之說，而主
張「性善」，曰：

> 吾儒惟本天也，故於性上只道得一個善字。……後儒則曰「無善無
> 惡者心之體」，此無他，則以其就知上看體，知固有良，亦有不良，
> 夫安得不以無善無惡者爲心之體乎？……公都子曰：「告子曰：『性
> 無善無不善也。』」以無善無不善爲性，即後儒之以無善無惡爲心之
> 體也，在告子則闢之，在後儒則尊之，在佛氏則謂之異端，在後儒
> 則宗爲教本。〔註41〕

言下之意，即陽明之「無善無惡」，便是告子、釋氏之說，故須另立「性善」
以救之。〔註42〕

　　當然也不乏以爲陽明與釋氏有關者，如耿定向，他說：

> 友有說余讀佛書者，曰：「昔濂溪、明道、橫渠，暨近代文成輩，始
> 皆由佛書入也。」余曰：「然！顧三四君子，譬之借筏登岸，便從正
> 路直入長安矣，百世之下省其言論日履可睹也，讀佛書者，信如諸
> 君子，何惡於讀佛書哉！」〔註43〕

上文曾引王畿之言，反對陽明借路蔥嶺之說，而今耿氏竟直認不諱，則學術

〔註41〕《見羅先生書》，卷十二，頁 7。

〔註42〕李材的學術路數，與東林十分接近。無論是反對以「知」爲體，或是宗主「性
善」的觀念，李材都可算是東林在學術上的先導。東林的領袖人物之一——
顧憲成，便頗稱其說（《小心齋箚記》，卷十三，頁 8）。而高攀龍在處理《大
學》改本的問題時，亦須一再與李材的學術奮鬥（這方面的資料頗多，如：《高
子遺書》，卷九，頁 24～26）。而鄒元標與李材彼此之間亦頗有往來。李材作
爲一位前輩學者的身份，其學當時已頗爲時人所推崇；而東林屬於後出，但
學術路數卻又與他如此接近：想來東林應是感染了當時的學風，其學或多或
少地受到了李材學術的影響之故。當然，就目前的資料來看，我們無從得知，
東林的學術受到李材的影響究竟多深。但若就顧、高的態度來觀察，二人對
於李材的學術雖未能完全贊同，但至少都相當重視其學，且視李材爲陽明以
下第一人。就此觀之，東林學術恐怕的確受到了李材不小的影響。

〔註43〕《耿天臺先生文集》，卷十九，頁 51～52。

風氣之轉變，當自不小。而陽明與釋氏的關係乃愈加密切，所謂「借筏登岸」，則陽明已不能自外於沾染禪學的指控。

無論是李材或耿定向，都僅限於對陽明學術的批判或觀察，並未涉及儒釋合流之說。李材雖不滿於「無善無惡」之說，但並未將儒釋合流的問題歸咎於此。耿定向雖以爲陽明或與禪學有染，但仍堅信其不同於禪學，「便從正路直入長安」之說，其意即是在此。

但及乎 1580、90 年代左右，由於「無善無惡」被曲解與被濫用的問題一再出現，尤其在儒釋合流的風氣下，更有人利用「無善無惡」爲說，出入釋氏、而或儒或禪。於是第三期學術士人，以及東林學派遂對此各自提出新的看法。

三、二說並行及其流弊

思想界進入 1580、90 年代後，問題漸生。「無善無惡」的內涵被利用來爲個人的行爲作掩飾，出現了許多言不顧行、行不顧言，放肆狂蕩，無可羈束的狂儒。於是憂心世道者開始質疑「無善無惡」的正當性，而與主張「無善無惡」者展開辯論。1592 年（萬曆壬辰），許孚遠與周汝登講學於南京時，已爲此事而致異同。許孚遠之意，乃爲世道計，故難「無善無惡」之說。而周汝登則本乎學術的關懷而答之。可惜有關二人論辨的內容留存不多。及乎 1598 年（萬曆戊戌），顧憲成兩次問難於管志道，二人魚雁往返、娓娓談論之際，更明白披露了當時思想界的諸多問題。以下先針對二人的論辨進行討論。

在顧憲成看來，當時思想界有兩大禍患，一是「無善無惡」，一是儒釋合流，二者又以「無善無惡」爲害最大。顧氏以爲，儒釋合流之風，追根結底，還是因爲儒釋二家藉著「無善無惡」彼此融通而造成的，三教合一則是「無善無惡」更進一步發展的結果，因此顧氏的兩次書信內容多以闢「無善無惡」爲主，而駁儒釋合流次之，末則更與管志道辯論三教合一。

關於二人對於「無善無惡」的辯論，我們須從兩個角度切入。首先就「無善無惡」在儒學內部中所造成的流弊分析，顧憲成曰：

> 以陽明所謂善惡，與吾聖賢之所謂善惡不同也，……善惡之說於是乎一變矣。……是故教者侈談玄虛，而學者競崇懸解，即欲不厭有而趨無，不可得也。既以厭有而趨無，即欲不尚灑落、尚圓通，不可得也。既已尚灑落、尚圓通，即欲不掩戰競之脈，不可得也。既

　　已掩戰競之脈，即欲不成無忌憚之中庸，不可得也。世道人心，亦
　　於是乎一變矣。〔註44〕

審其意，顧憲成乃認爲陽明學術已然有病，故流弊叢生。管志道對此持論與
之相反，而說：

　　流弊何代無之，終不可以流弊疑其學。〔註45〕

管氏之言，係指陽明學術無病，但管氏對於顧憲成所說的流弊，則亦有同感，
而曰：

　　末謂學者既厭有而趨無，則不得不尚灑落、尚圓通，而掩戰競之脈，
　　既掩戰競之脈，則不得不成無忌憚之中庸，此則確論也。雖曰不善
　　學陽明之過，而陽明於倡始處，亦未便能止於至善如尼父焉。〔註46〕

綜上所述可知：顧、管二人，一方認爲學術如果發生流弊，正是因爲學術本
身有病，一方則認爲流弊與學術本身無關。二人意見雖有分歧，但對學術已
生流弊一事則皆深以然。此處所指的流弊，尚限儒學內部的問題來說。

　　其次，就儒釋交涉的部份來看，由於儒釋合流之風的流行，有人便利用
「無善無惡」而出入儒釋。如管志道說：

　　浮根出儒入釋，托無善無惡一語，以資狂蕩。〔註47〕

　　今日之弊，莫大乎似儒非儒，似釋非釋，而成小人無忌憚之中庸。
　　〔註48〕

上文所引二語，皆管、顧在書信答問中所共同同意者，故不再引顧憲成之言。
當時人托「無善無惡」之說而出儒入釋的流弊，管、顧皆深以爲然而無所歧
異，但二人在整體的看法上仍有不同：顧憲成照樣歸咎於「無善無惡」四字，
而一意主張回歸孟子的「性善」；管志道則相認爲出儒入釋的流弊，只是狂蕩
者「假托」「無善無惡」以資其奸，他們不托於此，必托於彼，並非「無善無
惡」本身出了問題。他說：

　　此際此風，豈但提陽明無善無惡四字救不得，即提孟子性善二字亦
　　救不得。〔註49〕

〔註44〕《問辨牘》，利集，頁33～34。
〔註45〕這句話是鄒元標所說，而爲管志道所引用。見前書，利集，頁34。
〔註46〕同前書，利集，頁35～36。
〔註47〕同前書，利集，頁21。
〔註48〕這句話出自顧憲成引用管志道之言。見前書，利集，頁24。
〔註49〕同前書，利集，頁20。

　　顧、管二人意見上的差異，深層言之，其實牽涉二人對於「無善無惡」
的定位，或者說是二人背後的思想體系的不同。對顧憲成而言，「無善無惡」
根本是釋氏之學，因此陽明學術誠然是學之正脈，但「無善無惡」之說卻是
從釋氏借來的。今日儒學之弊正是釋氏之「無善無惡」所造成，儒釋合流之
風也是「無善無惡」開其竇，因此為救今日之弊，必須盡斥釋氏之說，回歸
儒學之正統方可。〔註50〕顧氏背後的思想體系即堅持儒學本位的立場，不許
釋氏之竄入。管志道一方面堅持「無善無惡」只是陽明個人學術的心得，不
必與釋氏牽扯一起，〔註51〕一方面則直指今日學術之大病，不在於「無善無
惡」，而在於儒學本體論不明之故，以致於士人不得不出儒入釋以覓本體，從
而演變成為非儒非釋，而生二本之病。為救此病，三教合一實為今日大勢之
所趨（詳第三節）。簡言之，顧、管二人之異同，即顧氏以儒學內部及儒釋合
流的問題率皆歸咎於「無善無惡」，管志道則對「無善無惡」不以為意，而以
儒學本體論不明才是禍首所在。管志道是第三期學術的代表人物之一，顧憲
成則是晚明思想界的領袖，二人學術的取徑正好反映了三、四期學術各自的
風格與特色。

　　此處先看第三期學術，晚明學術則第三節再論。第三期學術沿著第二期
學術而來，當時的情況是：儒學本體論不明，所以士人借筏於釋氏，這一脈
思想進入了 1590 年代，就演變成周汝登之「無善無惡」，以及管志道、楊起
元之倡三教合一。他們的共同用意還是在於解決儒學本體論的問題。

　　對周汝登而言，學術雖然有弊，但只須「無善無惡」能重新光顯於世，

〔註50〕如曰：「吾儒曰：『性善』，釋氏曰『性無善無惡』，兩者各自為一宗，其究竟亦
　　　　各自成一局，不須較量，不須牽合。今日『無善無惡正至善之體』，是援佛入
　　　　儒也；又曰『為善去惡正所以復其無善無惡之體』，是借儒入佛也。」同前書，
　　　　利集，頁 30。檢視《傳習錄》，上卷，頁 60，陽明與弟子問答時，說：「無善
　　　　無惡者理之靜，有善有惡者氣之動。不動於氣，即無善無惡，是謂至善。」顧
　　　　憲成曾徵引其說，而批評陽明之善惡，不合於聖賢之善惡（《問辨牘》，利集，
　　　　頁33），故知顧憲成此處所說應指這段對話而言。又，陽明於天泉證道中曰：「其
　　　　次不免有習心在，本體受蔽，故且教在意念上實落為善去惡，功夫熟後，渣滓
　　　　去得盡時，本體亦明盡了。」（《傳習錄》，下卷，頁220。）在陽明的系統中，
　　　　無善無惡既是本體，則為善去惡，即如顧憲成所云，是復無善無惡的工夫。故
　　　　知此處顧憲成不滿之二說，皆出自陽明，而按其意，係指陽明援佛入儒，又借
　　　　儒入佛，混同儒佛，故須斥去「無善無惡」，而立「性善」以更新時局。
〔註51〕如曰：「無善無惡者心之體，自是陽明悟後之言，非蹈襲佛氏語也。」（《問辨
　　　　牘》，利集，頁 23。）

則流弊可除，故曰：

> 越有陽明，猶魯有仲尼，龍谿，一唯參也；今日正須得一孟子，而
> 後仲尼之道益尊。〔註52〕

在明儒的認知中，曾參是篤守孔學的人物，若孟子則是倡正道、闢邪說，而
伸孔學於當世。今日所以須得一孟子，正是作這番工作。管、楊二氏，則主
張三教合一。楊起元旨在破士人陽儒陰釋之弊，故融通儒釋，以接引後學。
管志道的規模更大，他一方面立孔矩以收狂蕩之士，一方面則以佛學攝禪學，
入釋而闢出儒入釋者之非。

　　值得注意的是，周汝登雖亦參禪，且說「昔儒未有不交參者」，〔註53〕但
對三教合一則持保留態度，以爲儒、禪不可合、不可分。他曾以水爲喻：水
有江、有河，不可混爲一；但水之濕性同、流行同，不可歧爲二，他說：

> 不可合者，因緣之應跡難齊，而不可分者，心性之根宗無二。〔註54〕

儒、禪固然不可合，但儒禪之心性根既無二；故周汝登接著又說，儒不可執
儒以病禪，禪亦不可執禪而病儒，彼此理當交參，則「儒自儒，禪自禪，不
見其分；儒即禪，禪即儒，不見其合」，〔註55〕而三教不必合一矣。

　　反觀管、楊二人，雖然力倡三教合一，但對「無善無惡」則僅視爲心性
之體，而與三教合一之說無干。不僅如此，管志道甚至不滿於陽明之說「無
善無惡」，而以「二本」議之。〔註56〕他又進一步貶抑了「無善無惡」的重要，
以爲此說只是陽明偶言心體如是，究其標題，尙在「良知」二字。〔註57〕

　　綜上所述，第三期學術，或主張「無善無惡」、或力倡三教合一，但二說
其實並無因果關係。亦即三教合一不以「無善無惡」爲理論基礎，而揚舉「無
善無惡」者甚至反對統合三教，則二說並行而無交疊可知。

〔註52〕周汝登，《東越證學錄》，卷四，頁 7。
〔註53〕同前書，卷五，頁 34。
〔註54〕同前書，卷七，頁 22。
〔註55〕同前書，卷七，頁 24。
〔註56〕原文如下：「禪祖自謂我此頓教法門，專接上上根人，而《大學》正心誠意之
　　　　教，以知止爲入門，以止至善爲實際，此則頓漸兼該，亦接上根，亦接中下
　　　　根，所以爲徹上徹下之道。今陽明折衷二子之說，……實重在接上上根。此
　　　　以宗門之聲臭未忘，而判《大學》爲兩歧之教也。……二本之嫌，則不敢爲
　　　　陽明諱焉。」（《問辨牘》，利集，頁 46。）
〔註57〕原文如下：「無善無惡，亦陽明偶言心之體如是耳，其標題自在良知二字。」
　　　　（同前書，利集，頁 43。）

「無善無惡」與三教合一因果關係的成立，當歸因於東林學派，所以顧憲成在剖析三教之際，一再把焦點放在「無善無惡」上，必以「性善」代「無善無惡」方止。蓋「無善無惡」不除，則三教藩籬不固，須自咽喉處下刀，始得斬草除根之妙。〔註58〕又如錢一本說：

> 無善無惡之說，近時爲顧叔時、顧季時、馮仲好，明白排決，已不
> 至蔓衍爲害。〔註59〕

顧叔時是顧憲成，顧季時是顧允成，馮仲好是馮從吾。高攀龍雖未列名其中，但其實也是排決「無惡無善」的一名健將。

對於合三教者提出太祖爲其說護法，錢一本更進一步提出異議說：

> 我高皇帝止重聖人一教，而異端邪說，動輒推尊釋老、合三爲一，
> 已悖，駕二氏于聖人之上，更悖。〔註60〕
> 又謂我聖祖合三教以立極，……誣聖祖孰甚。〔註61〕

彼以太祖合三教，此則以太祖破三教，彼此爭奪對太祖的釋權。太祖的提出，是第三期學術合三教者的重大發明，而錢一本竟以彼矛攻彼盾，可謂打到痛處，無怪乎管志道特別點名，說：

> 蓋牘中進退古今，觀者疑信不一，……有先疑而今益疑者，錢侍御
> 起莘丈是也。……非疑其行也，疑其學耳。〔註62〕

牘指《求正牘》而言，乃管志道先於《問辨牘》所作。《求正牘》中，管氏暢談己之理念，而《問辨牘》則是繼續發揮其說。錢起莘便是錢一本。管、錢之學術，截然異趣，固不待言，而錢一本更多番譏駁管志道統合三教之說，〔註63〕以及時人以太祖合三教之事，〔註64〕則彼此之矛盾可知。

〔註58〕就知可知，管志道既持三教合一之說，何以顧憲成竟以「無善無惡」難之。蓋三教合一若以「無善無惡」爲基礎，則攻「無善無惡」爲基礎，則攻「無善無惡」即是毀三教合一。

〔註59〕《瞿記》，卷四，頁64。

〔註60〕同前書，卷二，頁25。

〔註61〕同前書，卷二，頁27。

〔註62〕《問辨牘》，貞集，頁15。

〔註63〕如錢一本說：「佛氏不過西竺一神，而以駕之上古巢燧之上，將自有生民以來聖神，一筆勾下；又以駕之天帝之上，而曰佛一出世，天主人王俱遜而就弟子之列，以天帝爲弟子，以佛爲師，將天帝亦一筆勾下，學術中之詖淫邪遁、肆無忌憚，一至於此。」（《瞿記》，卷一，頁8。）便是針對管志道而言。管志道原文如下：「凡言飛龍在天者，必獨尊於宇內而莫與爲伍者也。佛爲人天之師，一出世而天主人王俱遜而就弟子之列，安得不謂之飛。」（《問辨牘》，亨集，

綜上所述，晚明東林學派一方面視「無善無惡」爲三教合一基礎而排決不已，一方面則特別討論以太祖合三教之說，與之爭奪太祖的解釋權，從而樹立了第四期學術的風格。下一節先分析第三期學術的內容。

第三節　學術的整理與創新

一、典範的成立

第三期學術的諸多命運，導源於羅汝芳，因此羅汝芳在弟子的心中，也成爲一位典範的人物。由於羅汝芳幾乎居於典範的位置，因此弟子甚至以師承自高，而頗有輕視無師自通或師承不佳之意。本文乃以楊起元與管志道爲例，討論這種風氣的面貌。

第三期學術受羅汝芳的影響甚深，當時活躍於思想界的主要人物：周汝登、管志道、楊起元、焦竑、李贄，或多或少皆與羅汝芳有關。楊起元作爲羅汝芳學術的傳人，與羅汝芳關係之深固不待言；管志道，雖師事耿定向，但自承其學得益於羅汝芳居多；〔註65〕焦竑、李贄，亦受羅汝芳影響不少。〔註66〕唯一特出者，當屬周汝登，其學與王畿接近，〔註67〕故宗主王畿，

頁51。）
〔註64〕詳見《甦記》，此處不具引。
〔註65〕管志道自述：「志道幼未知性學，將壯，幸有所聞於先師耿恭簡公，心花偶發，而博大圓通之概，則得諸令師羅近翁居多。」（《續問辨牘》，卷二，頁86。）
〔註66〕焦竑是耿定向的弟子，李贄則與羅汝芳同輩，但二人經常出席羅汝芳的講會，受聆其教，但以李贄浸染較深，焦竑則尚有自恃之意在。故李贄説：「焦弱侯自謂聰明特達，……棄置大法師不理會之矣。乃知眞具隻眼者，舉世絕少，而坐令近老受遯世不見知之妙用也。至矣，近老之善藏其用也。」焦弱侯指焦竑，近老羅汝芳，見《焚書》，卷一，頁52。羅汝芳的高弟——楊起元，亦云：「蓋自以世不復有知我師者，奈何茫茫宇宙之中，又有先生（指李贄）在焉，然亦僅僅一先生已也。」楊之言，一方面以李贄爲唯一能知羅氏者，一方面則呼應了上文無人知羅氏之歎。見《太史楊復所先生證學編》，卷二，頁28～29。然李贄之言，不可斷章取義看，李贄所嫌於焦竑者，當指焦竑不能透徹羅之心，而非指焦竑全然不知羅氏而言，故黃宗羲才説：「先生（指焦竑）師事耿天臺、羅近溪，而又篤信卓吾之學。」（《明儒學案》，卷三十五，頁830。）又，1590年代，李贄與楊起元，聯袂講學於南京，焦竑便説：「二老同得於盱江。」盱江指羅汝芳，則李贄受羅氏影響之深可知。見焦竑，《焦氏澹園集》（台北：偉文圖書出版社有限公司，1977），卷二十二，頁20。
〔註67〕周汝登曾自述與王畿的關係，説：「予少年不知學，隆慶庚午（1570），邑令

而於王畿死後九年，在南京開講「無善無惡」，儼然以傳人自居，但周汝登在求學歷程中，仍請益於羅汝芳，甚至終身供奉羅氏之像而精神不敢稍懈，〔註68〕則知周氏之學術，不可單單歸之王畿一路而已。

綜上所述可知，羅汝芳的學術幾乎影響了1590年代思想界的許多人物，除了李贄與羅汝芳同輩外，其餘皆對羅汝芳執弟子禮。而羅汝芳既逝世於1580年代末（1588），待進入 1590 年代後，又以師道之尊，而影響了思想界中堅人物的學術，則位望之崇無人可及，羅汝芳的地位幾可以「典範」比擬之。

羅汝芳的影響力，不止展現在師弟關係上而已。第二期學術的風格主要側重「工夫」一邊，而對本體的部份用力不多，但這方面的缺點或可適用於如李材、耿定向等人，若羅汝芳則否。李材之學，務求篤實，厭人談論本體而耽誤光陰，耿定向之學，則要求實踐，雖提「不容已」爲本體，終究落在世道、倫物一邊，不能令人滿意。李贄既反對耿氏之學在先，〔註69〕周思久又評議在後，〔註70〕尤其耿定向的弟子如管志道，更自承其學博大圓通之處與耿氏無關，反而得益於羅汝芳居多。如焦竑，即因儒釋之辨與耿氏扞格。可知耿氏之學，不僅見怪於時人，即連弟子有所不滿，而觀察學者對於耿氏的批評，多集中在本體論的問題上，則耿學之要害亦從而可知。

羅氏本從《易經》起家，對本體論方面自有一套心得，而他晚年學術雖轉而側重工夫，但並未因此而諱言本體。加上羅氏當時培養了一批傳其本體論的弟子，隨著側重工夫的潮流過去，要求本體的呼聲一出，這些弟子恰合

君請先生（指王畿）入剡，率諸生旅拜，不肖與焉，雖侍側聽講，而不能領略。……予通籍後，始知慕學，漸有所窺，思先生平日之言爲有味，取會語讀之，一一皆與心契，乃切歸依，而先生此時逝矣！」（《東越證學錄》，卷五，頁 50。）

〔註68〕黃宗羲說：「先生有從兄周夢秀，聞道於龍溪，先生因之，遂知向學。已見近溪，七日無所啓請，偶問『如何是擇善固執？』近溪曰：『擇了這善而固執之者也。』從此便有悟入。近溪嘗以《法苑珠林》示先生，先生覽一二頁，欲有所言，近溪止之，令且看去，先生竦然若鞭背。故先生供近溪像，節日必祭，事之終身。」（《明儒學案》，卷三十六，頁854。）其言是否可信，尚費疑猜，故僅列出以供參考。

〔註69〕如李贄說：「公之所不容己者博，而惟在於痛癢之末；我之所不容己者專，而惟直收吾開眼之功。」直斥耿之不容己只是痛癢之末而已。（《焚書》，卷一，頁 43。）

〔註70〕耿定向記載周思久的說話如下：「憶昔年，卓吾寓兄湖上時，兄謂余重名教，卓吾識眞機。……乃近書來復曰，余以繼往開來爲重，而卓吾以任眞自得爲趣。」文中之「余」，乃耿定向自稱。見《耿天臺先生文集》，卷三，頁54。

時勢之需要，故得紛紛躍上檯面，短期間取得學術發展的主導權，而羅氏的地位亦隨之水漲船高。

更重要的是：羅汝芳曾告訴弟子，三教之統合，太祖已開其端，如今只待有至人出，必來大大合併一番。〔註71〕羅氏這番話是明中期學術至第三期學術轉折的關鍵。宗主太祖是羅氏學術的特色，而羅氏既說太祖已開合三教之端，又說將來有至人來合三教，他不說則已，既說，等於告訴弟子合三教是今日的大好題目，則其門人又豈會不蜂湧去合三教？又豈會不捧太祖為三教合一的典範？既合三教，又尊太祖，則弟子又豈敢忘懷師恩，而不亟亟稱之？於是羅汝芳作為太祖以下一人的地位，不僅成立於生前，即令死後亦有弟子捧之，則其位望之尊崇，又有誰能匹之？不僅如此，羅氏以太祖為王者的觀念，亦為弟子所承襲了下來，如管志道與楊起元以太祖來解決王道理想解體的問題，便是啟蒙於羅汝芳。〔註72〕於是無論學術的師承、或合三教的手法，以及政治的王道觀，無一非羅氏之說。

於是正如陽明弟子揚舉師尊以自高，羅汝芳的弟子亦依附在羅汝芳的庇蔭下，與人爭奪學術的領導權。以楊起元為例，楊起元首先給予羅學高度的讚揚，且勸焦竑以弘揚師說為任，而說：

> 生性極鈍極拙，惟確守師說，一字不敢輕易。竊謂孔子一線真脈，至我師始全體承受者，正在於此，而其學亦可謂至矣。若乃宣揚而光大之，如執事（指焦竑）力量，豈能兩有？生忝同門之末，實不

〔註71〕原文如下：「先師近溪羅先生在時嘗語彰曰：『三教聖人之道，支離已久，我朝幸挺生高皇帝，穿透此關，以開其合之之端，將來必生一至人，大大合併一番，但氣數未齊，時候未到，然以其時則可矣，你們有造化，庶幾或得遇之。』」（《續問辨牘》，卷二，頁83。）此言乃羅汝芳的弟子鄭時彰所說，不知是否鄭所捏造？俟考。然而，羅汝芳之尊太祖係人所共知，而楊起元曾得羅汝芳印可且命守成，又主三教合一甚力，故此言似為可信。

〔註72〕相當有趣的是，似乎只要有學術有受到羅汝芳的影響的，都會特別尊崇太祖，而且尊崇的程度，簡直到了出神入化的地步。如鄒元標，只是曾經問學於羅汝芳，竟也沾染此風，而把太祖提到甚至比堯舜孔孟還高的地位。吾不忍湮沒其說，故謹列於下。其文曰：「……近紬繹我聖祖御集，不覺手舞足蹈，即我夫子復生，舍聖祖孰為祖述、孰為憲章乎？憶自有元以來，教化廢弛，大道晦而弗彰；賴我聖祖皇紘再整，日月重新，為生民立命，即堯舜禹湯當為揖讓；仁孝衛道之訓炳若日星，真萬物並育而不相害，道並行而不相悖，視諸儒暖暖姝姝守一家自鳴者徑庭矣。……昔人云羹牆見堯，即几席見我聖祖何難焉？是謂正學。」（《願學集》，卷五，頁52～53。）

能不厚望也。〔註73〕

這段話對羅汝芳似頗尊崇，以其師得孔子眞傳爲說，但若細究之，卻又有標榜師承，提高己學之身價之意。所謂「確守師說，一字不敢輕易」，實是別具用心。試想：羅氏之學，既得孔子眞傳，則楊起元確守師說，豈非傳此眞傳乎？而「一字不敢輕易」之言，更是爲杜他人悠悠之口，以示己學與羅氏絕無出入。按照其言而推之，所謂「孔子一線眞脈至我師始全體承受」，我們或可爲之下一轉語曰：「孔子、吾師一線眞脈至楊某始全體承受」。楊氏之深心，若再窺其強調師道之言，乃發露愈多。有曰：

> 學必有師，知師而後可與言學。……迨夫宋儒，歷歷各有師承，其
> 云不由師而默契者，非公論也。〔註74〕

審其言語之中頗有學術不可無師承之意。所謂「知師而後可與言學」，今日最可當「師」者爲誰？豈非全體承受孔學的羅汝芳。而全體承受羅氏之學者爲誰？自不待言。〔註75〕

此意在管志道身上亦多發露，其言粗鄙，不登大雅之堂。管志道與以顧憲成居首的吳地士人辯論時，便批評說：

> 獨緣諸君子多從少壯登第，幼無師承，未嘗受先輩逆耳規誨，映心
> 鉗錘，性地無從開發。〔註76〕

另一處則說得更爲坦白：

> 吾深重貴郡諸君子，文學優而節行備，庶幾乎子夏、曾子之所云，
> 雖不強承聖學，何缺之有？〔註77〕

審其意，乃因無師承之故，便勸人不必強承聖學，此言與楊起元「知師而後

〔註73〕《太史楊復所先生證學篇》，卷二，頁49。

〔註74〕同前書，卷四，頁23。

〔註75〕另一處，楊起元曰：「聞知者主創，故規模必大；不大其規矩，無以收攝宇宙之精神。見知者主守，故防範必嚴；不嚴其防範，無以厭伏同類之意氣。此《孟子》末篇之旨，乃萬世聖學之律令也。不佞講之素也。」（同前書，卷二，頁78。）羅汝芳曾經自居創業，而要求楊起元守成，故知所說，當是一指羅汝芳，一指楊起元自己。此中楊起元所說的「防範必嚴」以及「厭伏同類之意氣」的說法最值得玩味。楊起元爲何必須防範？又爲何必須厭伏同類之意氣？試想：一旦厭伏同類之意氣，則羅氏學術的解釋權，豈不一切操之楊起元手上，而楊起元豈不可賴此爲生，一生享用不盡？而所謂「防範必嚴」，若按照這條思路推想下去，則其用心可知。

〔註76〕《問辨牘》，元集，頁42～43。

〔註77〕《續問辨牘》，卷四，頁47。

可與言學」可謂如出一口，若其背後之深心，乃不待言矣。

若從師承的角度來分析，亦可知何以管志道必須交待己學與耿、羅的關係。管志道曾自述其學得益於羅汝芳居多，其中不無攀龍附鳳之意，楊起元曾致函與管志道時，說：

> 門下之學，不出於吾師，則似乎無所事守。〔註78〕

楊氏之學曾得羅汝芳印可，且受命守成其學。故楊氏既說管志道學術路數與羅汝芳不同，其說應無可疑。但何以管志道竟汲汲與羅汝芳牽扯關係？這方面，當是現實的因素重於學術的考量了。羅氏之學，既深刻影響第三期的學術，尤其三教合一之說，又是羅汝芳所開創，則倡三教合一的管志道，自然須與羅汝芳牽扯關係，以「博大圓通之概」得諸羅汝芳居多。至於是否學是否得羅氏之眞傳，則是另一回事了。或可說，這種師承的說辭，其實只是單向的觀念，重點不在師尊是否印可彼爲傳人，而在彼自許而已。

上述無論楊、管的言論，或者管氏的作法，其實都透露了一層重要的消息：師承的觀念，在第三期學術是一大關鍵。師承如此重要，使得學者紛紛標榜師承。師承如果不佳，甚至必須千方百計與名師牽扯關係，方才安心。至若無師自通者，甚至有可能被冠上不知學之名，被勸不必強承聖學。

在此須提醒一點：除了管、楊等人之外，同時代尚有如周汝登以王畿爲師承所自，路數不同；如李贄高言其學無所授，〔註79〕且爲焦竑、楊起元許爲聖門之狂者（後詳）。顯示同時代仍有其他路數的發展，不可一概而論。

第三期學術有羅汝芳的典範的成立，門人弟子乃在此典範下作學術整理的工作，學術整理的工作有二，一是三教合一，一是無善無惡。以下詳述之。

二、三教合一的學術史脈絡

三教合一是第三期學術的重頭戲。此時主張兼融三教，東林則堅持儒學本位，因此雙方對此爭執最烈；但雙方的爭執卻是透過較爲間接的方式來攻擊對方以及證明自己的立場，亦即利用在學術史的發展上追討源流的方式，作爲己學的後盾。管志道等人尋出周敦頤作爲己學之來源，而東林遂亦在此

〔註78〕《太史楊復所先生證學編》，卷二，頁 78。此函不知何年所作，俟考。若據管志道指出，楊起元對其學乃「先疑而今信」（《問辨牘》，貞集，頁 15），則此函恐是「先疑」之時所作，故曰其學不出於羅汝芳，待得「今信」，則彼此乃引爲同流矣。

〔註79〕《續焚書》，卷二，頁 6。

事上與之爭奪周敦頤的解釋權。本小節即分析兩個陣營對於此事的異同何在。

　　第三期學術是沿續明中期學術的腳步而繼續發展，因此第一、二期學術留下的問題乃爲此時所負擔。第三期學術面對的問題有二：第一，由於第二期學術側重工夫，但不能滿足士人對本體論的需要，遂有儒釋合流的趨勢出現；迨乎 1590 年代，儒釋的問題乃更顯迫切，士人遂用力於此，造成如焦竑所說「儒釋之辨，尤今日一大公案」〔註80〕的情形。第二，經世、出世的問題，亦爲此時所重視。由於講學的衰敗，令經世之學的魅力不再，士人群爲出世之學所吸引，而出世之學既爲釋氏所擅長，士人遂入釋氏而求之，從而加添了儒釋之辨的內容。

　　於是，儒釋合流、經世／出世的問題，終於逼出了三教合一之學。此時倡三教合一最力者，乃楊起元與管志道，而焦竑亦屬其中一員。李贄亦同此主張，但情形特殊，故另列一節述之。楊、管、焦三人的學術，方向雖同，但細節則稍有出入，以下當細論之。在進行討論之前，必須瞭解三教合一的理論，以及他們爲上述兩個問題提供了什麼答案。

　　三教合一之前有儒釋合流，但儒釋合流其實頗有病在焉，其內在破綻即二本的問題；亦即以釋學爲本體，以儒學爲工夫，致令本體、工夫不能打合爲一。經世／出世的問題亦然。以儒學經世，以釋學出世，二者同樣不能打合爲一。於是，統合三教遂爲勢所當然。三教合一的命題即三教本體無二，工夫有別，亦即儒、釋、老之本體本一，但又各自有其工夫，不可相混。由於釋、老本體之學特強，故儒學入釋、老覓本體，而工夫有別，故又以儒學作工夫，守儒學之矩矱。同理，經世與出世，亦被打合爲一。三教皆有經世與出世，而無偏廢，只是儒學側重經世、釋、老側重出世，故儒者亦可入釋、老求出世之學，而以儒學經世，從而一舉解決二本的問題。

　　正是在此脈絡下，主張合三教的楊起元說：

　　　惟釋道二氏，其教雖異，其道實同。〔註81〕

「其教雖異」，指三教工夫的不同，而「其道實同」，則本體實無二致。其次，則追討源流，往歷史的發展找根據，他又說：

　　　三代以上，道術能出于一者，……周末文勝，道術始離，而孔子述

　　　古先之教，不敢執一說以格後世，孔子沒而異端出，楊墨、子莫爭

〔註80〕《焦氏澹園集》，卷十二，頁7。
〔註81〕《太史楊復先生證學編》，卷三，頁15。

馳，孟子闢之，其說曰：「所惡執一者，謂其賊道也，舉一而廢百也。」
由此觀之，凡執一者，然後謂之異端，不執一則道矣。道可闢乎？
孟子沒而聖學失傳，漢興董仲舒，彊勉學問，遂成大儒，慨然欲罷
黜百家而宗孔子，至唐韓愈〈原道〉，敘堯舜之傳至於孔孟，而欲盧
佛老之居以火其書，其辭甚偉，然二儒者，實開後世執一之端。迨
於宋儒，追尋孔孟之微言，究極儒宗之體用，表章闡明，不遺餘力，
匪獨漢唐訓詁之儒所不敢望，雖董韓其傑然者，亦當退舍，蓋眞有
所自得者。獨惜其我見之膠固，而名心之莫覺，攻佛甚矣，而考其
學之所由入，不自佛者無幾也。……宋儒之學，蓋出於濂溪，而濂
溪未嘗攻佛。愚以爲，宋儒深得孔子之傳者，惟濂溪，而諸儒皆未
足以盡濂溪之道也。……我朝儒者，推薛、陳、胡、王，而四子復
以陳、王爲最，陳、王之書具存也，謂其不由佛而入，庸可掩哉？
自宋而迄於今，稱爲眞儒者，無有不由佛以入，則千百世而下可知
也，又奚必陰取之而陽棄之，徒使心術有盜竊之隱罪哉？……蓋佛
之學，已握吾儒之關而據其要，雖欲卻避，不可得也。〔註82〕

三教合一論者致力討論宋儒之說，跟宋儒闢佛甚力有關，此時若欲縮合三教，
勢必遭遇拘儒引用宋儒諸多闢佛語的挑戰。因此爲了一舉掘掉拘儒的根本，
令拘儒無辭以解，楊起元乾脆以學術史的方式，爲宋儒的學術重新作一番定
位。宋學開端於周敦頤，而顯輅於二程諸儒，周敦頤既是宋明學術的開山，
闢之不免引人議論；且周敦頤未有闢佛語，亦不須闢；楊起元遂將攻擊的火
力放在二程身上；首先說明儒學失傳已久，幸賴釋氏存其精微，而周敦頤得
以明孔學，故周氏不曾闢佛；〔註83〕然後再說周氏以下諸儒，如二程，其學
雖亦由佛入，但名心作祟，不敢直承其事，反而闢佛；而此種取徑，流風所
及，致令後世學者咸宗其術，對釋氏陰用而陽闢；〔註84〕即令心學的祖師——

〔註82〕 同前書，卷四，頁40～47。
〔註83〕 這個部份，所引資料未必呈現明白，故再引一段：「佛經入中國，惟因果輪迴，
　　　　 人趨之耳。達磨五傳而至曹溪，然後其宗熾盛，性宗之明，實自此始。流入
　　　　 宋朝，吾儒得之以明孔子之學，而未竟也。」此處之吾儒，指周敦頤而言。
　　　　 而所以未竟，則是由於周之後，便失其傳。同前書，卷三，頁7。
〔註84〕 茲引另一段，以實其說：「學者因儒先闢佛老，遂不敢顯言之，而私窺其書焉，
　　　　 陰用而陽拒，是竊也焉！有竊心不除，而可以入道者哉？且天下既既有其書
　　　　 矣，橫目之人，孰不見之，而能使之蔽其目乎？其書皆盡性至命之理也。有
　　　　 識者孰不悅之？而能使之剖其心乎？必不能矣！而卒歸于竊取。噫！古道豈

一陽明亦不免於此；〔註85〕最後作出結論，以爲釋氏之學已握儒學之機竅，欲避之不用乃不合實際，故三教合一當爲今日大勢之所趨而不可禦矣。

楊起元的看法大概是當時合三教者普遍的認知。焦竑、管志道亦持此說，〔註86〕惟細節稍有出入，詳後。值得注意者，周敦頤的學術此時特受重視，不僅三教者捧之，而反對者亦捧之，彼此展開了一場解釋權的爭奪戰。

令我們感興趣的是，何以此時會有這場爭奪戰的發生。周氏之學術於明中期之際未見多人重視，蓋第一代弟子，既然宗主陽明，而陽明又是接千古聖學之緒，則中間諸儒便非討論重點。此後陽明地位雖有下滑，但第二期學術士人著眼於接陽明之緒，故亦不多談及有宋諸儒。此時三教合一之說既起，自須往歷史上追其源，在宋明儒者中尋覓一位具代表性的儒者，爲其說張目。但考諸陽明的言論，畢竟有不滿佛老之意在焉；故難以陽明爲首，因此士人更上溯有宋，找出了一位周敦頤。三教合一者乃先尊周氏爲首，然後批評周氏以下宋明諸儒的學術，最後下開三教合一之局。

這當中的利害輕重，三教合一者知道，反對三教合一者也知道。反三教合一者以東林爲大宗，而此時東林人物既已退下政壇，專心學術，故亦針對此說進行反駁。如顧憲成於 1590 年代時作《小心齋箚記》，開卷便尊周敦頤之〈太極圖說〉，又許周敦頤爲孔子第二，然後說：

> 未嘗與二氏辨異同，而爲二氏者咸相與退，而各守其宗，莫得而混焉，至矣盡矣！〔註87〕

年輕一輩的高攀龍，其說更具爆炸性，他說：

> 龍竊以元公（指周敦頤）之書，字字與佛相反，即謂之字字闢佛可也。〔註88〕

合三教者捧周敦頤，原是爲了周氏未闢佛，故高攀龍說周氏字字闢佛，正是就其關鍵而痛擊之。高攀龍更道：

其然哉？」所謂「儒先」，即指宋儒而言。此段坐實宋儒的罪名，指宋儒令後世學者，不得不爲盜竊之事。同前書，卷一，頁 12～13。

〔註85〕 關於陽明借筏於釋氏的說法，早見於耿定向。而楊起元之說，似亦以此爲當然耳，不加解釋，則可知這種說法，應是流行於當日者，不僅耿、楊二人而已。如焦竑與友人的問答，亦見此說，參見《焦氏澹園集》，卷十二，頁 10～15。

〔註86〕 參見《焦氏澹園集》，卷十二，頁 30～34 與頁 11；與《問辨牘》，亨集，頁 40～47；二書對此說之甚詳。

〔註87〕 《小心齋箚記》，卷三，頁 5。

〔註88〕 《高子遺書》，收入《景印文淵閣四庫全書》，集 231，卷八，頁 8。

> 凡斯道大明之日，即是異端附會之時。……夫子沒而七十子各以其
> 所得者爲學，及其弊，異端併起，而孟子不得不好辯。千四百年間，
> 儒者不過爲脩身謹行訓詁誦習之學，與二氏蓋判不相入。及周元公
> 開揭蘊奧，而天下始知求之性命之微，異端因之假合，程朱不得不
> 辯者，勢也。〔註89〕

這番言論簡直與三教合一的看法背道而馳。高攀龍是東林學派中理論深度最
高的人物之一，其說正可代表東林反對三教合一的言論與立場。

　　三教合一既形成了一套學術史的說辭支撐其說，則本體／工夫、經世／
出世的問題便可迎刃可解了。闢佛一事既被定位爲宋儒之餘毒，則合三教便
無可異了，尤其周敦頤之後，其傳失之既久，而釋氏又握此機竅，則今日士
人便理所當然必須借路於釋氏了。

　　至於經世／出世的問題則較爲難辦。畢竟佛、老出世而不務經世，世所
皆知，此時三教既一，則經世與出世如何統一，如何說服他人，並且舉出實
例，便成問題。此時太祖《御製文集》適爲一大助緣，《御製文集・三教論》
中說：

> 於斯三教，除仲尼之道，祖堯舜，率三王，刪詩制典，萬世永賴，
> 其佛仙之幽靈，暗助王綱，益世無窮，惟常是古。嘗聞天下無二道，
> 聖人無兩心，三教之立，雖持身榮儉之不同，其所濟給之理一然，
> 於斯世之愚人，於斯三教有不可缺者。〔註90〕

這段話一再被合三教者所引用，以「暗助王綱」之說，來證明佛、老亦有益
於治世。〔註91〕既有理論爲支撐，又有太祖之言爲據，則二氏可經世之說確
立矣。

　　東林人物對此必不以爲然，但事關太祖，不可輕易從事，因此東林一方
面闢佛老有害於經世，一方面則重新解釋太祖之言以反駁之，與第三期學術

〔註89〕同前書，卷八，頁 8～9。高攀龍又分疏宋明儒者之學脈：以周敦頤、程顥爲
　　　　顏淵一脈的學術，以陸九淵、陽明爲孟子一脈的學術，以張載、程頤、朱子
　　　　爲曾子一脈的學術。(見《高子遺書》，卷五，頁 22) 其說甚詳，但其端由甚
　　　　爲隱微。然而，若與 1590 年代的學術氣氛參看，則知高所以汲汲於分疏學術
　　　　史的脈絡，其實正是要與 1590 年代的學術爭奪宋明學術史的解釋權之故，故
　　　　須爲宋明儒作定位，以充實己學的內容。
〔註90〕朱元璋，〈三教論〉，《御製文集》(台北：台灣學生書局，1965)，卷十一，頁 9。
〔註91〕參見《太史楊復所先生證學編》，卷二，頁 34～39；《續問辨牘》，卷三，頁
　　　　93～96。這方面的資料俯拾皆是，故不具引。

的說法針鋒相對，關於這方面的證據俯拾皆是，此處不必贅述。〔註92〕以下接著討論三教合一的關懷所在。

三、三教合一與世道的關係

以倡三教合一名者，以楊起元與管志道二人最可爲代表，二人都是從儒學入手，爲儒學發展計而倡三教合一，如楊起元說：

> 今欲闢之（佛），必大整頓吾儒之學，⋯⋯然後可。〔註93〕

整頓儒學的方式即三教合一。即使如此，楊、管彼此仍有異同，管志道便曾比較二人之學，說：

> 楊少宰之祖述尼父，憲章高皇，而不踵程朱之闢佛老，與吾言若合符節也。然少宰之意，重在以圓宗挽宋學之執，而吾之意，重在以方矩挽時學之狂。少宰以圓函方，人競趨乎其圓，而不束乎其方，故其入人也易；愚也以方裁圓，則圓者既哄其方，而方者復哄其圓□，其入人也難。〔註94〕

楊氏重在破宋學之執，管氏則重在挽時學之狂，亦即前者破拘儒，後者挽狂儒。楊氏之破拘儒其實與焦竑同路，由於拘儒之闢佛皆取材於宋儒，故二人追討其源，而不滿宋儒，尤其對宋儒之闢佛耿耿於懷。楊氏之言，前文曾多次徵引，此處不贅，與楊起元同一立場的焦竑則曾說：

> 伯淳（指程顥），宋儒之巨擘也，然其學去孔孟則遠矣。孔孟之學，盡性至命之學也，⋯⋯釋氏諸經所發明，皆其理也。苟能發明此理，爲吾性命之指南，則釋氏諸經即孔孟之義疏也，而又何病焉？伯淳斥佛⋯⋯〔註95〕

以下皆駁程顥闢佛之言，不具引。由於周敦頤著作不多，故程顥向來被視爲宋學的代表，而焦竑卻摒程顥於孔學門牆之外，並專門作文反駁程其闢佛語，〔註96〕則他反宋儒的立場，可說是十分鮮明了。

〔註92〕 茲引幾條資料，錢一本說：「我聖祖不滅二氏之教，而止與其暗助，明斥之于治道之外。」又說：「我高皇帝之定衡，惟以孔子之道治天下，若釋老，則置巫祝之列耳。」（《黽記》，卷二，頁26～27。）

〔註93〕 《太史楊復所先生證學編》，卷二，頁37。

〔註94〕 《續問辨牘》，卷三，頁86。

〔註95〕 《焦氏澹園集》，卷十二，頁3～4。

〔註96〕 同前書，卷十二，〈答友人問〉，頁8～19。

　　至於管志道雖亦有破拘儒之事，但不以此為重點所在，而是以狂儒、霸儒為大患，汲汲於除此二害。霸儒與儒釋之辨較為無關，此處不述。關於狂儒的部份，管志道說：

> 宋儒執孟子之拒楊墨以排佛老，但是執一，不是二本；至於今日，
> 而二本之風乃盛。……復有決裂丈夫，不恤裂冠毀冕以從別教，而
> 身從儒門中出，衣食仍資於儒流，又不能一一守二氏之戒律也，則
> 復不緇不黃，與山人俠士同流，而參求稍有所得，亦能影合三教，
> 而文之以中庸，然精神有墜重處，人必從其墜重而應之，相率以禪
> 家直截之宗，掩吾聖人戰兢惕勵之脈，而無忌憚之小人遂眾，然而
> 為之作俑者，大都敏博聲曠之士，世所目為見性者也；是謂以學術
> 殺天下。……愚嘗謂二本之害，尤其於執一之害者，以此。此其故
> 何在？……未能深透孔子一貫之宗耳。〔註97〕

所謂宋儒之執一，指拘儒而言。其意即三教本一而無二，但宋儒堅守儒學陣營，故有執一之病。至於二本之害，即指狂儒之害而言，意即狂儒出儒入釋，以釋氏之本體，合儒學之工夫，但結果卻是專主本體而廢棄工夫，故曰狂儒。這方面的言論於管志道的文集中歷歷可見，不具引。所謂「以學術殺天下」，審其意多指狂儒而言，而此乃管志道所憂心如焚，故認為要收狂儒之害，須決二本之障，大闡孔子一貫之宗而合三教方可。

　　相對於此，楊、焦旨在破拘儒之執一，但對狂儒則無異辭，雙方的歧異具體反映在對李贄的評價上。楊起元在一封給耿定向信中說：

> 至謂近世譚道者，或以一見為自了，或以篤倫盡分為情緣，或以踰
> 閑蕩矩為超脫，或以遷改懲窒為鈍下，如此橫議，反而求之，不得
> 于心矣，是雖住世真仙，出世活佛，豈能舍己從之哉？嗟夫！如此
> 等人，不佞實未嘗見之，雖間耳聞，原未目擊，故不敢信。然若果
> 有之，必其所學者影響之見，而非實有所得者也。〔註98〕

此處耿氏所深疾者，亦即管氏所說的狂儒。耿、管師弟相親，所見亦同。此信所稱之狂儒，即指李贄而言。耿氏深疾李贄之學，眾所周知，而管氏承學於耿，亦以李贄為大敵，尤其視李贄為狂儒之淵藪。〔註99〕相對於此，楊起

〔註97〕《續問辨牘》，卷二，頁29～30。
〔註98〕《太史楊復所先生證學編》，卷二，頁12。
〔註99〕管志道在寫給焦竑的書信中，有論及李贄的言語，曰：「亦有不染二習，任性

元與焦竑二人卻許李贄爲聖門之狂者，而以原壤擬之，〔註100〕並以其透性關、盡情塵而尊之甚高。〔註101〕耿、管之斥，楊、焦之尊，彼此立場之背馳其實反映了彼此學術取徑之不同。

　　管志道深疾狂儒，其說多半針對狂儒而設。蓋狂儒者，出儒入釋，人以儒攻之，彼則入釋以避，人以釋質之，彼則以憚悟爲由，譏人未徹性關。管氏有鑑於此，所以他爲收狂儒，乃主張以聖學收儒學、以佛學收禪學之說。所謂聖學／儒學、佛學／禪學，在管志道的系統中有嚴格的分疏。對管氏而言，聖學到宋明儒者手上，已失本體之眞傳，故降爲儒學，〔註102〕爲救學術之弊，管志道主張回歸聖學、佛學，以聖學、佛學來收時下已爲狂儒所敗壞的儒學以及狂儒所藉口的禪學，並且更進一步倡「理圓矩方」、「以孔矩收二氏」之說。理圓指三教之本體不二，矩方指三教之工夫不同。〔註103〕此說一立，對於狂儒以及與狂儒合流的狂禪，乃可以孔矩、佛律收之，令彼頓悟之

而行，無門無房，而反成狂蕩子之逋逃藪者，李太府卓吾老子（指李贄）是已。卓吾老子乎，古之居塵出塵、展禽虞仲之儔哉？而不可以訓俗。其徒至於獵財漁色，以爲無礙，復有未得謂得，未證謂證之狂僧如無念者，合而跳梁其間，毀戒敗禮，還以罪福性空爲口實，是以先師（指耿定向）力戰之。而先師又以執孔裁佛，語意欠圓，狂者議其未透性命之學，然乎？不然乎？」（《問辨牘》，亨集，頁18～19。）焦竑特尊李贄，故管在此信中，語氣尚多保留，僅以「不可以訓俗」一語帶過；貶斥李贄之意，已呼之欲出，待觀管、李來往之書信，更可印證，詳見《續問辨牘》，卷一，頁76～82。

〔註100〕如李贄便敍述說：「乃者，楊復老（指楊起元）即以原壤見推，……夫壤，古之狂也。」（《續焚書》，卷一，頁52。）如黃宗羲說：「（焦竑）篤信卓吾（指李贄）之學，以爲未必是聖人，可肩一狂字，坐聖門第二席。」（《明儒學案》，卷三十五，頁830。）

〔註101〕焦竑形容楊起元與李贄二人之學，說：「然先生（指楊）如和風甘雨，無人不親；長者（指李）如絕壁巉巖，無�可入。二老同樣得法於旴江，而其風尚懸絕如此。余以爲未知學者，不可不見先生，不如此則信向靡從；既知學者，不可不見長者，不如此則情塵不盡。」（《焦氏澹園集》，卷二十二，頁20。）則李贄之盡情塵可知。楊起元亦說：「若欲求徹性關，則有卓吾先生在，不敢贊。」（《太史楊復所先生證學編》，卷二，頁7。）則楊以李已徹性關可知。

〔註102〕管志道認爲，由於儒學本體論已失，故宋儒拘守繩墨而不明本體，而生執一之弊；至於陽明後學，則由於本體論不明已久，致令士人往本體論特強的禪學借路，從而出儒入釋，以頓悟自高，而不管工夫；其流乃今之狂儒。至於佛學的發展亦與此相仿，亦至禪學而有弊，若曰宋儒不明本體而拘守工夫，禪學則是專力本體而廢棄工夫，致令後學只宗頓悟而不管佛律，流弊至於今日，乃有狂禪之弊。儒學有狂儒，猶禪學有狂禪；二者皆藉口頓悟，而撇棄工夫；今日二者合流，乃釀成大患。參見《問辨牘》，亨集，頁40～47。

〔註103〕此皆管志道學術之要旨，文集中歷歷可見，不須具引。

藉口無所用；彼若逃躲入釋與狂禪合流，則有佛律可攻之，令彼無可遁逃矣。
〔註104〕

　　管氏以「聖學降爲儒學，佛學降爲禪學」，〔註105〕而以聖學合佛學，以佛學收禪學之說，其見識頗超出流輩。楊、焦雖曰合三教，但所合者，畢竟重點放在儒學與禪學上。〔註106〕這一點恰可說明管氏與楊、焦路數不同的原因所在：蓋管氏以禪學有弊，而上溯佛學。楊、焦則於禪學無異辭。故狂儒是以儒學之悟來合禪學之悟之人，管氏以爲可憂，楊、焦則不以許爲忤。

　　除了對於狂儒的態度不同之外，雙方在主「修」與宗「悟」上亦有歧異。管志道既深疾於狂儒之悟，遂以「修」爲今日之教門。〔註107〕「修」屬於工夫一邊的事，因此管志道雖然綰合三教，但以工夫來別三教。他認爲三教本體雖一，但工夫有別；儒者當守聖學之工夫，釋氏當守佛學之工夫。管志道乃特別提宗孔矩、特重工夫。楊起元則對本體提之甚切，而仍主「悟」。〔註108〕

〔註104〕如曰：「以程朱之道格之，彼將逃之圓宗以爲解，吾即以釋氏之律誅之，則逃於何地哉？」《問辨牘》，亨集，頁46。
〔註105〕此說，耿定向已先發之。參見《耿天臺先生文集》，卷三，頁364，與《續問辨牘》，卷一，頁40。
〔註106〕楊、焦二人，對於佛學與禪學，皆未多予分流。而楊起元說學者對於釋氏陰用而陽闢，而舉宋明儒者爲例；則楊起元口中之釋氏，當指禪學而言，可知矣！焦竑亦然。
〔註107〕原文如下：「今日之教體，不重悟而重修，以此也。蓋重悟是禪門事，而重修乃儒門事，然修而不本於悟，盲脩耳。此有漏之因，豪傑豈甘心焉？故見性一宗，必不可遏，而儒行又決不可毀。」（《續問辨牘》，卷二，頁26。）所謂「見性一宗」，指三教本體而言。
〔註108〕管志道曾說：「今諭學者，不言本體則言工夫，此足下之所飫知也。言本體而歸諸不學不慮，蓋莫辯於今先師近翁，邇年則楊（指楊起元）、鄒（應指鄒元標）兩君子復暢之：言工夫而約諸脩身爲本，蓋莫辯於令師見翁（指李材）。」（同前書，卷四，頁70。）羅汝芳的本體之學，此時特受重視，固不待言。而李材之學，專言工夫，第二章已言之，此處更爲一證。而楊、鄒二人暢羅之說，則可知楊起元學術之取徑。而鄒元標之學，受羅汝芳影響實大，且與周汝登交好，但學術路數，又與東林接近，故成爲東林學派之一大異數。詳見第四章。又，管之言，或未足證楊之學重悟，故引楊之言實之：「但此體原有天然之矩，非意見所得而增損也。言本體而黜工夫，起則安敢然哉？但謂吾人識得此體，便隨時隨處都是工夫，工夫雖做得萬分細密，依舊還他一箇本體，而我並不曾做著他一毫耳。」又：「孔門之所謂知，近世之所謂悟也，其名異，其實一也。所謂悟後無事者，非無所事事之謂也，乃行其所無事耳。……今之學者，第恐其不能眞悟也，第恐其不能眞無事也，若眞悟焉，眞無事焉，馴致於篤恭不顯、無聲無臭之域也，不難矣！」，一重本體，一重眞悟。《太史楊復所先生證學編》，卷二，前文見頁18，後文見69。

此外，管志道與楊起元雖同主三教合一，亦同以太祖來合三教，但稍有不同。管志道一方面以太祖合三教，一方面又以太祖鎮霸儒。蓋如前文有說，管志道認爲唯獨君主得任道統，如孔子亦只得任文統而已；故自宋儒以來，以絕學矜世、有見龍之意、甚至以道統屬匹夫而駕師道於君道上的學者，〔註109〕都不免井蛙之見。霸儒之學，正是從主張師道、甚至以匹夫任道統之風而來。現在提出宗主太祖，則霸儒亦無跳踉之餘地矣。〔註110〕

關狂儒、重修、重工夫、鎮霸儒，凡此等等，皆管氏學術所特有的風格。在第三期學術其它代表人物身上未見有此等取徑。以今觀之，管志道獨特的學術風格，除開三教合一說不論，其實與第四期的東林學派的學術相當接近。東林學派以顧憲成、高攀龍諸人爲領袖人物，而顧、高二人皆吳地人，與管志道同鄉，也許彼此學術風格有所影響？亦未可知。尤其管、顧二人，私交甚篤，管氏辭世不久，顧憲成甚至時時夢寐見之，〔註111〕並且說：

> 管東溟曰：「朱一變，至于程，程一變，至于周，周一變，至于孔。」
> 又曰：「規欲圓，即以仲尼之圓，圓宋儒之方，矩欲方，即以仲尼之
> 方，方近儒之圓。」又曰：「窮理不厭旁參，修道必遵孔轍。」皆正
> 論也。過此以往，以俟君子。〔註112〕

「過此以往」，即指三教合一而言。此外諸如聖降爲儒、專提孔矩之說，顧憲

〔註109〕原文如下：「安可誣聖祖師孔而臣釋？愚前者有感於上古君師道合，後世乃以道統屬匹夫、駕師道於君道之上，大傷夫子爲下不倍之脈，……吾夫子師而臣者也。」（《問辨牘》，利集，頁92～93。）審其言，即連孔子亦不可凌越臣道之界限而以道統自任，則其餘可知。又說：「蓋泰州創言聖人雖時乘六龍，必以見龍爲家當，此見亦不自泰州始，自程子起興斯文以來，儒者俱作是見矣！……見者，師象，……今自姚江之流一漫，見意何濃，惕意何淡也。」（《續問辨牘》，卷一，頁15～16。）蓋其意皆在箴砭宋明儒者以師道自任而妄自尊大之病。

〔註110〕在管的系統中，太祖是飛龍，是君而師；孔子是見龍，是師而臣。而文王以前，君、師合一，故道的在飛龍，而孔子以後，道的在見龍。自太祖出，則飛龍之復立，而見龍隱。但至於薛瑄、陽明，復樹見龍之操，至於王艮之衰，於是見龍之道窮，而難乎爲的矣！故以今日儒者之道的，不立見龍，而立於惕龍。惕龍者，即默裏飛龍之運，而陰持見龍之脈者也。詳見《問辨牘》，元集，頁8～11。管志道之言，一爲破霸儒之任道統、持見龍自高，一則反映了講學的敗壞，而不得不另行提出惕龍來取代。

〔註111〕原文如下：「管東溟先生，一世人豪，蓋至今時時夢寐見之。」顧憲成，《涇皋藏稿》，收入：《景印文淵閣四庫全書》（台北：台灣商務印書館，1986）集231，卷四，頁21。

〔註112〕《小心齋箚記》，卷四，頁9。

成亦所贊成。由此更可印證管學的關懷點，除去三教合一說外，與東林實在
是十分接近的。因此從管志道的學術中，其實已可看出來東林學術的大致的
取徑與風格，這方面的問題待第四章再論。以下討論周汝登一路的學術。

四、無善無惡的倡導

　　周汝登的學術與管、楊、焦三人不同。管、楊、焦之學旨在融合三教。
周氏則不然，他有所謂「不能合、不必合，以儒釋互參則可，合之則不可」
之說。此點前已言之，不贅述。

　　當時儒學之衰蔽，乃是時人的共識，而不容諱言。管、楊之合三教，正
是為救儒學的衰蔽而起，只是二人微有出入，表現在針砭學弊方面，即管闢
狂儒，楊破拘儒。對於當前儒學的問題，周汝登亦非不知，只是別有懷抱。
所以他一方面說儒、禪不可合、不可分，一方面又討論儒者闢禪、禪者病儒
的問題。他說：

> 為儒者之過，非其不通禪也，不知孔子之儒也。……為禪者之過，
> 非其不通儒也，不知如來之禪也。……孔子之旨，闡在濂洛以後諸
> 儒；如來之旨，闡在曹溪以下諸師。嗟乎！人而有悟于此，則儒自
> 儒，禪自禪，不見其分；儒即禪，禪即儒，不見其合。〔註113〕

這段話有兩方面須討論。第一，周氏以時學之弊不在不通禪學，而在不知儒
學，故以闡揚儒學——尤其是陽明、王畿之學，為今日之要務。〔註114〕而周
氏講「無善無惡」，正是秉持這種想法，以明二王之學為己任。但在主張儒學
的同時，周氏亦須面對時人沾染釋氏之學的問題而作一番交代，此處的儒釋
不可合、不可分之說正好派上用場。儒釋雖不可合，但其學本質實無不同，
故儒釋交參便無不可，周氏甚至說「昔儒未有不交參者」，〔註115〕於是儒釋的
問題，便宛然迎刃而解。

　　第二，管、楊以宋明儒者之學未契孔學之宗要，故不得不借路蔥嶺。周

〔註113〕《東越證學錄》，卷七，頁23～24。
〔註114〕這方面的資料不虞匱乏，且引一段證之：「我輩去陽明先生之世幾八十年矣，
　　　　陽明先生初倡此學時，不知經多少風波，後賴龍谿先生（指王畿）嗣續，亦
　　　　不知受多少屈抑。今日我輩得此路頭，坦然趨步，可忘前人之恩力耶？……
　　　　使人知致良知之教原是如此，然後微言始著，吾道益明，是乃所以為報。」
　　　　同前書，卷四，頁6。
〔註115〕同前書，卷五，頁34。

汝登則不然，他認為宋儒確得孔學之眞傳，所以說：「孔子之旨，闡在濂洛以後諸儒」；而諸儒歿後，聖學不明幾百年，賴有陽明作興，宛然今日之孔子，聖學又得重光。〔註116〕因此，在周汝登的系統中，宋儒的地位其實不低。周氏所以與管、楊不同，並非無因。蓋周氏以陽明爲今日之孔子，而以闡揚陽明學術爲要務，則必不以陽明未契孔學宗要，惟獨周氏不取陽明第一代弟子將陽明直接與孔顏接榫的方式，而是循陽明往上追溯至有宋諸儒身上，以有宋諸儒之學術爲陽明學術之來源，故視濂洛得孔學之眞傳。

　　綜上所述可知，周汝登一方面以明儒學爲務而不主張三教合一，一方面則以宋儒學術已得孔子眞傳。這兩點與主持三教合一者如管、楊、焦等人相當不同，周氏之學亦因此在三教合一者之外而自標一格。

　　以周氏爲代表的「無善無惡」之說其實受到不少的挑戰。最著名者，即1592 年（萬曆壬辰），周汝登與許孚遠於「無善無惡」的辯論，許孚遠出示〈九諦〉以難「無善無惡」之說，周汝登則以〈九解〉答之。這場辯論極受矚目，許多士人曾加引述，當時出面調停者也所在多有。諸人之意見，大體不外於此：周氏之說，乃提本體，而許氏之說，乃憂世道，〔註117〕二人取徑不同，致生齟齬。

　　這場辯論並不單純，以今觀之：或許可以視爲三、四期學術之間鬥爭的開始。周氏係1590 年代的代表人物，提本體的取徑其實是第三期學術的風格，而許氏的學術立場則與東林學派相仿，憂世道的傾向正與東林合轍。提本體與憂世道，恰可歸納爲第三期學術與晚明學術差異之所在。

　　這方面的差異，亦可在鄒元標與顧憲成的往返討論中見出。鄒元標是東林學派中頗爲歧異的一位人物。如前文所述，東林闢「無善無惡」而宗「性善」，鄒元標卻不然，反而主張「無善無惡」。鄒氏之學，其實與周汝登相當接近。二人皆主張「無善無惡」、同意儒禪交參；又皆反對三教合一；故不滿管志道之學。〔註118〕鄒、周二人甚至私交甚篤，鄒元標曾說己學與周學頗無

〔註116〕同前書，卷六，頁20，與卷四，頁7。

〔註117〕如管志道便說：「近許少司馬敬菴深非之（無善無惡），而周銓部海門（指周汝登）復深是之。許翁之稽時弊最緊，周子之提本體最親。」（《續問辨牘》，卷四，頁19。）鄒元標亦曰：「今南中闢無善無惡一語，不遺餘力，余嘗不量螳臂拒之曰：一到家語，一發軔語，此兩塗也。」（《願學集》，卷四，頁108。）

〔註118〕鄒、管的爭執，詳見《續問辨牘》，卷二，頁72～77。文中彼此用語已極不客氣。周汝登則說：「前損之過吳下，見東溟先生，知損之已大自敬服。此老博綜經藏，具大辨才，矯矯風節，懇懇眞修，非特損之敬服，即僕亦敬之服之，近世之泰

出入。〔註119〕因此，周、許之爭，亦見於鄒、顧二人身上，鄒氏曾述：

> 其（指顧憲成）所最研辨者，無善無惡心之體一語，曰：「如是則善
> 可不爲，而惡亦可橫行。」蓋有感於世之儒名盜行者。不侫間常致
> 書商度，公曰：「予言救世也，故自爾爾，與子密證，以俟異日。」
> 然公之所造，亦淵乎微矣。嗟乎！使天假公年，世睹眞儒之效，惡
> 可量哉？〔註120〕

在這段話中顧憲成明白表達其立場，所謂「與子密證，以俟異日」，正一語道
出了東林學派學術的著眼點所在。如果說第三期學術是一場屬於學術性的討
論，那麼進入第四期學術後，東林學派的學術風格，相形之下學術的意味便
淡了許多，尤其是純粹的學術性討論實不多見，反而轉向世道人心方面的關
懷居多。顧憲成的名言「予言救世」，正反映他通過學術而對世道的關懷。

　　我們若觀察 1590 年代這些代表人物的影響，就目前資料所及，以守成羅
汝芳之學自居的楊起元，一旦身死即沒沒無聞。〔註121〕周汝登、焦竑雖皆至
1620 年代方才相繼病故，但在東林學派繼起後，二人的活動力都已大爲減弱。
他們在十七世紀思想界所能發揮的影響恐亦十分有限。這些在 1590 年代的思
想界叱咤一時的風雲人物，竟落得如此下場，究爲何故？

　　對此恐須從整個時代大環境的背景來解答。由於講學的敗壞，致令士人
難再相信學術可爲一切大本的命題，尤其士人失去了安身立命之所，更令士
人無法再如明代中期的士人專心從事學術的討論。這時士人所急須解決的，
是在安頓之所失去之際，如何重新尋得安頓，對此問題似以東林討論得最爲

山喬岳，此老當之眞無愧者。至於學問，則須另作商量。」（《東越證學錄》，卷
十，頁 5。）周汝登之言，乃先說一番場面話，末後指出學問須作商量，則其意
可知。此外，周汝登對己學自負甚深，如與楊起元的信中，便說：「年丈斗望在
世，人人知企，而至於明開道眼處，則弟竊謂獨窺之深，我丈亦若，謂弟爲能
獨知之也者。」亦比擬己學所窺之深，更過於楊。（同前書，卷十，頁 37。）

〔註119〕鄒元標柬許孚遠，曰：「貴里有周海門者，不肖心友也，相翊留都，靚體寒舍，
不肖兩人似無異同。見所謂〈九諦〉，二公良工苦心矣！此君貴里一隻眼人，
翁幸廓然共之。」（《願學集》，卷三，頁 7。）周汝登亦曰：「江西鄒南皋（指
鄒元標）寄《學庸商求》一本，甚是透徹，此海內具隻眼者，彼亦深信區區。」
（《東越證學錄》，卷十，頁 52。）

〔註120〕《願學集》，卷六，頁 25。

〔註121〕如鄒元標說：「公沒後，予以公影響寥寥，……」（《願學集》，卷六，頁 43。）
周汝登亦曰：「太史之書，不在禁例，而人亦鮮頌述之，……」（《東越證學錄》，
卷九，頁 26。）就鄒、周之言可知，楊起元歿後，其澤竟或已斬而不傳矣。

完整。他們將關懷的焦點轉到世道與政治上，以世道、政治的關懷爲己任。這股學風的興起，以今觀之，其實又符合時代的需要。本章前言已曾論之：神宗即位後，整個帝國的弱點已經一一暴露了出來，故須士人的關懷與從事，而東林的學風恰合這種需要，故容易爲士人所接受。因此，很自然地，當時代的腳步在進入十七世紀後，第三期的學術便爲東林所取代，而東林的學術既處處與第三期學術對反，所以東林一旦得勢，第三期學術便自然爲人淡忘。

在管、楊這些 1590 年代的主流人物專心進行學術討論的同時，而東林學派又尚未成爲主流之際，士人面對講學的敗壞與解體，以及時代的變局，內心其實或多或少有所不安。而這種不安，我們在李贄這位特立獨行的人物身上，將可看得更爲清楚。

五、時代的特例——李贄

李贄在 1590 年代的思想界頗爲特出，同時也是一位備受爭議的人物。關於李贄的研究頗豐，讀者可自行參考。〔註 122〕本文僅止預備沿著上文的脈絡，討論與講學的相關問題。諸如李贄生平、遭遇、佛教思想與反傳統的作爲等等，則暫不涉及。

李贄早年任官，至五十四歲，即 1580 年（萬曆庚辰），方才辭官而專心從事學術研究。〔註 123〕如他自述由於人生大事未能明了，故辭官以求，所謂「陷溺之人，老而始覺」，〔註 124〕之後更於 1588 年（萬曆戊子），落髮出家。

李贄在時人的眼中，有正反兩面的評價。正面的評價，可以焦竑、楊起元二人爲代表。二人因爲李贄能夠透徹性關、掃盡情塵而尊之。反面的評價，可以耿定向與管志道爲代表。

李贄作爲如此具有爭議性的人物，其思想亦獨樹一格。當時流行的「無善無惡」、或三教合一諸說，雖亦可在李贄的思想中見到影子，但我們似乎無法確定李贄的用意所在。李贄是否眞正在意這些說法，又或者說，對他而言，學術是否佔居核心的地位，得以指導他的各方面的思想、作爲，其實相當可疑。在時人眼中，李贄的學術是什麼？反李的耿、管不說，即連尊李的楊、

〔註 122〕可參考 Hok-lam Chan, *Li Chih 1527-1602 in Contemporary Chinese Historiography*（New York: M.E. Sharpe. Inc. White Plaine, 1980）.本書的附錄完整收錄了直至 1970 年代末期爲止學界關於李贄的研究著作。

〔註 123〕根據林海權，《李贄年譜考略》（福州：福建人民出版社，1992）。

〔註 124〕《焚書》，卷一，頁 14。

焦，亦只是推崇李贄徹性關，而不曾指出李贄的學術宗旨所在。李贄以儒者
身份而晚年出家，雖爲時人所常道，但這是屬作爲方面。李贄雖然常以釋氏
之說來解儒學經典，但這是當時的流行，不僅見於李贄一人而已。

　　因此若就資料所及，我們實不曾見與李贄同時之學者，爲其學術歸納出
一個宗旨，於是生於今日的我們，更難以爲其學理出一個頭緒了。那麼，是
否可能李贄之學其實並無一套嚴密的系統？似乎亦不無可能。

　　既然如此，則討論李贄的學術，便不僅僅只是一個哲學的問題，而必須
放在整個思想史的發展脈絡中來看；尤其不能純粹以思想來解思想，而將思
想的地位提得太高；相反地，李贄的思想的現實意義，才是我們必須重視與
考量的。

　　於是我們必須問的是：現實意義的部份，是指政治面、社會面、或是思
想界的問題，方是瞭解李贄思想的關鍵要點？如我們所知，明中期是一個學
術氣氛特濃的時代，因此李贄受到講學問題的困擾當爲最深，故可從此切入。
如前述，此時士人失去了安身立命之所，李贄亦有這方面的問題。如他說：

> 然則生孔子之後者，講學終無益矣，雖欲不落髮出家，求方外之友
> 以爲伴侶，又可得耶？〔註125〕

又說：

> 夫世之不講道學而致榮華富貴者不少也，何必講道學而後爲富貴之
> 資也？此無他，不待講道學而自富貴者，其人蓋有學有才，有爲有
> 守，雖欲不與之富貴，不可得也。夫唯無才無學，若不以講聖人道
> 學之名要之，則終身貧且賤焉，恥矣，此所以必講道學以爲取富貴
> 之資也。然則今之無才無學，無爲無識，而欲致大富貴者，斷斷乎
> 不可以不講道學矣。今之欲眞實講道學以求儒、道、釋出世之旨，
> 免富貴之苦者，斷斷乎不可以不剃頭做和尚矣。〔註126〕

這兩段文字正反映了講學的敗壞對於李贄的影響。在李贄眼中，今日之講學
者，其實無心講學，僅僅在於獵取富貴而已，故李贄不願與之合流，甘心剃
頭做和尚。當然，李贄所以剃頭做和尚的原因甚多，僅僅提出這一點，並不
足以概括全貌。但至少我們得以確定的是，講學的問題對李贄而言，確實是
他內心的一大痛處，也是他最爲不滿所在。

〔註125〕同前書，卷二，頁 12。
〔註126〕《續焚書》，卷二，頁 37。

　　再就學術的內容來看，由於講學的敗壞，學者遂不滿於原有的經世之學，而另行索尋出世之學以求圓滿此學。故第三期學術出世之學特爲風行。對於出世的需求，在李贄身上最爲明顯。如前文引的「以求儒、道、釋出世之旨」，可爲一證。而李贄更進一步將此學的目的，定義爲——

　　　　凡爲學，皆爲窮究自己生死根因，探討自家性命下落。〔註127〕

等於將「學」全然傾斜到出世的一面，而對經世的部份反而不多顧理。我們不曾在管、楊、焦、周等人身上看到類似的言語，畢竟對他們而言，出世之學誠然需要，但經世之學亦不可廢棄。這也更反襯出李贄之獨特處。

　　李贄所以專注於出世之學的追求，涉及他對於經世的看法。對李贄而言，經世一事唯有聖人方有這等能耐，若聖人以下諸人，則必須終身以聖人爲依歸，以了己心爲務，而不敢言及經世一路的學問。這一點可以從他對《大學》三綱領的解釋上見出。《大學》三綱領——「大學之道，在明明德，在親民，在止於至善」，明明德與親民，乃是一體連貫，是陽明以來諸儒所共同承認的，〔註128〕而李贄則特意翻出新解，說：

　　　　已能明德，則自能親民，皆自然而然，不容思勉，此聖學之所以爲妙也。……明德親民，教立而道行，獨有孔子能任之，雖顏子不敢當乎此矣。〔註129〕

　　　　然則顏子終身以好學稱，曾子終身以守約名，而竟不敢言及親民事者，……〔註130〕

審其言，由於親民與否乃自然而然，強勉不得；然則親民之事，其實是被收束進明明德之中而無可用力，亦即士人必須以明明德來承受所有的重量。既然如此，則學者唯有明明德以達至善之境者，方才得以作親民的事業。而此榮銜僅僅孔子方可居之無愧，顏子以下，皆有愧也，所以他說：顏、曾只得終身明明德，而不敢言及親民事。李贄對自己的定位只在顏、曾之間，〔註131〕

〔註127〕同前書，卷一，頁 1。

〔註128〕如陽明便說：「只說明明德而不說親民，便似老、佛。」（《傳習錄》，上卷，頁 52。）李材也說：「陽明先生發明大學之道，蓋深有悟於萬物一體之旨。至說明德在親民，親民所以明其明德，尤爲儒先不到，其有功於聖門非淺。」（《見羅先生書》，卷十六，頁 12。）

〔註129〕《焚書》，卷一，頁 31。

〔註130〕同前書，卷一，頁 3。

〔註131〕李贄自道：「而從此眞積，或可幾于一唯之參。」參即指曾子而言。對李而言，曾子尚下顏子一等，故本文曰在顏曾之間。《續焚書》，卷一，頁 52。

故須終身明明德可知。而終身明明德，與前文對「學」的定義相互搭配，李贄遂專意於出世之學上。

令我們好奇的是，李贄何以竟將親民全部的重量擺到明明德上？由於講學的敗壞，令李贄剃頭作和尚；同樣地，由於明中期以來的學術風格，是以學術爲大本，以講學來經世，那麼是否由於講學的敗壞，令經世之學了無著落，從而使李贄將經世的危機，歸爲明明德的問題，於是李贄乃因此以孔子的明德親民爲一個不可企及的典範，而己則一意明明德即可？

事實恐是如此。由於顏子以下諸人，唯有終身明明德而已，須學孔子的明德之學——對李贄而言，明德之學，便是出世之學——因此有關孔子的形象亦著眼於出世一面，而說：

> 聖人唯萬分怕死，故窮究生死之因，直證無生而後已。無生則無死，
> 無死則無怕，非有死而強說不怕也。〔註132〕

正是出世、了生死的取徑。

既然所有的重量皆落在明明德上，則李贄內心的緊張可知。李一再說「天下無有知我者」，〔註133〕絕非戲言，其實正反映了他內心的悲哀。當講學敗壞、經世一路已不可行時，即令出世，亦只能站在明明德上而找不到出路。如此一再在明明德一事上打轉，深深地困擾了李贄，於是李贄不得不期待有一位孔子出。他說：

> 故欲敏事而自明己德，須如顏子終身以孔子爲依歸，庶無失身之悔，
> 而得好學之實。〔註134〕

李贄一再以顏子爲知孔子之一人，〔註135〕尊顏之意，溢於言表。若說他以顏子期自許，似不爲過。當時顏子雖終身明明德，尚有孔子爲依歸；李贄則無。則李贄豈有不感歎之理？李贄的朋友便說：

> 但時無先師孔子設教於上以爲之表章，故使卓吾子泯泯悶悶，遂嘔
> 棄於人世。〔註136〕

也許，處於一個沒有孔子的年代，是李贄的悲哀。沒有孔子，使他必須獨力承擔所有的問題，而無法將此問題丟給孔子解決，己則遵循孔子教誨即可。

〔註132〕《焚書》，卷四，頁60。
〔註133〕同前書，卷四，頁83。
〔註134〕同前書，卷一，頁31。
〔註135〕原文如下：「當孔子時，識孔子者又止顏子一人。」《焚書》增補一，頁8。
〔註136〕《續焚書》，卷二，頁11。

李贄必須在一個學術經世幾不可能的年代，尋找一條學術的出路。

李贄也許一生都沒有找到這條出路。我們從他的〈童心說〉中其實看到了更多的緊張。「童心者，絕假純眞，最初一念之本心」，〔註137〕李贄強烈地表達了童心與世界的矛盾，從而似乎暗示了他內心的焦慮。這一切又彷彿與他自殺的結局緊扣一起。

李贄的個案，也許是第三期學術的極端，但在某種程度上，確實也反映了這個時代士人的無力感。講學的敗壞，應是最大的關鍵所在。

李贄自殺於 1602 年（萬曆壬寅），象徵了 1590 年代的結束。兩年後，東林書院重建完成，東林學派的要角講學其中，重振講學，而晚明的講學活動亦就此展開。

小　結

總結本章所述，由於儒學本體論的問題，導致爲己之學發生危機，而經世之學亦失去基礎。進入第三期學術後，士人乃致力融合儒釋的本體釋，以及探索出世之學。這種傾向終於導出三教合一之說，以及周汝登提倡的「無善無惡」。此中走得更遠的，當屬李贄。而李贄個人的自殺，似亦意味了此期學術的失敗。因此，一旦東林繼起，此期學術便爲其所取代，而其中的中堅人如楊起元，其澤亦斬而不傳矣。

1604 年（萬曆甲辰）東林書院的重建完成，士人群集書院，進行講學，一時彷彿濂洛更甦，而講學士氣亦因此大振。此後東林學派取代前期學術，成爲思想界的主盟。而本文乃將之定位爲第四期學術的開始。在東林的操作下，思想界進入了另外一種與先前的學術截然不同的氣氛之中。若說明中期學術的學術色彩與性格較強，則東林的學術則是政治色彩頗爲濃厚，對政治的關懷甚至超過了對學術本身的關懷。這一點，我們於下一章討論東林學術時，將會有所發現。東林爲了能夠爲其政治關懷找尋一套理論基礎，因此不惜在學術上進行一番重建的工作，而這一番重建的工作，乃將明中期以來的學術引入一個相當不同的世界中。這個世界是如此的殘酷，以致東林在一場接著一場的鬥爭中，終於被鬥下陣來，並且從此一蹶不振。以下討論之。

〔註137〕《焚書》，卷三，頁 24。

第四章　東林學術與政治

前　言

　　明朝進入十七世紀後，政治、經濟、社會、學術諸多方面的弱點，一一暴露出來。時局愈加危殆，而士人的危機意識亦益爲加強，從而吸引士人將目光焦點集中到政治、世道的方面，同時救世的呼聲遂愈加急切。相對而言，純粹的學術研究，便較不爲人所注意。如何改善現狀、能夠經世致用，成了士人對自我的期許所在。

　　對士人而言，學術與政治，是改善現狀不可或缺的兩環。此時隨著士人對於政治關懷的加強，清議之聲遂應時而起。與此同時，學術亦不再如明代中期以培養學術傳人爲要務，而是把將關懷的面相轉到政治方面，與政治直接扣緊一起。東林書院的講學與清議，二者一而二、二而一的情形，便是最好的例證。

　　學術與政治的合轍，是第四期學術的一大特色，而反觀明中期專務講學的氣氛，至此已不復可睹。1590 年代各家爭衡，論辨熱烈的情形，或可算是最後一次學術討論高峰的展現。此後，世道的關懷便壓過了對於學術本身的關懷，學術之良窳從此取決於對於世道影響之好壞，而不單單以學術內容作爲判準。我們可從晚明士人的言論中看到，晚明士人無論在對陽明學的批評，或是對狂儒、霸儒的攻擊中，一再使用與政治、世道有關的字眼，且往往以某種學說對政治與世道有負面影響而反對其說，這種情形恐怕是晚明的講學所獨有的。

因此觀察明代中晚期講學的變化，我們可得出下列的結論：明中期士人亟亟於講學，學術保持一定的獨立性，而不必隨政治情勢的變遷起舞。一旦士人將關懷面自學術轉向政治（世道亦包括其中），從而使得學術的獨立性格不再，而轉與政治相互依附。政治問題變成學術問題，而學術問題亦無法脫離政治的因素而獨立被討論。晚明學術因此展發出來一套相當特殊的風格，一反先前學術的獨立性格，沾染了沈重的政治色彩，而從政治的角度來評判學術。於是學術之良窳，不再單單就學術內容來看而已，而必須以學術的影響如何來作判準。

由此觀之，第三章關於管志道與顧憲成的爭辯，便可獲得正解。管志道將學術本身與學術影響，區別為二，顧憲成則反之。以是，管志道認為無善無惡誠然有弊，但不可因噎而廢食，若顧憲成則不作此想，而是因其弊而闢其學。

秉持上述的立場，目睹諸如狂儒、霸儒之流弊，東林學派遂歸罪於明中期學術的問題，而認為必須重新構築一套學術。由於進行學術重構，諸如本體／工夫、修／悟、經世／出世的命題，皆須重新定義：本體／工夫的部份，一反明代中期以本體收工夫的命題，而轉以工夫來收本體。在修／悟的取徑上，則是一方面重「修」以救時人藉口頓悟之弊，另一方面則以「修悟雙融」為經正之言。在經世／出世的命題上，由於明代中期只務經世、不問出世的態度，造成第三期學術特重出世之學；如今一方面必須滿足時人對於出世之學的需要，一方面則必須重新架構經世與出世的關係，而以經世來收出世。

政治方面，王道理想的構築亦是東林極力處理的一項，由於學術與政治的密合度太高，故此理想不但不容許被束之高閣，且必須被具體操作，付諸實踐。詳細的內容，我們將於文中討論。

第一節　學術的重構

一、重構的需要及其內容

晚明士人必須重構學術，因有幾個問題存在：第一，明中期學術流變至今，流弊叢生，而在東林士人眼中，流弊的產生，便意味了學術本身有問題，因此必須重構一套學術。蓋明代中期學術，發展至三教合一說的提出，實則

內容之精蘊，幾乎已經討論到了盡頭。〔註1〕因此晚明士人須在明中期學術之外另開新局，重新建構一套學術，方能應付此種局面。

第二，第三期學術提倡三教合一，自詡爲明代學術的高峰，而晚明學術恰與此說對反，故不得不在明代中期學術之外另覓一途，否則不易與之區別。第三期學術有一前題：即儒學之微，必須釋氏來補，以致有儒釋交參之說、甚至三教合一的結果。因此晚明面對此種挑戰，所急須處理的，便是重新建構一套儒家的學術。

第三，明中期學術的流弊，最爲士人所詬病的，乃是頓悟與霸道二說。霸道之說，霸儒倡之最力；而頓悟之說，則歸因於明中期學術的基調以本體之學爲中心，故重悟乃自然而然；然而末流卻循頓悟之途，而自以爲了手，甚至藉口頓悟而放肆狂蕩；此類之士以狂儒最爲代表。晚明既欲挽此頹勢，則不得不針對此二者而闢之。尤其頓悟之害，更被東林視爲大敵，顧允成甚至爲此而作專書駁之。顧憲成爲此書作序時，亦直接點出，頓悟與霸道，敗壞風氣太甚，故須亟亟闢之。〔註2〕然而，重悟乃明代中期學術的基調，而如

〔註1〕 這一點，我們從第三期學術代表人物的態度，便可略見一二。如管志道說：「蓋自聖祖垂統以來，道風無慮三變。初但轉胡風之穢濁，入程朱之行門，則革除之節義爭光，而河東以復性收之；繼乃轉俗學之支離，入周邵之性境，則江門之致虛立本，而浙東以良知暢之；今其當轉三教濫觴之弊，入孔門一貫之淵，則儒標不得矜絕學，而禪鋒不得侈無上矣。其兆已現，其實猶未臻也。蓋一變而得聖祖之皮，再變而得聖祖之骨，必至於三變而後可得聖祖之髓。」（《問辨牘》，元集，頁7。）按其所謂三變而得聖祖之髓之說，學術至此，乃無蘊藉矣。審其說而推之，則明代中期學術，此時或可曰最爲燦爛，但亦可曰學術內容至此已然闡釋盡淨，而再無繼續發展的餘地與活力。

〔註2〕 原文如下：「昔朱子有曰：『海內學術之弊，不過兩說，江西（指陸九淵）頓悟，永康（指陳亮）事功，若不竭力明辨，此道無由得明。』予弟季時（即顧允成）讀其言，憮然有感，遂取其所與象山、龍川（指陳亮）兩先生往復數書，輯而行之，名曰：《朱子二大辨》，諸有與兩說互發者，亦附錄焉。而謂予曰：『惟今日學術之弊亦然。第昔也，頓悟、事功，分而爲二，今也并而爲一，其害更不可言耳，不知朱子而在，又何以爲計？』予曰：『難哉！必也其反經乎！』已而曰：『亦須搗其窠巢始得。……即邇時論性家所愛舉揚無善無惡四字是也。此四字是最玄語，是最巧語，又是最險語。……謂人之心原自無善無惡也，本體只是一空；謂無善無惡惟在心之不著於有也，善惡必至兩混。空則一切掃蕩，其所據之境界爲甚超，故玄也，世之談頓悟者大率由此入耳；混則一切包裹，其所開之門戶爲甚寬，故巧也，世之談事功者大率由此出耳。』」（《涇臯藏稿》，卷六，頁3。）對顧憲成而言，頓悟與事功二說，所以盛行，乃肇端於無善無惡之說。今日若斬草除根，而以性善代之，則二說無可立腳矣。故下文乃一再闡揚性善，此處不贅述其內容。此處顧氏只點

今既欲闢之，便須另行取徑。東林之重修，即是爲此而發。二者基調既已不同，學術的重構即不得不耳。

第四，隨著時世的推移，帝國的內部逐漸出現危機，士人目睹此狀，無法置之不理，因此必須從學術的研究中走出來，而關懷一些實際的問題。此時明中期學術已然不敷此種需要，故須另有一套學術，來指導士人的思想與行爲。而這套新的學術，在關於實際問題的處理上，必須讓士人可從中得著思想與行爲與理論根據。

基於以上的幾個問題，逼使晚明必須擁有一套屬於自己特色的學術，而無法承襲明代中期學術的路數繼續下去。尤其面對第三期學術的挑戰，晚明學術更不得不建構一套儒家的學術回應，於是整個學術重構的工作，便不能停留在表面面貌的改妝而已，而必須深入到學術的基本命題上。所謂不僅轉步，亦須移身矣。於是諸如本體／工夫的關係、修／悟的聯繫，以及自陽明以來所自詡的「顏子之傳」的問題，經世／出世的問題，都須重新處理，方能適應時局的要求。

除了學術本身之外，由於學術與政治密切相關，則政治思想——或者說王道理想的內容，便顯得特別重要。尤其面對王道理想的解體，與霸道之說的監行，問題更顯急迫性。而第三期學術提出以太祖爲具體人物的王道觀，並且支持其三教合一之說，此種作法既爲第四期學術所反對，則反對之餘，提出一套屬於自己的王道觀，乃是刻不容緩的急務。

另一方面，東林人物由於有清議之聲，因此如何爲其清議作一番合理的解釋，遂至關緊要。關於這一點，東林一方面可從學術上著手，將學術的關懷直接投射到政治上，然後便可堂而皇之地評議時政。一方面，則必需建構一套王道理想。蓋若無一套理想，則清議變成只是一種破壞，而無具體的貢獻。故而王道理想的提出，便可爲東林清議作一番合理化的工作。

以下徵引東林人物的言論，開始下面幾個小節的討論：

> 或者以上（達）、以悟、以心性歸佛，以下（學）、以脩、以事物歸
> 儒，闢佛而適以尊佛，崇儒而適以小儒，無論矣。倘有人焉出，而
> 洞佛氏之一偏，見吾道之大全，舉頓悟漸脩心性事物，而一以貫之，

出頓悟、事功二者，但後來作〈朱子二大辨續說〉（同前書，卷十二，頁 9～
12）時，則直接將之與儒釋、王霸的問題牽扯一起了。對顧氏而言，頓悟乃
是釋學的取經，事功乃是霸道所重視的，故云。

可謂千古一快矣。〔註3〕

悟修二者，並無輕重。即如仁義禮智四字，言仁智處皆是悟，言禮義處皆是脩，悟則四字皆是脩。脩則四字皆是悟，眞是半斤八兩。〔註4〕

以儒爲經世，以釋爲出世，如全盛一統之土宇，強割其半以讓釋氏，此象山投番之見耳。不出世無以經世，惟經世乃能出世。〔註5〕

論治不雜於五霸。〔註6〕

以下一一討論之。

二、本體與工夫關係的再思考

儒學的重建，首先必須著手處理的便是本體／工夫的問題，本體／工夫的關係乃思想的核心部份，若未能建構，則其餘的工作便無基礎可以進行。

東林的學術乃是立「性善」爲本體，從而以「無聲無息」來形容此體，而抗「無善無惡」之說。〔註7〕關於這方面的討論，學者論著頗富，本文不煩

〔註3〕 馮從吾，《馮少墟集》，收入：《叢書集成三編》（台北：新文豐出版公司，1996），卷一，頁35～36。

〔註4〕 《高子遺書》，卷五，頁3。

〔註5〕 《黽記》，卷三，頁18。

〔註6〕 馮從吾，《馮少墟續集》，收入：《叢書集成三編》（台北：新文豐出版公司，1996）卷二，頁41。

〔註7〕 如第三章所述，東林學術之中，以鄒元標的學術最具特色，亦最與他人不同。這一點，也表現在「性善」與「無善無惡」的爭論中。鄒氏曾經自述己學成立的過程，說：「憶余幼從鄉先生遊，言必曰先生（指陽明）；心竊疑之；而實嗜文清所爲《讀書錄》也；……及戍貴竹，留心格物之學，語人人殊。獨於先生致良知事事物物之間、格其不正以歸於正之語有入，因嘆曰：『往儒博物理於外，先生約物理於內。夫博約不同趨、內外不相謀已久，約而反求諸身者，端本之學也。』然盤桓日久，知與事相持，正與不正相敵，……然心雖自信，而於所謂本體者，若猶有端倪可即，於心未有當也。……一旦有契於先生所謂『無善無惡心之體』者，遂躍如曰：『先生蓋已上達天德，非膚儒所能窺測。然元標從事先生之學，蓋三變矣。』」（《願學集》，卷五，頁7～8。）按照鄒氏所說，可知鄒氏是特別贊成「無善無惡」之說的，而這一點，正與東林學派的其它人物迥然相異；因此鄒氏才會致書與顧憲成，與之商討心性究是「性善」或是「無善無惡」的問題，而顧憲成則以「予言救世」來巧妙地規避掉了（這個部份，第三章已有討論）。而鄒氏在爲同樣反對「無善無惡」甚力的馮從吾的文集作序時，只得寫道：「公（指馮）……雖不免疑『無善無惡』一語，又曰：『非無善無惡之說，并非致良知之說者，俱不是。』蓋公不

再述。而令我們感興趣的是，東林除了立「性善」爲本體外，又從此發揮，而以「理」來充實「性善」的內容。這一點相當有針對性，主要是爲了釋氏的「理障」之說來發。

攻擊釋氏須從本源處下手方可，若就作用來著力，則不免落人口實，而以「作用或有不同，但根宗則無歧異」之類的遁辭作擋箭牌。因此東林既欲判釋氏爲異端，一方面必須嚴格區別儒釋本體的不同；一方面必須建構一套體用的關係，令人得以循用而責體。

欲以虛無寂滅令後學步趨無據；非虛而公、明而溥者安能之！彼世儒入主出奴，妄築垣塹者，視公何如哉。」（同前書，卷四，頁75。）究其言，乃欲婉轉調合二人學術路數的不同之處；審其意，則是認爲自己與馮氏的學術（或者說東林的學術）並無太大的差異，故無決裂的必要。我們若將時間跳到1620年代來看，鄒、馮二人甚至一同主持首善書院的講學。試想：若二人學術果真水火不容，又怎可能聯袂講學而不生衝突？以西元1592年（萬曆壬辰）南都講學爲例，周汝登與許孚遠的講學，就是因爲彼此學術路數不同，因此發生爭執，從而引起時人的關注。若從上述鄒元標對於顧、馮的態度，以及鄒馮攜手講學而無衝突二事來看，似可推知：鄒氏雖主「無善無惡」、顧馮等人雖斥「無善無惡」，但雙方的差異似乎不如表面所呈現的那麼絕對。至少對顧、馮二人而言，他們雖然反對「無善無惡」，但所針對者並非鄒元標，而是另有其人。而從鄒氏爲馮氏所作序的內容來看，鄒氏其實也不反對他們的作法。如此看來，我們甚至可說他們是同路人了。只是我們不禁要問：鄒氏既主「無善無惡」，則與其它主張「無善無惡」的人有何不同？與東林又有何相同？這一點，恐應放在整個學術的大方向上來考量。我們於本節將有討論，相對於明代中的本體之學，東林轉而強調工夫之學；而鄒氏之學亦是屬於工夫之學一路（詳細的論證見註27），而這正是他與東林其它人物的共通之處；因此，雖然彼此對於心性的看法有所歧異，但仍不足以造成雙方的決裂。而其它主張「無善無惡」的人，則是本體之學的一路，既然在本體／工夫的大本上就與東林不同，彼此當然就無妥協的餘也了。如此說來，我們對於鄒氏主張「無善無惡」，似乎不必太過認真看待了，而只須將之視爲鄒氏個人的讀書心得即可。而在考量「性善」與「無善無惡」時，我們則應深一層追究，二說立說的基礎是本體之學，或工夫之學，方才算是得其全貌。鄒氏既與東林同路，且二者都是傾向工夫之學一路。而如提倡「無善無惡」最力的周汝登，則是屬於本體之學一路的學術，因此飽受東林的批評。按此來說，爲何鄒氏會引周汝登爲同道中人（詳見第三章註120）？關於這個問題，我們尚無確切的資料可供解答。然而，此處不妨推測之。由於鄒氏的學術深受羅汝芳的影響，因此與其它受到羅汝芳影響的人士，在學術上不乏共同的語言可供溝通。而相對於管志道、楊起元之倡導三合一，周汝登則主張三教不須合、亦不可分，並且認爲今日之急務是講明「無善無惡」。周氏的這兩點主張，與鄒氏恰好相合，因此二人一見如故，彼此立刻引爲知音。然而，二人雖爲知音，但不必表示彼此學術就並無出入而全然相同了。

　　「性善」的提出是東林學術的一大特色。所以提出「性善」，是爲了確立「善」的地位，來與「無善無惡」之說對抗。一方面可救「無善無惡」造成的泯滅善惡的流弊，一方面，則可根除釋氏「無善」之說的基礎。〔註8〕而「善」，其實與「理」互通，故東林又從另一方面與釋氏反對，以「理」來破釋氏的「理障」之說。如馮從吾便說：

　　　　理障二字，固是佛氏差處。……理之一字，乃天地間自然那移不得

　　　　的道理，……且謂之曰理，自是無障，謂之曰障，還不是理。〔註9〕

對馮氏而言，釋氏所以有「理障」之說，乃是認「欲」爲理，〔註10〕故曰理障是其差處，而儒釋之別，其實是理欲之別。

　　然而，如此分殊儒釋，歸儒於理，陷釋於欲，未必令人心服。高攀龍則更深入討論這個問題，他首先處理儒釋以及道家本體論，說：

　　　　氣也、心也、性也，一也。然而天下學術之岐，則岐之于是。老氏

　　　　氣也，佛氏心也，聖人之學乃所謂性學。老氏之所謂心、所謂性，

　　　　則氣而已；佛氏之所謂性，則心而已；非氣心性有二，其習異也，

　　　　習之而氣則氣，習之而心則心，習之而性則性矣。〔註11〕

高攀龍以氣心性爲一，但又認爲釋老之氣心，與聖人之氣心不同，在這個基礎上，高攀龍接著處理三教歧異的所在，說：

　　　　性者何？天理也。……而二氏不知也，外此以爲氣，故氣爲老氏之

　　　　氣，外此以爲心，故心爲佛氏之心。聖人氣則養其道義之氣，心則

　　　　存其仁義之心，氣亦性，心亦性也。或者以二氏言虛無遂諱言虛無，

　　　　非也；虛之與實，有之與無，同義而異名，至虛乃至實，至無乃至

　　　　有，二氏之異，非異于此也。性、形而上者，心與氣、形而下者也，

〔註8〕　本文處理的是晚明士人如何看待釋氏之學，因此有關釋氏之學部份，皆以晚明士人的觀點來論，而不管與釋氏本身的學術是否相符。又，關於儒宗善的問題，馮從吾有說：「吾儒之旨，只在善之一字；佛氏之旨，卻在無善二字。」（《馮少墟集》，卷一，頁18。）詳細內容，可參考馮從吾的〈辨學錄〉。
〔註9〕　同前書，卷一，頁50～51。
〔註10〕　如說：「吾儒所謂未發，全在理上說，所以一切作用都是在理字上作用去，……佛氏所謂真空，不在理上說，所以一切作用都是在欲字上作用去。……佛氏真空指的是欲之根，吾儒未發指的是理之根，根宗處止差毫釐，作用處便謬千里，如此又何論流弊哉？」（同前書，卷一，頁41。）關於馮從吾闢佛之言，詳見〈辨學錄〉。
〔註11〕　《高子遺書》，卷三，頁33。

> 老氏之氣，極于不可名、不可道，佛氏之心，極于不可思、不可議，
> 皆形而上者也，二氏之異。又非異于道器也。其端緒之異，天理而
> 已。〔註12〕

在這段話中高攀龍展現了他理論的深度。一般不滿釋老者，往往以釋老言虛言無、流於空寂而議之，或者以釋之心、老之氣爲形而下來駁之，但這兩種說法未必能令釋老信服。蓋聖人豈不言虛言無？且釋老之心氣，豈不極於不可名道不可思議之境界，則如何可逕視爲形而下乎？故高攀龍不從此處切入，而純就天理言之；以爲聖人之學，與釋老之異，只在天理而已；聖人有理，而釋老無理。〔註13〕然而，天理者何？

> 天理者，天然自有之理，非人所爲，如五德、五常之類，生民欲須
> 叟離之不可得。〔註14〕

> 理者，矩也，從心所欲不踰矩，方是躬行，方是踐形。〔註15〕

天理除了五德、五常之外，其實尚有其它的涵義，但此處不暇多論。這裏所說的五德指仁義禮智信，五常則指人倫綱紀而言，這兩點皆人性中所本有，不假外求，故又曰「理者矩也」，將綱常倫理率皆收入性中。釋老之學不有此理，便與聖人之學差之千里。

然而，人雖可藉天理來區別三教，但若天理屬於心性本體的部份，未免過於微妙而難以核驗，終究令人有躲閃的餘地，因此高攀龍又將天理顯之於外，曰：

> 理有何形？因其心之發見，知其有如是之條理，故謂之理。〔註16〕

三教之別，既別於天理，而天理又顯之於外，則可循天理來斷置二氏之學，令二氏無辭以解、無所遁逃，從而三教亦不再有混淆之虞。〔註17〕

〔註12〕同前書，卷三，頁33。
〔註13〕高攀龍在另一處說：「(釋氏) 弊病處，先儒具言之，總不出無理二字。」(同前書，卷三，頁16。)
〔註14〕同前書，卷三，頁33。
〔註15〕同前書，卷八，頁70。
〔註16〕同前書，卷三，頁55～56。
〔註17〕天理的內容即是人倫綱紀；而以人倫綱紀來斷置二氏者，絕不止高攀龍一人而已。如顧憲成便大爲稱贊韓愈〈原道〉之闢佛，認爲〈原道〉看似粗，其實精，而說：「蓋佛氏說心說性，儘自精微，幾與吾聖人不異。……惟就人倫上斷置，方纔無辭以解。且既于此無辭以解，即心性之說，亦不攻自破。」又，因就人倫上斷置，則人倫便不可僅只是作用而已，而必須歸諸本體之中，

　　高攀龍所以必須規定天理顯之於外，有其深意。蓋本體之學，過於玄微，令人不易拿捏，從而無法有效地分疏三教之歧異。因此東林爲了反駁三教合一、且嚴格區別三教，便須從作用的部份來分疏。但僅僅從作用來分疏三教，仍未免予有躲閃的餘地，故又重新定義本體與作用的關係。

　　明中期學術以本體的追求爲主，諸如致良知一事，亦是以致得良知本體到手方爲了手，故對於作用無多闡釋，而將焦點多半放在本體上。因此明中期學術後來的發展，乃不多顧理作用而逕入本體討論，從而在本體的部份來合三教，以爲三教本體雖然同一，但作用可以有三。晚明則針對這一點作出改變，轉對本體與作用的關係重新作了一番規定，於是作用不僅不能離開本體而存在，而且本體無可見，須自作用見之；於是本體之內容，不僅可從作用的內容來得知，且不得不從作用的內容來得知；從而本體不同，便毋須再入本體方才可知，而可直接於作用中見出。此即「循用以核體」。如高攀龍說：

　　　　佛氏之所謂性，與聖人不同者，於用處見之。〔註18〕

「於用處見之」，正是東林學術的一大創獲。儒釋之辨，從此毋須再流於本體論的爭辯，而可從用處見出。有此用可見，方有此體存在；若無此用則必無此體。於是如第三期學術所說的儒釋同體而異用之說遂無成立的可能，使釋氏再無混入儒學的餘地。〔註19〕

　　主張合三教者，往往於本體處著力以融通三教，至於作用則任其歧異。其中管志道更指出「理圓矩方」之說，以三教之本體相同、作用有異作爲三教合一的理論基礎；並且根據《中庸》「大德敦化，小德川流」之說；以大德敦化示三教同出於乾元本體，以小德川流見儒家不過三教之一；故云三教之異，乃不見敦化、而局於川流之異。高攀龍在與管志道的函牘往返中，便反駁說：

　　　　故又曰：「吾聖人以人倫爲實際，其所謂心性，即在君臣、父子、兄弟、夫婦
　　　　之中，佛氏以人倫爲幻跡，其所謂心性，乃在君臣、父子、兄弟、夫婦之外，
　　　　在君臣、父子、兄弟、夫婦之中，是謂體用一原，顯微無間，在君臣、父子、
　　　　兄弟、父婦之外，體用顯微打成兩截矣。」所謂體用一原，顯微無間，正是
　　　　將人倫歸入本體之中，而以人倫來斥釋氏本體之學。此與高攀龍以天理來斷
　　　　置二氏的作法，同一機杼。詳見《小心齋箚記》，卷八，頁9。
〔註18〕　《高子遺書》，卷三，頁32。
〔註19〕　如顧憲成曰：「往嘗謂高存之（即高攀龍）曰：『人言儒佛同體而異用，何如？』
　　　　存之曰：『體則寂無朕兆，所以易混，用則全體俱呈，所以易別。』……今跡
　　　　其所易別，核其所易混，信乎心性之說，不攻自破矣。」正是要以作用來區
　　　　別儒釋，以免釋氏的混入。《小心齋箚記》，卷八，頁11。

> 說者曰：「儒釋體同而用異」，是不大然。道本無體，體本無朕，只
> 就用處見之，由其用處如是，所以知其本體如是。試看儒佛用處何
> 如，便可默識其體。故三教之異，非其川流之別，實是敦化之殊，
> 非二本也，此一理耳。〔註20〕

管氏是主張三教者中與東林人物論辨最多的一位，而高攀龍是東林中思想深
度最高者，故從管、高二人之歧，更可見出東林其實處處針對三教合一而發
言，無一落空。〔註21〕提三教合一者多半著眼於融通三教的本體，反而忽略
了三教作用的歧異；而東林專意於作用，以作用區別本體；二者各說各話，
遂致無可溝通；但在反對三教合一的同時，東林亦確立了自己獨特的學術風
格與地位。

回到主題。本體與作用的關係，係以本體爲主、作用爲客，乃無可爭議；
但循用核體之說，則巧妙地將本體的重量放到作用上去，本體無可見，當於
作用見之；於是，本體如何反倒落爲第二義的地位，作用的問題才居第一。
接著這種思考，則本體與工夫兩端亦將向工夫一邊傾斜。既然本體玄微難見，
而必須循用以核體；則同樣地，本體是否了手，亦難評斷；但工夫則不然，
乃有跡可循，故亦須以工夫如何來衡量本體如何。若更進一步推衍，則本體
的了手與否不再重要，故將本體的重量，放到工夫上，從而以工夫爲第一義，
本體爲第二義。如高攀龍說：

> 竊以爲於今之世，不患本體不明，惟患工夫不密，不患理一處不合，
> 惟患分殊處有差。〔註22〕

所以不患理一處不合，而患分殊處有差，正是循用核體之意；亦即若分殊處

〔註20〕《高子遺書》，卷八，頁 36。
〔註21〕管志道因爲發表《求正牘》的緣故，而於 1598 年（萬曆戊戌），先後接到顧
　　　　憲成與高攀龍的書信質疑。其中，以顧、管的論辨最爲詳瞻。但對管氏而言，
　　　　顧氏的質疑其實未能令他動心，因此在與顧氏的往返討論中，常見管氏以教
　　　　訓的口吻，責備顧氏的輕率。然而，面對年輕一輩的高攀龍（其時高攀龍年
　　　　未滿四十），則令他頭痛不已。管氏告訴高攀龍說：「又再得之顧叔時（即顧
　　　　憲成），而尊翁正與叔時書同至，……而尊旨尤謹嚴奧密，殆非副墨所可覆
　　　　者，……」（《問辨牘》，貞集，頁 19。）又，高攀龍在寫給管氏的信中，也說：
　　　　「蒙先生印許，謂攀龍於本體上頗爲得手，……」（《高子遺書》，卷八，頁 34。）
　　　　管氏的個性，蓋係藐目千古，而不輕易許人的，但此處竟一再稱許與他立場
　　　　最爲截然背馳的高攀龍，則可知高攀龍的學術，確有高於時人之處。故此，
　　　　觀察管、高的論辨，更可見出東林學術的精髓所在。
〔註22〕《高子遺書》，卷八，頁 47。

無差，則理一處斷不合之理。與此同樣的思考，故不患本體不明，而患工夫不密；若工夫細密，則本體斷無不明之理。二者其實殊途同歸，皆自作用、工夫著眼，而以作用、工夫規定本體的內容。這裏所說的規定，有其涵義。蓋從哲學的原理來說，本體爲主、作用工夫爲客的觀念，乃絕無可疑。但東林的方法，則是將本體的內容掏空，而放到作用、工夫裏面；於是，本體的內容如何，必須從作用觀察，而無法進入本體察看；同樣地，本體的領悟明透與否，須以工夫來判斷，而不能離開工夫一步而言。因此，就哲學原理來說，雖說是以本體爲主，但其實本體的內容，反倒被作用與工夫所規定了。基於此，重工夫的傾向焉完成。如高攀龍說：

> 若說本體了，則立地便了，若說工夫休，則無時可休。〔註23〕

所謂「立地便了」，倒非本體隨時可了之意，只是與工夫對比，而以本體之透徹尚有可止之境，但工夫則無休之時。重工夫之意乃溢於言表。〔註24〕又如高攀龍說：

> 工夫不密，在本體不徹；本體不徹，又在工夫不密。〔註25〕

本體／工夫既然雙融，則本體之徹與工夫之密，便無先後之次序可言，是爲雙融。但若參考上文的「不患本體不明，惟患工夫不密」，則二者雖然雙融，畢竟重心是落在工夫一方，因此本體乃被收攝入工夫之中，而失去了自己的主動性。

　　一言以蔽之，明代中期以本體收工夫，晚明以工夫收本體，是爲最大的變化。〔註26〕〔註27〕這一點也展現在重「悟」與重「修」的討論上。

〔註23〕同前書，卷三，頁 47。
〔註24〕高攀龍這段話，是針對鄒元標與顧憲成學術所作的考語。鄒氏多在本體上指點，顧氏則多在工夫上防閑。然而，二人學術側重或有不同，但強調工夫的取徑則無出入。這一點，本文將於下一小節討論東林重修的部份詳加處理。此外，細析高攀龍之言，其意其實較爲偏向顧氏一邊，故曰：「若拈本體，更無可說，才涉言說，盡屬工夫。」又云：「本體無可拈，……工夫極有多方，……」由於側重工夫，故不願多談本體之意，則其意顯然可知。(同前書，卷三，頁 46。)
〔註25〕同前書，卷一，頁 11。
〔註26〕本段論證所徵引的資料，以高攀龍的言論爲主，其實有其原因：第一，高攀龍的理論深度最強，因此對於本體／工夫的關係思考最多；故若欲勾勒清楚明代中晚期思想的轉變，便不得不以高攀龍爲主要的參考座標。不過，雖說對於本體／工夫的問題，高攀龍的思考最多，但若是修／悟的問題，則關心者不少。故此，下一小節對於修／悟的討論，我們當可持之以印證此處所言之正誤。第二，東林學派的學術，雖說沒有一套完整而清晰的系統，但重工

三、修悟雙融的取徑

明中期重本體，故重悟，乃無可疑，前文亦自有說，此處不再贅述。晚明學術風格既改，乃以本體／工夫雙融作爲理論基礎；連帶的悟／修的關係

夫、以及下一小節所將處理的重修問題，大體是爲眾人所同意的。因此，本段雖然以高攀龍爲例來處理本體／工夫的問題，但誤差應該相當有限。

〔註27〕關於本體／工夫的問題，東林學派的特列──鄒元標另有一說，可供參考。鄒氏之學特重本體，是爲時人所熟知的。但鄒氏又認爲，「學未有不從磨練經歷而能有得者」（《願學集》，卷二，頁 37），故不信學不從困衡中來者（見前書，卷二，頁 54）。鄒氏乃胡直的弟子，而胡直之學承自羅洪先，則鄒氏的觀念，當脫化於羅洪先的「無現成良知」之說（參考前書，卷四，頁 32～33）。但鄒氏之學，又與羅氏不同。羅氏雖云無現成良知，但仍以良知爲主，而以擴養良知爲重（《念菴文集》，卷三，頁 34～36）。鄒氏則不然，而認爲「良知者，渡世之一筏，既渡，無事筏矣」（《願學集》，卷四，頁 28）。由此可知鄒氏之學與羅學其實稍有出入，而另成一套系統。然而，鄒氏的學術究竟爲何？以下析論之：鄒氏曰朱子即理窮理之說最精細，故須理、事合并爲一乃可（同前書，卷三，頁 33）；又曰如此即事即理，未有不自困心衡慮，百般磨練出來；因此最佩服朱子用力之久則一旦豁然貫通之說，以爲極致。這些說法，與上述學術從困衡中來之說其意乃一。鄒氏服膺此說，則其重工夫的立場乃昭然若揭矣。此外，鄒元標以良知爲渡世之一筏，亦有其原因；一者是爲了融通各家說法，故不執著良知一說，而認爲宋、明諸儒，宗旨或有不同，但讀者若能撇棄言詮而直探己心，一旦有得，則知諸人之說，乃是自言自得，而實無異同（同前書，卷四，頁 116～117）。二者，則是鑑於時人冒認良知之事太多，故厭聞良知（同前書，卷八，頁 19～20）。三者，也是本文的重點所在，即鄒元標對於本體／工夫關係的看法，與前人不同。如說：「良知即乾知大始之謂，本自矯矯，本自愓愓，不以識識，不以知知。」（同前書，卷四，頁 29）又說：「先生（指陽明）學從剗心槁形中來，不以知知，不以識識。易曰『乾知大始』，曰『乾純乎天』，則不藉人力，坤猶二之矣。」（同前書，卷五，頁 45）言下之意，即良知不是藉人力所能致得的；若欲致良知，必得一切退聽，純任乎天方可；而若要作到這一點，便須從剗心槁木中來；因此又說：「夫金出於沙，經幾爐冶，始爲精金；玉出於璞，經幾雕琢，始爲良玉；吾人眞心，經幾勤忍，始現全體。」（同前書，卷五，頁 13～14）對鄒氏而言，本體由天，無可把捉，唯獨工夫可作。尤其本體之全現，不可藉由人力（這一點，鄒元標便與羅洪先不同，羅洪先認爲須擴養良知方是致良知），若藉人力，則落入坤道，而非乾道矣。故本體之明否，不在本體上著力，而在工夫上下手。鄒氏的這種觀念，其實與高攀龍相仿，都是以工夫收本體之意。因此，高攀龍曾經告訴鄒元標說：「某自來極信得先生之學，不能無疑先生之教，以爲說得太鬆滑，天下人卻不是先生忠肝義膽、萬難千磨中來也。於今始無疑矣。」（《高子遺書》，卷八，頁 21），審其言，則二人之學其實合徹可知。東林學派中實以鄒氏之學最爲特出，亦最重本體，而既得鄒氏亦以工夫來收本體，則其餘可知矣。

亦必有變。

　　明中期學術重悟，故與禪學合流，而造成不小的流弊；狂儒即其一例。對此管志道早已有所警覺，而屢屢闢之，〔註28〕並說：

> 一入禪門，必起狂慧，便以悟門掃行門，……故今日儒禪兩門，多藏無忌憚之小人，不如程朱主敬之學之可久，則亦吻良知、影宗學之流敝焉。……今日之教體，不重悟而重修，以此也。蓋重悟是禪門事，而重修乃儒門事。然脩而不本於悟，盲脩耳。〔註29〕

悟門指透徹本體一事而言，行門指修持工夫一事而言。言下之意，則由於儒學與禪學之重悟，致令後學不務修持，而逕談本體；於是反倒不如程朱之拘守繩墨。不過，對管氏而言，程朱之學，繩墨雖正，但見性不徹；〔註30〕故此言雖說重悟之至於狂蕩，不如重修之硜硜自守，但畢竟二者皆非了義；管氏更進而提出以乾元爲本體、以孔矩爲工夫之說。從管志道的學術系統來看，無論重悟、重修，其實皆非了義；故云儒學重修，只是加重語氣來說而已，因此後文更加上一句「脩而不本於悟，盲脩耳」；則整體而言，管氏的取徑，當以「修悟並提」來說，方得正解。

　　東林的取徑與管志道乃多相仿之處。本體須用悟，工夫須用修，而東林

〔註28〕　如說：「蓋禪門重悟，故有從剎那見性之頃，即與印可者，聖門重脩重證，必待其綿綿三月，從此永無間斷，而後印之。周元公（即周敦頤）深得此意，……心齋（即王艮）自咏正德六年間，居仁三月半，吾猶疑其自許太過，至於點人，則每從其天機之偶動處，一與喚醒，輒便跳躍驚皇，以爲即此便是本體，不必更問工夫，此顏鈞之所以發狂也。其初得少爲足，其末遂流於小人之無忌憚，陽明尚多隱慝，而心齋直儘本懷，沿及盱江（指羅汝芳），此風猶在，斯迺有宋大儒之所疑爲禪學家風者，而倡之亦自心齋始也。」（《續問辨牘》，卷四，頁79～80。）管志道最深詆者乃是王艮一路的學術。其因有二：第一，王艮欲以匹夫而爲王者師，乃悖理犯分，故其末流乃多有有變成霸儒者。第二，王艮過於重悟，沿及末流，乃有跳躍驚皇、不問工夫者，是爲狂儒。故此，管志道乃一再提重修、證，以挽狂蕩之風。又，從此段文字中，亦可知管氏之意，乃是認爲重悟之學，是入於禪學家風的，而與儒學不合，故不可爲典要。審其言，亦可印證本文所說，由於明代中期重悟因此不免與禪學合流的說法。

〔註29〕　同前書，卷二，頁25～26。

〔註30〕　如曰：「程下學以求上達，程朱之繩墨最正，而見性則何從焉？又當不圍程朱之見，提出乾元一大頭腦，及幽明死生鬼神三大公案，與學者參之，參之未徹，不嫌以一大事之教，單傳之宗，相印證焉。」（同前書，卷二，頁26。）細析管志道的學術，其言雖以程朱之繩墨爲下學，但對於見性一事，則認爲必須另往乾元本體去求；故此，乃不嫌入二氏而求相印證焉。這種認爲儒學有所不足而必須入二氏求本體的作法，其實正是視程朱見性未徹所致。

既重工夫，連帶亦必重修，故東林書院的規章便明白點出此意，以「修」爲要務。針對東林書院的規章，顧憲成與時人有一段對話，對話中，顧憲成徵引《論語》「下學而上達」一句，以下學（即工夫）當用修，上達（即本體）當用悟來說，並認爲學術當從工夫而入本體，從修而入悟。其意乃將做學全部的重量落到修的一邊了。〔註31〕

但東林書院的規章係針對當時學術重悟輕修的流弊而設，由此觀察世風則可，若逕視爲經正之言則不可，故須再看另一條資料。顧憲成在爲日新書院作記時，乃明白道出己意，說：

> 蓋中庸之贊孔子也，蔽以小德川流、大德敦化兩言，而標至聖、至誠爲證。子竊謂朱子由脩入悟，王子由悟入脩，川流也，孔子之分身也，一而二者也；由脩入悟，善用實，其脈通於天下之至誠，由悟入脩，善用虛，其脈通於天下之至聖，敦化也，又即孔子之全身也，二而一者也。〔註32〕

審其言，乃以孔子兼有悟修，而朱、王則各得一偏；只是朱、王雖各得一偏，其脈仍可通聖學之精蘊。下文則更接著說，若是救弊，則以陽明學救朱學之末流，以朱學救陽明學之末流。若討歸宿，則須以孔子立極。就此觀之，重修重悟，皆不足以立極；修悟並重，方才是顧憲成的中心思想；〔註33〕而鄒元標則

〔註31〕原文如下：「（公）又曰：『邇時論學率重悟，聞東林特重脩，何也？』予曰：『重脩所以重悟也，夫悟未有不由脩而入者也。語不云乎，下學而上達，下學、脩也，上達、悟也，舍下學而言上達，無有是處。』公曰：『審爾，程子嘗云學必先明諸心，知所往然後力行，以求正也。』曰：『知一也，有就用力言者，體驗省察之謂也，正屬脩上事，乃入門第一義也，無容緩也；有就得力言者，融會貫通之謂也，纔屬悟上事，乃入室第一義也，無容急也。故曰下學而上達，此吾夫子家法也。』」（《涇皋藏稿》，卷十一，頁 2～3。）

〔註32〕同前書，卷十一，頁 10。

〔註33〕原文如下：「以此而逗機緣，當士習之浮誕，方之以朱子可也，當士習之膠固，圓之以王子可也。何也？能法二子，便是能裹孔子，所以救弊也：救弊存乎用，用無常，不得不岐於異。以此而討歸宿，將爲朱子焉，圓之以孔子可也，將爲王子焉，方之以孔子可也。何也？能法孔子，纔是能用二子，所以立極也：立極存乎體，體有常，不得不統於同，同而異，一者有兩者，遞爲操縱，其法可以使人入而鼓焉舞焉，欣然欲罷而不能；異而同，兩者有一者，密爲融攝，其法可以使人入而安焉適焉，渾然默順而不知。」（同前書，卷十一，頁 11。）言下之意，乃朱學、陽明學皆爲用，孔子方爲體：故朱王之重修重悟，只是救弊而言，若欲立極，尚須上探孔子之學方可。從這段話中，可知東林之由王返朱，其實只是爲救弊而設，而即令東林本身，亦心知肚明，學術不能止於朱子而已，而必須上溯孔子方可。故今日處理東林學術，必須先行區別東林人物的

給予一個名詞，稱之爲「修悟雙融」，〔註34〕並以乾坤來解修悟。〔註35〕高攀龍則更進一步將之理論化，說：

> 凡了悟者皆乾也，脩持者皆坤也。人從迷中，忽覺其非，此屬乾知；
> 一覺之後，遵道而行，此屬坤能；皆乾坤之倪，而非其體，乍悟復
> 迷，乍作復止，未足據也，必至用力之久，一旦豁然，如大畜之上
> 九，畜極而通，曰何天之衢，乃如是乎？心境都忘，宇宙始闢，方
> 是乾知。知之既眞，故守之必力，細行克矜，小物克謹，視聽言動，
> 防如關津，鎮如山嶽，方是坤能。無乾知則無坤能，無坤亦能無乾
> 知，譬之於穀，乾者陽發生耳，根苗花實皆坤也。蓋乾知其始，坤
> 成其終，無坤不成物也。故學者了悟在片時，脩持在畢世。若曰悟
> 矣，一切冒嫌疑，毀藩籬，曰吾道甚大，奈何爲此拘拘者，則有生
> 無成，苗不秀，秀不實，惜哉！〔註36〕

高攀龍以乾解了悟，以坤解修，等於把修悟雙融之說拉到天道的部份去談，使其更具理論基礎。乾坤非一且非二，故以乾坤來說明修／悟亦非一非二，

言論，何者爲救弊之言，何者爲經世之言，再行闡釋，方能得其正解。此外，同樣的思考，時人葉向高亦曰：「明興眞儒不乏，而儒效未章，其弊在于不講聖賢之學，……又在于借聖賢之學以文飾自己之學。夫學至于孔孟，已至明至盡，無可復加；學聖賢者只當就其意以發明，不必別開門戶，而近儒必自出一意見，自立一題目，偶有所窺，遂自謂不傳之祕，以號召天下；而天下亦遂宗之，曰某氏之學；故愈講愈支，僞儒益得借以目匿。」審其意，對於朱、王率皆不多允可，而要求定須上溯孔學方是。葉向高接著又說：「今馮先生所講皆聖賢之學，而未嘗自標爲馮氏之學；其所最闢者，尤在于佛氏之心性，與近儒之無善無惡，而一皆取證于聖賢，不以一毫私見與角是非；如是講學，可以萬世而無獎矣；誰得而病之！」（《馮少墟續集》，卷二，頁 2～3。）其言乃與上述以孔子立極的說法，同一機杼。

〔註34〕 鄒元標在〈仁文會約語〉中，標出三個要點：一先悟，「學以悟爲入門」；一重修，「學以修爲實際」；一貫證，「證者證吾所謂悟而修者也」。最後又說：「悟者即悟其所謂修者也，以悟而證修，則不汩於他歧之惑；修者，修其所謂悟者也，以修而證悟，則不涉於玄虛之弊，而實合內外之道，二之則不是矣。昔王文成（即陽明）公曰：『不睹不聞是本體，戒愼恐懼是工夫。』已又曰：『戒愼恐懼是本體，不睹不聞是工夫。』斯語也，修悟雙融，非達天德者未易語此語，學必透此而後可以言證。」則全文主旨，當可以「修悟雙融」爲畫龍點睛之作。（《願學集》，卷八，頁 11～14。）

〔註35〕 這一點，可參考註27，其中雖然主要處理本體／工夫的關係，但與悟／修的問題頗多可通之處，故云。

〔註36〕 《高子遺書》，卷三，頁 41。

當更爲清楚，令人不易發生誤解。至於這段話另一重點：「用力之久一旦豁然」之說，則確定了修的地位，以「修」作爲悟的基礎，若無修，則悟亦無有，所悟者不過如同亮光一閃，「乍悟復迷」，不足據。按照這種觀念，人便可持此以質毀冒嫌疑、毀藩籬之士；既然修持不力，則悟又何有可據？於是，狂儒從前藉口頓悟、冒認本體的行爲，今日則因爲修持的問題，而無所藉口、亦無可遁逃矣。〔註37〕

不過，上述所說悟、修的問題，狂儒、頓悟之說所以爲人詬病，不外乎此類人士不守規矩繩墨，而視規矩繩墨爲第二義、乃性關末了人所當遵行者；流弊所及，使人狂蕩放肆，無所不爲。管志道當時對此已頗有不滿，故於重工夫、重修之外，加重了程朱之繩墨的份量，而說：

> 吾爲天下之染禪狂而掃孔矩者，表程朱維持人道之顯功，……〔註38〕

馴至東林，亦彈此調，如鄒元標便說：

> 惟望世之學者，從規矩準繩澹泊立定腳跟，即學脈不同，然已先立
> 其大：不然，縱聰明才華，此如無根之花，立見其瘁。〔註39〕

若馮從吾，則更標榜程頤「制於外所以養其中」之說。此說向來爲人所輕忽，以爲聖人之學當由中以應外，如今制外以養中，易入徇外之徑。但鑑於時學之弊，馮氏說：

> 孔顏之學，原是由中以應外，而後世有異學者出，遂借由中之說，
> 以開自便之門。……嗚呼！心可匿而視聽言動不可匿，故托之乎心，
> 令人不可揣摩耳，不知先立乎其大則小者不能奪也，今小者業已奪
> 矣，而猶曰我先立乎其大，其孰信之？爲此言者，眞小人而無忌憚
> 之尤者也。……夫先生（指程頤）豈不知由中應外哉？謂不如此不
> 足以救異學之失，而塞小人自便之門耳。且聖學原是由中以應外，

〔註37〕 晚明《易經》之學特別發達。諸如鄒元標「以易起家」（《願學集》，卷四，頁70）；顧憲成屢屢於箚記中處理乾、坤與〈太極圖說〉的諸多問題；而錢一本作《像象管見》，乃蔚爲易學之大宗。這種現象的產生，原因固然多端，但由於學術重構的需要，致令士人競往《易經》尋根，應是諸多原因之一。而如前文所述，屬於第三期學術代表人物之一的管志道，諸如對於明代中期學術的不滿，以及懲於時弊企圖建構一套學術系統等等的說法，其實與東林十分接近，因此管志道亦忒重《易經》；例如以乾元本體來收三教之說，亦是乞靈於《易經》，作爲他的理論基礎。而《易經》對於建築學術的重要性，亦由此可見一斑。

〔註38〕 《續問辨牘》，卷三，頁71。

〔註39〕 《願學集》，卷二，頁67。

　　　　若中不得力，外何以應？故必制於外以養其中，而後其中有主，其

　　　　中得力，始能應外耳，是制於外正所以養其中也。〔註40〕

這段話雖是解釋程頤之言，但其實正是針對時弊而說。所謂異學、小人，皆亦意有所指，此則考其文集可知。蓋重新解釋宋儒的學術，係當世學術的風潮之一，馮從吾闡程頤之說是為一例。若其時則有更多討論程顥〈識仁〉〔註41〕說者，眾人尤其集中於「不須防檢，不須窮索」一語，以為世儒執定此語，而不談工夫、以灑脫為尚，因此東林對此闢之甚嚴，所持之理由亦與馮從吾相仿，〔註42〕以為不可撇棄「防檢」、「窮索」而逕談灑脫，而所謂「防檢」、「窮索」，便是指繩墨規矩而言。

　　職是之故，《易經》「知崇」、「禮卑」的說法，便被東林特別提出來解釋。知崇是心性、本體的部份；禮卑則指繩墨、規矩的部份；對東林而言，知崇不可無禮卑，若無禮卑則知崇為空談。如鄒元標便說：

　　　　近世妙悟之士，眼界高遠，腳底空闊，害道不少；吾輩惟默默自身

　　　　從篤實收斂起，不患不到光輝地步。曰知及，必曰仁守；曰知崇，

　　　　必曰禮卑，始為全學。〔註43〕

正是此意。

　　重工夫、重修、重禮卑，東林學術強調必須以規矩繩墨來立腳，從最淺

〔註40〕　《馮少墟集》，卷十，頁1～2。

〔註41〕　〈識仁〉說乃程顥最著名的作品之一，而為明代中晚期的士人所普遍討論的。其文起始曰：「學者須先識仁。仁者，渾然與物同體，義、禮、知、信皆仁也，識得此理，以誠敬存之而已，不須防檢，不須窮索，若心懈則有防，心苟不懈，何防之有？理有未得，故須窮索，存久自明，安待窮索？」（《二程集》（台北：漢京，1983），卷二，頁16～17。）其意乃以不須防檢窮索為高，而認為防檢窮索尚低一層次，因此藉口頓悟者乃持此作為話柄，自詡己已透徹性關，而視尚須防檢窮索者為性關未徹，是為尚未了義者。這類人容易流於放肆狂蕩而無可底止，因此晚明必須針對〈識仁〉說中「不須防檢」、「不須窮索」的觀念，重新詮釋一番。

〔註42〕　如顧憲成便說：「羅念菴先生曰：『終日談本體，不說工夫，纔拈工夫，便以為外道，此等處使陽明復生，亦當攢眉。』愚惟近世儒者莫不以明道（即程顥）〈識仁〉說為第一義，徐而察之，大率要灑脫、要自在、要享用，有以工夫言者，輒曰：『不須防檢，不須窮索。』未嘗致纖毫之力，此其存之之道，恐明道復生，亦當攢眉也。」（《小心齋箚記》，卷一，頁5～6。）又說：「且予目擊邇時相率厭修而矜悟，其於程子〈識仁〉說，業奉為著龜，猶以誠敬為礙，掃而去之，孤行不須防檢窮索二語，僭不自量，欲掙其所去，收還程子，……」（《涇皋藏稿》，卷十三，頁12。）

〔註43〕　《願學集》，卷三，頁45～46。

近終實處作起，而不容騰空務虛；於是此時學術之風格，乃一改明中期學術的面貌，而變得更爲嚴謹、切實。由於風格的改換，立足點不同，遂令明中期「顏子之傳」的說法隨之動搖，顏回獨尊的地位不再，而曾參的地位迅速竄起，與之並尊、甚至凌駕其上。

四、尊顏與尊曾之異

顏回受到尊崇，可遠溯北宋年間。周敦頤發其先聲，說：

> 志伊尹之所志，……學顏子之所學。〔註44〕

這段話影響相當深遠。二程亦仿彿「學顏子之所學」的思考說：

> 孟子才高，學之無可依據；學者當學顏子，入聖人爲近，有用力處。
> 〔註45〕

二程比較孟、顏二人，而得出顏回之學有依據的結論；這一點，下文將再討論。而此時一方面說學者當學顏子，一方面，則以顏、曾二人皆得聖人之道，說：

> 顏子默識，曾子篤信，得聖人之道者，二人也。〔註46〕

> 「參也魯」，然顏子沒後，終得聖人之道者，曾子也。觀其啓手足之
> 時之言，可以見矣。所傳者子思、孟子，皆其學也。〔註47〕

蓋二程之意，乃因顏回之學無傳，但對於聖學之流傳淵源，又不好說顏子歿後便斬，故捧出曾參爲流傳淵源之所自，子思、孟子都是從這一脈流出。但若論做學問的標的，則仍放在顏回身上，而曾參不與焉。所謂「學顏子之所學」，正可說明這種現象。

來到明代中期，陽明一反二程之說，而曰：

> 見聖道之全者唯顏子，……顏子沒而聖學之正派遂不盡傳矣。〔註48〕

> 顏子沒而聖人之學亡，曾子唯一貫之旨，傳之孟軻絕，終又二千餘
> 年而周程續。〔註49〕

言下之意，乃以顏回得聖道之全；而曾參雖傳聖學，但所傳已自有缺，所謂「聖學之正派遂不盡傳」，於是曾參的地位則遠不如顏回。在陽明的系統中，

〔註44〕周敦頤、張載，《周張全書》（京都：中文出版社，1981），卷二，頁11。
〔註45〕《二程集》，卷二，頁19。這段話不知是程顥或是程頤所說，故以二程稱之。
〔註46〕同前書，卷十一，頁119。
〔註47〕同前書，卷九，頁108。
〔註48〕《傳習錄》，上卷，頁48。
〔註49〕《王陽明文集》，卷一，頁4。

有宋諸儒屬於曾參之學的路數，故所傳雖是聖學，但畢竟不全，而眞正得聖學之全的人物自然非陽明莫屬。「學顏子之所學」，本是有宋以來儒者所共同承認的前題，而陽明利用顏回建構了一套「顏子之傳」的解釋，一方面捧顏而貶曾，一方面則將有宋諸儒劃入曾參一路，再以「顏子之傳」的理由，把自己抬到與顏回等高的地位，於是有宋諸儒遂無可與抗矣。

陽明以「致良知」爲晚年學術之定論，致良知即聖學之眞諦，一旦致得良知到手，則聖學之傳亦得矣，故陽明「顏子歿而聖人之學亡」的說法，其實與他標榜致良知說適合輻轍。對陽明而言，宋儒對良知的瞭解不夠透徹，故其學與聖學必有出入，乃無可疑；但陽明又不願一意貶抑宋儒，故將之劃入曾參一路；於是宋儒之學便被定位爲對聖學雖或有窺，但未得其全的形象。

既然「顏子之傳」係以良知本體爲內容，則我們必須問：良知雖然人人俱有，何以唯獨陽明能夠將良知之精蘊全盤托出？陽明自是經過一番懲創方才得著良知，但聖學不明二千年，陽明既明聖學，卻又全無可倚靠，則非藉「悟」之一法不可。於是，「悟」之取徑，乃成爲陽明學術最重要的一環，所謂「顏子之傳」，其實便是以良知本體爲內容，以悟爲方法的聖學傳承。因此，處理「顏子之傳」的問題時，便不能只以尊崇的人物是否相同來判別，更應該包括內容——良知本體、與方法——悟，兩個部份，一齊來看。

尊顏的取徑大體爲眾人所同意。〔註 50〕在陽明的眼中，顏回乃得聖學之全者，曾參則能傳聖學，蓋聖學不僅只有內容而已，更須心悟，而顏回能夠心領神會，故得聖學之全，曾參但所悟畢竟不及顏回，故傳聖學而未得聖學之全，但其學能傳子思、孟子，而歷二千年更至宋儒手上，得著重光。——至於王畿說「我忝師門一唯參」，〔註51〕即指己能守成師說而言。王畿分析顏、曾學術的差異所在，說：

〔註50〕其中亦有例外者，如王艮便宗孟子，而說：「孔子之學，唯孟軻知之。韓退之謂孔子傳之孟軻，眞是一句道著；有宋諸儒只爲見孟子籠處，所以多忽略過，學術宗源全在出處大節，氣象之籠未甚害事。」(《王心齋全集》，卷二，頁 12。)而李材則以曾參爲得孔學之宗旨，而說：「三千莫不聞教，曾學獨得其宗，……」(《見羅先生書》，卷一，頁 11。)又說：「……必竟洙泗之脈，屬在曾參，……」(同前書，卷六，頁 9。)王艮乃沿襲舊說，故以孟子爲知孔子之學者。而李材之學，則全本《大學》，而曾參既是傳承此書之人，則尊曾乃事屬當然。然而二人所尊對象或陽明有所不同，但學術基調，則與陽明無甚出入；二人皆是本體之學的取徑，而以悟爲方法。

〔註51〕《王龍溪全集》，卷十八，頁 39。

> 曾子、孟子雖得其宗，猶爲可循可守之學，與顏子所悟，微涉有跡。
> 聖人精蘊，惟顏子能發之。〔註52〕

> 曾子、子思諸賢，雖皆用心於內，與師賜殊科，猶有門戶可守，徑
> 路可循，有可用力處；顏子則啓乎不扃之牖，由乎無轍之途，庶乎
> 屢空，故曰「雖欲從之，末由也已。」言無所用力也。〔註53〕

顏回無所守，而曾參有所執，是二人最大的區別所在，也是曾不如顏處。由
於明中期乃是本體之學當道的時代，而本體不應有執，故以顏回無所守爲高。
但我們將此語與二程以顏回之學有依據之說相較，出入之大，簡直是背道而
馳。二程說顏回之學有依據，王畿卻說有依據者不是顏回，而是曾參，而且
曾參就是因有依據而不能得聖學之全。

　　王畿所言，大體爲陽明後學所同意，馴至1590年代，如李贄亦持此說。
〔註54〕但明中期重悟的取徑，至1590年代而流弊百出，蕩越繩矩之事，所在
多有，而爲人詬病不少，於是學術取徑遂有從「悟」轉「修」的趨勢。「顏子
之傳」本以「悟」爲方法，以學無依據的特色，此時學術取徑既轉向「修」，
則顏回的地位必然受到挑戰，而學無依據一事，本是顏回高於他人處，如今
反倒變成他的命門所在。如管志道便說：

> 愚雖以孔顏之一貫表聖眞，而所步所趨純向曾子之學；蓋孔顏俱是
> 上智中人，一得永得，豈吾儕所敢輕擬？曾子以忠恕體一貫，戰戰
> 兢兢以守之，至於臨終了道，而曰：「吾知免夫。」生死亦永離矣，
> 此實後學之軌範，愚猶步之趨之而瞠乎其後也。〔註55〕

此處已經明白提出尊曾的取徑；顧憲成也說：

> 近世談吐，學委似多岐，徐而按之，卻亦自昔而然，即如孔門顏、
> 曾，便已彷彿成兩格，雖欲一之而不得，要其發端結局未有不歸於
> 一者，誠如是，雖千塗萬轍，適以互相發明，互相補救，而未嘗二
> 也，只要向所謂一處校勘分曉耳。〔註56〕

〔註52〕 同前書，卷十六，頁9。
〔註53〕 同前書，卷二十，頁75。
〔註54〕 如李贄說：「告顏回直告以克己，克己者，無己也，無己可克，故曰克己。嗚
　　　　呼！無己，盡之矣。若曾子豈可語此？苟不告以一貫，便無可執，便無所守，
　　　　是以顏子沒而其學遂亡，……」正是此事。（《續焚書》，卷一，頁29。）
〔註55〕 《續問辨牘》，卷二，頁26～27。
〔註56〕 《涇皋藏稿》，卷五，頁17。

就這段話來看，曾參的地位明顯與顏回並埒，而無高低之別。至高攀龍則說：

> 程子曰：「孟子才高，學之未可依據，且學顏子。」余則曰：「顏子
> 才高難學，學者且學曾子有依據。」〔註57〕

這段話恰恰是針對二程而發，乃不滿明中期所塑造的顏回形象，而欲以曾參代之，其意與管志道同出一轍。管、高二人學術矛盾最大，但在此事上則無異辭，則「顏子之傳」在晚明已受到挑戰一事乃益無可疑。

　　學術風氣的改變，連鄒元標也不得不正視這個問題。鄒元標向來尊崇程顥，以程顥為善學顏回者，〔註58〕則其尊顏之意可知。但面對尊曾的潮流，鄒氏尊顏的內容亦有所變，而說：

> 昔人云顏子沒聖人之學亡，愚見聖人之學，千古千今，人人本有，
> 未嘗亡也。在人悟不，何如？曾子之學猶有可傳者，故人得而祖述，
> 顏子四空懸崖，無可倚靠，故曰「末由」。學者未能悟，循循曾氏家
> 法，亦是遊于轂中。〔註59〕

「昔人」指陽明而言。這段話有兩方面須注意：第一，鄒元標改換「顏子之傳」的內容，不同於陽明之千古絕學的觀念，而以顏回之學毋須借道他途方能得之，只在人悟與否。此處隱含調停朱、王之意。蓋顏回之學既無失傳，陽明原本藉此與朱子標異的理由歸於無有，則朱子、陽明變成都是悟得此學心法之人，遂無異同可言，故「無見何異何同，何宋何明，一以貫之無餘事矣。」〔註60〕調停朱、王的同時，鄒元標鑑於顏回之學無可持循，不如參曾之學有家法，故亦調停顏、曾，而以兩存為說。另一處更說：

> 聖門宗派，惟顏子卓爾地步難言，不如曾子學問足繼往開來。〔註61〕

鄒元標雖以顏、曾兩存為說，且己更一意尊顏，但對顏回之學無可持循的弱點竟一再引以為憾，則學術風氣改換之大可知。

〔註57〕《高子遺書》，卷五，頁24。另一段則說：「自古以來，聖賢成就，俱有一箇脈絡，濂溪、明道，與顏子一脈，陽明、子靜，與孟子一脈，橫渠、伊川、朱子，與曾子一脈，白沙、康節，與曾點一脈。」（同前書，卷五，頁22。）高攀龍特尊朱子，因此學者應該學曾而不當學顏的說法，當非虛辭。

〔註58〕如曰：「予最佩服識仁一書，直入聖域。」又說：「三代而下，善學顏子者，莫如程伯子，曰『學者先須識仁……』」則尊程、顏之意願顯然可知。（《願學集》，卷五，頁21與頁38。）

〔註59〕同前書，卷二，頁70。

〔註60〕同前書，卷四，頁118。

〔註61〕同前書，卷三，頁12。

綜言之，明中期之尊顏，以顏學無可持循爲高，但至晚明則成爲時人所攻擊的弱點，並且轉而尊曾，此間之改換不可謂不大。所尊人物不同，學術路數自亦相異，則明中晚期學術之迥異，乃不待言矣。

總括以上各節的討論，從本體／工夫、悟／修、尊顏／尊曾等諸般問題，其實相互串聯，彼此牽動，皆有脈絡可尋。這些學術的基本前題一旦建構起來，即可嚴格區別儒釋，令合流一事無地步矣。但除學術前題的建構外，尚有一事亟待解決，亦即經世／出世的問題。如第三章所述，明代中期儒學經世的理想，由於講學之衰敗，致受挑戰，以致有第三期學術入釋以求出世之學的情形；而 1590 年代的經世／出世之學是在三教合一的基礎上而成立，故東林既反三教合一，則不可延用其說，固屬常識；但經世／出世的問題偏又與王道理想密切相關，若對此事延宕未決，則王道理想亦無構築之可能；因此錢一本批評明中期不談出世，拱手讓與人半壁江山，乃意有所指，由此亦可知東林其實早見此事之重要。以下合併討論東林如何在 1590 年代的軌轍之外另行構築一套經世／出世之學，以及如何在此基礎上構築王道理想。

第二節　王道理想的再構築

本小節主要處理晚明如何解決 1590 年代對於出世之學的需要，而以經世來收出世；內容大體圍繞了生死之學的問題作討論，瞭解東林如何在堅守儒學本位的立場上，利用儒學的經典來架構一套儒學的了生死之學，而與釋氏對抗。

第三期學術雖綰合經世與出世二者，但主軸畢竟放在出世之學上，故出世之學特強的二氏之學，尤其是釋氏之學，便特受重視，且成爲出世之學的理論基礎所在。若欲定位第三期學術，則以其經世之學是以儒學爲主，出世之學是以釋氏之學爲主，當不失爲諦當之言。但須加說明的是，對 1590 的士人而言，儒學之經世與釋學之出世其實並無二致，故無二本之病。

東林既闢二氏，尤其對釋氏闢之甚嚴，故須將經世、出世一併以儒學收之。儒學在經世上特強，乃明中期以來所共同承認者，最麻煩的是出世之學，尤其了生死一事，乃第三期學術最爲重視，而士人受此感染，亦質疑儒學不足以了生死；故出世之學又以了生死一路最關緊要，而亟待解決。

東林處理了生死的問題，一是以儒學未嘗不能了生死爲說，一則徵引原

典──《易經》之「原始返終」一語解之。如鄒元標說：

> 今一陟竺乾家便自以爲了生死，吾儒如糟粕，然不知此糟粕，世藉
> 之以生生。〔註62〕

> 始知了死生一路，此路一提，不知事者硬以爲佛氏之學，不知《易》
> 曰「原始返終，故知死生之說」，吾夫子先道之矣。不然，未有不流
> 入見聞覺知生滅路去也。〔註63〕

《易經》之學，晚明特別發達，這跟晚明重構學術而必須取證於原典有關。此處對了生死一路乃以《易經》之「原始返終」解之。這種作法其實相當普遍，如高攀龍亦然。〔註64〕而顧憲成對生死之事亦曾屢屢論之，〔註65〕但除了以原典爲根據，但更重要者則是如何了生死的問題？高攀龍從天道的層面說：

> 或曰：「老氏長生，其神長存，儒者能乎？」曰：「無極而太極之謂
> 長生。」

> 曰：「佛氏無生，出離生死，儒者能乎？」曰：「太極本無極之謂無
> 生。」〔註66〕

此處以無極、太極來解；另一處則下落到人事來說：

> 死生，道也，譬之於漚，起滅一水也，寂然不動者也。吾欲復其寂
> 然者，豈遺棄世事，務一念不起之謂哉？君君、臣臣、父父、子子，
> 萬象森羅，常理不易，吾與之時寂而寂，時感而感，萬感萬寂而一
> 也，故萬死萬生而一也。〔註67〕

這一段論證必須配合前述的本體／作用的關係來看。由於本體乃落在作用上，故五倫的關係亦是本體之事，而既然死生即道，則欲了生死，便不可遺棄人倫、世事而別求，反而必須與之隨時寂感，方能達到生死一的境界，從而生死了矣。再按此說推論下去，則釋、老之遺棄人倫世事一路學術，其實

〔註62〕同前書，卷三，頁47。

〔註63〕同前書，卷二，頁74。

〔註64〕如曰：「人生天地間，要思量一簡究竟此身何來，將來何去。〈太極圖〉引『原始反終』一句，卻大關係，所謂太極者，原始也要原到這裏，反終也要反到這裏。」《高子遺書》，卷五，頁12。

〔註65〕如曰：「天地全而與之，人全而歸之，是謂仁人；父母全而與之，子全而歸之，是謂孝子；……吾儒之理會生死蓋如此。」（《小心齋劄記》，卷六，頁7。）類似的討論，可參考同書，同卷，頁6～8。

〔註66〕《高子遺書》，卷三，頁34。

〔註67〕同前書，卷三，頁45。

根本不能了生死；而儒學不離人倫世事，方才是眞正的了生死之學。按其意，即以人倫世事來收生死的問題。如此便可解釋何以儒學不多討論了生死一事。鄒元標說：

> 夫吾儒學足以治天下國家，君君、臣臣、父父、子子，未嘗不了死生，特諸儒不深言以滋人惑耳。〔註68〕

按其意，即儒學自有了生死之學，但因以經世爲主，經世之中已有了生死之學，但不必明白道出。

綜上所述，從天道、人事，到儒學的各個層面，東林一一解釋而無遺，於焉確立了東林了生死一路的學術。〔註69〕細按東林對經世的看法，似與明中期專務經世的情形相仿，但實大異其趣。明中期以經世與爲己之學相表裏，爲己之學既以透徹心性爲目的，故經世之學亦以透徹心性爲內容，而經世的方式，即是透過講學的方式，期待能夠致得王道世界。東林則秉持以作用收本體的命題，在經世之學亦彈此調，於是爲己之學不再是經世的主體，反而外在的事物、親民的功夫，方才是東林的關懷所在。如鄒元標說：

> 學無用，以事爲用；道無體，以事爲體。日間於事事物物無放過處，即此便是實學。〔註70〕

「道」指天道而言，「學」則指人之學。「以事爲用」、「以事爲體」等等，正是具體地將經世的內容以實際的作爲來規定。經世不再以個人心性的探討爲主，相對的，對「實學」的關注才是經世之學的宗旨所在。另一處，鄒元標又說：

> 學問本體無可說，只在親民上見，若臨民處事上有滲漏，說甚本體，說甚功夫。〔註71〕

〔註68〕《願學集》，卷四，頁114。

〔註69〕本段爲解釋方便，故先引高攀龍之言，後引鄒元標所説；但這種作法其實不免有割裂之嫌，故須附説於此。高、鄒二人的觀念，應爲當時東林的共識。例如了生死不可遺棄人倫世事一事，鄒元標其實亦有此意。審諦正文所引鄒氏之言，蓋諸儒既著意經世之學，而不多言出世一路，若非經世之中已有出世，則此言恐難成立！且前述東林學術的基調，乃是本體不離作用、而以作用收本體，故出世之學，其實已被經世收之。因此鄒氏另一處亦曰：「心從濟人利物起念，則道根穩固。」（同前書，卷三，頁30），此當可與前說互相印證。此外，鄒氏所說儒學不多言了生死一事，其實亦與本體／作用的問題有關；蓋了生死牽涉道之本體部份，故不須多言，而應將重心放在作用上；而所謂作用，即是經世一路的學術，故云。

〔註70〕同前書，卷二，頁49～50。

〔註71〕同前書，卷三，頁27。

「明明德」與「親民」二者的關係，一般皆以二者不可分、不可合來解，但所側重者各有不同。鄒元標之言，則以親民為第一要務，甚至若臨民處事上有滲漏，則不必言學，其言乃明白點出經世之學以親民而非以學為重的取徑。

明中期士人的學術關懷多半放在學術所構築起來的王道理想上，而不免與政治現實脫節，或有相當距離存在；洎乎晚明，士人的學術關懷便不單著眼於學術理想，而更多放在現實政治，因此經世之學亦不再單以學術的關懷為內容，而把世道、政治的關懷同列為第一要義；甚至有鄒元標所說的，若親民有缺陷則無學可言一類的言論出現。

這種以世道的關懷為主的內容，仍然以心性論的面貌出現，但不同於明中期以透徹心性為主的取徑，而今卻變成注意義利、貧富之類的問題。第三章曾有說明，講學敗壞的原因之一，係由於講學的內容可供士人參加科舉寫作時文之用，以致士人多有以獵取富貴功名而參與講學者；以致真心講學者日少，而心懷魏闕者日多；東林學派有懲於此，遂特別提重義利之辨以及貧富關卡的問題，以洗士風之錮習。如鄒元標在仁文書院中講學，與士人砥刮者，便是先自義利一關始；〔註72〕而顧憲成亦苦口婆心在義利、貧富諸關上分辨，說：

> 然則吾人之所以安身立命，昭昭在富貴貧賤壽夭之外矣。〔註73〕

檢閱東林文集，這類的說法，所在多有，不一而足，此處不煩具引。觀察明中晚期學術風格的變化，可知諸如義利、貧富課題的討論，直至晚明方才遽增；按其緣由，應與上述真心講學日少有關；由於士人汲汲於名利的追求，故東林若欲重振講學，便須在這一點上特加注意，而特別加強教育參與講學的士人關於義利、貧富的正確看法；期能以清流的姿態，而一掃講學之陋習；因此東林學派的重鎮──東林書院的成立，正是代表了這股清流的興起，故能引起時人之關注。〔註74〕

綜上可知，由於經世之學地位的攀升，以致為己之學的內容反倒為經世之學所規定，而由以透徹心性為主的傾向，轉向世道的關懷，而變成義利之辨的問題。或可說，原本是為己之學與經世相表裏，如今則是心性的義利之

〔註72〕原文如下：「先正以破除名利關為小歇腳，小之不除，大者安在？予闢仁文館，與一國人所砥刮者，先自義利關始，……」（《顧學集》，卷四，頁79。）

〔註73〕《小心齋箚記》，卷八，頁5。

〔註74〕如鄒元標說：「世非無登壇者，自公東林一闢，世遂以為濂洛更甦，虛驕者愧恥。」（《願學集》，卷六，頁25。）

辨與經世之學相表裏，而二者皆是以世道、政治的關懷爲主。

　　經世之學與士人的王道理想直接相關，經世之學在義利之辨的基礎上而關懷世道、政治，王道理想亦必如是。

　　東林所以必須構築一套屬於自己的王道理想，主要原因有三：一、由於陽明學的得勢，造成士人視講學利祿之途而從事，致令明中期講學因此敗壞，此時如何收拾士風是一大關鍵；上述義利之辨是東林提出的解決方式。但除了從心性上論上著手外，尙須有一套王道理想，供士人所持循，作爲努力的目標。二、由於主張三教合一者多以太祖爲中心來建構其王道觀，此時東林既然堅守儒學本位的立場而反對三教合一，連帶地擁有自己的一套王道觀，便顯得十分重要。三、1590 年代霸道之說的流行，並且視講學爲無用的想法，是此時學術的一大變數；因此王道理想的構築，正須針對霸道之說，爲講學取得理論的基礎。

　　與經世之學關懷世道、政治的風格相同，東林所構築的王道理想，亦不再與現實脫節，而是直接與現實交涉、乃士人持之以改革現實政治的指導原則。如顧允成所說，「舉我所有以待用世者探擇，亦不爲無以報國也」，〔註75〕恰可形容學術與政治的關係。〔註76〕

〔註75〕原文如下：「起莘（即錢一本）曰：『我已無意於用世矣。』余曰：『不要這樣說，……既爲國家臣子，須將國事料理，縱然我不用世，舉我所知以待用世者探擇，亦不爲無以報國也。』起莘首肯。」（顧允成，《小辨齋偶存》，收入：《景印文淵閣四庫全書》（台北：台灣商務印書館，1986）集 231，卷三，頁 29。）

〔註76〕另有一段資料，更可突顯明代中、晚期學術的差異所在。顧允成：「羅近溪曰：『……孔子一生之學只是求仁，只是行恕，一時已將天下萬世都貫徹了，子貢不知，且追恨夫子未得邦家，如何爲進德？』……豈知孔子一生精神只要得邦家。……蓋使孔子得邦家，詩書原可删，周易原可贊，禮樂原可定，而春秋可以無作，天下萬世一齊俱了；不得邦家，畢竟蹉卻見在，放過許多亂臣賊子，所謂『我欲托之空言，不如見諸行事之深切著明者也』。……若得邦家三字，正點著孔子心事，未容輕議也。」（同前書，卷三，頁 21。）子貢以孔子未得邦家爲憾一事，羅汝芳與顧允成解釋的不同，自有其時代背景的因素在當中發酵。明代中期學術的學術性格較強，故視個人本體的透徹與否，以及以講學來振興學術等等之事，是爲第一義的要務；而得邦家與否，反倒顯得只是第二義的事情，而不太重要。顧允成重視得邦家與否，乃因晚明學術的關懷，本是現實政治方面，而在野講學，其心亦非在講學一事而已，而是期待有朝一日能夠爲世所用、在政治上一展身手。故此，得邦家與否，遂成一個十分關鍵的問題。一者不以得邦家爲優先，一者以得邦家爲必須，從中我們正可察知，明代中晚期學術與政治關係的轉變。蓋明代中期的學術在「見龍」的理論上，畢竟自主

　　晚明構築的王道理想，既是一種對於現實政治的指導原則，則必須併連政治的問題共同觀察；本小節先討論王道理想的內容，下一節再處理講學與政治的交涉。

　　晚明王道理想的基礎本乎「性善」，以「性善」來別王霸。東林認爲明代中期「無善無惡」之說，導致頓悟與霸道之說大行，於是東林一方面以天理破理障之說，並以修來制悟；一方面倡「性善」，以爲霸道之倡，乃不明「性善」之故，一旦「性善」之說若明於天下，則人人必行王道無疑，而霸道之說遂無立足地矣。〔註77〕

　　東林的作法蓋本乎《孟子》。《孟子》講論王道的部份，特重「性善」與「義利之辨」，一方面以「性善」爲王道成立的基礎，無性善，則王道乃無可能；另一方面則深入心理層面，以心術的「義利之辨」爲王霸之辨的實質判準。東林亦然，首明「性善」，次重「義利之辨」，〔註78〕以爲入門第一關，恰是承襲孟子之說。

　　按著這條理路來看，東林的王道理想幾乎就是從道德層面下手來討論的。如馮從吾作〈善利圖說〉，便以善、利兩途，從心術之端便嚴格判人爲二；一者終乎爲聖人，一者終乎爲禽獸，即是一例。〔註79〕在心術的基礎上，東

　　　性較高，故得邦家與否，無法直接影響士人對於學術的評價。晚明學術則不然；由於與現實政治糾纏過深，因此失去自主性的危險大增。以得邦家爲例，孔子若須得邦家方可無憾，而得邦家與否，偏又不是學術本身能夠決定者，而必須政治的現實情勢允許方有可能，如此，則學術的自主性必大爲減弱，而容易隨著政局的轉變而有所變動。此外，按照顧允成的說法，孔子所以必得邦家，乃爲將學術付諸實行，若無法「見諸行事」，則有憾在焉。這種說法，等於大大增加了經世致用的重量，從而令學術不得不正視現實的問題，而須把關懷面相擺在現實的政治上。

〔註77〕如馮從吾曰：「仁義一也，⋯⋯堯舜性之也，湯武身之也，五霸假之也，⋯⋯五霸之意，以爲吾性中本無仁義，故不得不假之以自附於湯武之列，而不知一假之則其弊無窮，故令人欺世盜名，假公濟私，從吾儒之教視爲虛文爲體面者，五霸爲之作俑也，是率天下而爲僞也。⋯⋯仁義即性，性即仁義，故曰性善。使五霸而早知性善，當自悟其不待假；⋯⋯此孟子道性善所以大有功于天下後世也。」（《馮少墟集》，卷三，頁68～69。）

〔註78〕如鄒元標說：「予闢仁文館，與一國人所砥刮者，先自義利關始，⋯⋯」（《願學集》，卷四，頁79。）而馮從吾亦特別強調義利之辨；時人葉向高談到馮氏的講學時，便說：「吾觀少墟馮先生之講學，言言辯義利、正綱常，力闢邪說，使人反躬實踐，惟心身日用人倫物理之爲兢兢。」（《馮少墟續集》，卷二，頁1。）

〔註79〕參見《馮少墟集》，卷八，頁4～8。茲引一段：「世之學者，徒知以舜蹠分究竟，而不知以善利分舜蹠。若曰：『聖人至舜極矣，學者何敢望舜，下聖人一等，

林嚴格分別君子、小人，如錢一本說：

> 聖人嚴君子、小人之辨，如周比、和同、驕泰，都在心術隱微上別
> 白。……凡皆小人而托之爲君子，俱足以亂天下者。〔註80〕

一旦君子、小人分別清楚，俱可更進一步，讓君子群聚爲一黨，在「黨」的
基礎上與小人鬥爭。〔註81〕於是君子、小人之別，便從道德層面昇高爲政治
問題。至此，心術的判斷，變成聯絡君子的手段，令君子得以聯絡聲氣，彼
此相求、結爲一黨，從而凝聚共識，持此爲指導原則而權衡時政之良窳，並
批評之、改革之。

吾寧爲君子已耳。』或者又曰：『君子我亦不敢望，吾寧爲善人已耳。』或者
又曰：『善人我亦不敢望，吾寧爲有恒已耳。上之縱不能如舜，下之必不至如
跖，何苦呶呶然曰吾爲舜、吾爲舜哉？』如以彼其心，不過以爲聖人示人路徑
甚多，或亦可以自寬自便耳。不如發端之初，一念而善便是舜，一念而利便是
跖，出此入彼，間不容髮，非舜與跖之間，復有此三條路也。」觀馮之意，蓋
以善、利嚴格區別君子、小人，不令有遁逃之處，故還專意點出中間再無第三
條路，令人不爲君子，則爲小人；若爲君子則是聖人一條路上人，若爲小人則
是禽獸一條路上人。蓋馮氏之言，或無刺人之意，但卻傷人最深。

〔註80〕《罪記》，卷四，頁18。

〔註81〕蓋「黨」之一字，若作結黨的意思解時，本含貶義；如北宋歐陽修之〈朋黨
論〉，對朋黨一事便痛加貶斥。然而到了東林手上，卻搖身一變具正面意義了。
其中關鍵，在於小人有黨，而君子無黨，遂致君子孤立，而難以在政治鬥爭
中爭勝。如錢一本便說：「後世小人以黨字傾君子、傾人國，不過小人成群，
而欲君子孤立耳。或有名爲君子，好孤行其意，而以無黨自命者，其中小人
之毒亦深。」（《罪記》，卷三，頁14。）基於這一點的考量，高攀龍遂作〈朋
黨說〉以解釋「黨」的意義，「黨」亦因此說而取得理論的基礎。茲引其文之
一段，曰：「或曰君子爲朋，小人爲黨，亦不然。洪範不曰淫朋乎。黨有偏黨
之黨，有黨類之黨：偏黨之黨，則君子不黨之黨也，黨類之黨，則各于其黨
之黨也。偏黨之黨不可有，黨類之黨不容無，君子之相與也，取其大節，掩
其小疵，破末俗之雷同，持必察之獨見，小人以君子爲偏黨，豈偏黨乎哉？
君子小人之相與朋黨也，如陰陽然，不足害世也。」（《高子未刻稿》，御部。
轉引自小野和子，《明季黨社考——東林黨と復社》（京都：同朋社，1996），
第五章，頁274～275。）偏黨之黨，乃《論語》「君子群而不黨」之黨，故不
可有：黨類之黨，則爲《論語》「人之過也，各於其黨」之黨，故不容無。一
旦君子之黨爲不容無，則君子遂可堂而皇之結群相與，而與小人之黨爭衡，
從此展開一場政治的鬥爭活動。而這場政治鬥爭的最關鍵一點，當屬王道理
想一事。蓋君子既欲聯結成黨，則不可無共同的理念，這個共同的理念就是
王道理想。既有王道理想爲指導原則，君子一黨方有努力的目標，而與小人
的鬥爭，才不顯得只是結黨營私之爭，反而更能突顯自己作爲清流的形象。
關於「黨」的討論，小野和子說之已詳，故本文乃只略述一二，而不再詳論。
詳見《明季黨社考》，第五章，第五節。

但其中尚有一環節未明：即君子雖結爲一黨，但如何凝聚共識？如何構築一套政治指導原則？這一點，必須回歸到人性本有的好惡上，以人之好惡爲基礎，從而成爲公是、公非，然後以此是非來綱紀世界，係東林之政治指導原則。錢穆《中國近三百年學術》對此已有討論。〔註82〕此處僅補充一點，即個人的好惡成爲公是、公非，是如何可能的問題？高攀龍說：

> 又有一勘法：我這好惡還從吾君、吾民上起念否？還只在自家意見
> 上異同、軀殼上通礙、交游上生熟起念否？此亦勘得大概。〔註83〕

從吾君吾民上起念，是好惡之爲是非的標準。這一點跟鄒元標從親民看明明德之意若合左券。高攀龍又說：

> 居廟堂之上則憂其民，處江湖之遠則憂其君，此士大夫實念也；居
> 廟堂之上，無事不爲吾君，處江湖之遠，隨事必爲吾民，此士大夫
> 實事也。實念實事，在天地間凋三光、敝萬物而常存。〔註84〕

實念乃是非之標準，而實事則是君子之作爲，而以是非綱紀世界的觀念，〔註85〕便是士人實事遵循之準則。

綜言之，以心術爲基礎，剖判君子、小人，然後君子相與結爲一黨，持其是非綱紀世界，從而施諸實事。若在野則可發爲清議，此即東林書院之清議；若在朝則可一展身手，改革政治。

若就王道理想的對象來看，王道理想當以君主爲主軸，殆無疑義，但實際操作上，須因現實情勢的不同而有所調整。明中期士人欲以講學改革政治，期能臻至唐虞堯舜之世，因此王道理想是在「見龍」的基礎上而構築起來，士人在政治上能夠取得的最高位——首輔遂成爲實際操作時的主軸人物。迨乎萬曆朝以後，大權從首輔重回君主手上，於是晚明士人遂以「黨」爲基礎，在君子黨與小人黨的鬥爭上，以大公無私的態度，進行政治鬥爭，以期王道理想的實踐。〔註86〕

晚明王道理想之性質，不僅將道德問題與政治問題合一而不加區別，晚

〔註82〕 參考錢穆，《中國近三百年學術史》（台北：台灣商務印書館，1990），第一章，頁14～18。

〔註83〕 《高子遺書》，卷三，頁40。

〔註84〕 同前書，卷八，頁42。

〔註85〕 高攀龍說：「紀綱世界，只是非兩字。聖人因物之是而是之，因物之非而非之，我不與也，此所以開物成務。」（同前書，卷一，頁17。）

〔註86〕 關於文官系統與君主之間的關係，溝口雄三論述已詳，此處不贅。參見溝口雄三著，林右崇譯，《中國前近代思想的演變》（台北：國立編譯館，1994）。

明「黨」之觀念的成型，更令人藉由講學之方便，一者談心論性、一者則攏聚君子合爲一黨，從事政爭。晚明講學與政治的關係乃更加錯綜複雜，而難以理清頭緒。以下則針對幾點試論之。

第三節　講學、清議與政爭

東林講學主要講道德之學，以此判別君子、小人，然後君子結爲一黨而互通聲氣，進行政治鬥爭。這種作法等於把講學與道德工具化，利用二者作爲政治鬥爭的基礎，但這正是瞭解東林講學的關鍵所在，故首開第一小節以論之。

晚明的王道理想是以「黨」爲基礎而構築，而「黨」又是以心術判別君子、小人而組成的；因此，心術——亦即道德，變成最根本且關鍵者，所以東林學術特重尊德性之學，錢一本說得最爲直截，曰：

> 學術便是心術，毫釐有差，末流之禍無所不至。學之貴于明辨者此。

〔註87〕

學術既是心術，講學便是爲尊德性而設。尤其對東林而言，個人之修德必須本乎講學，須得講明學術，個人方有修德之方法、與遵循躬行之基礎，〔註88〕於是講學一事乃至爲緊要。循著這條思路下去，道德作爲「黨」的基礎，既與政治鬥爭脫不了關係，諸如君子、小人的剖析，正是一種政治鬥爭的方式，而東林又認爲道德須藉講學的方式來提倡，等於將道德與講學緊緊地聯結一起，道德既是作爲政爭的工具而被利用，則講學又豈有與政爭無關之理？

因此，注意講學的學術功能、如講明道德、教導學術等等的同時，講學的政治意涵以及隱藏背後的政治目的亦不容忽略。只是令我們好奇的是，晚明士人何以選擇講學作爲他們政爭的手段？而講學一事又何以能夠承載如此多的意義、並且發揮功能？晚明講學乃繼承明代中期而來，在處理這個問題

〔註87〕《甌記》，卷一，頁22。

〔註88〕如馮從吾說：「孔子曰：『躬行君子，則吾未之有得。可聽其未得已乎？』故曰：『學之不講，是吾憂也。』講學者正是講其所以躬行處，正是因其未得而講之以求其得處。不然，躬行君子終未之有得矣。」《馮少墟集》，卷七，頁30～31。而馮從吾與時人有一段問答如下：「或問：『吾輩只修德足矣，又何必講學？』余笑而未答，頃之問余如何修德，余曰：『公只修德足矣，又何必問如何修德。』或者笑而大悟。」由此亦可知，講學乃是講修德之學，若未講則不知如何修德矣。（同前書，卷二，頁52～53。）

時，必須回溯明中期的講學，方能有更深的瞭解。

　　明中期講學的性質，簡單地說就是一種學術研究，由於士人彼此的切磋討論，令各地士人的活動、往來得以活絡起來，並且發展出來一套共同的語言。而明中期講學的高度發展，更令講學幾乎成爲士人日常生活的一部份，不僅人們習以爲常，且在講學發達時，更爲眾多人士所熱衷而汲汲從事之。經過這一番的發展，講學於是蘊蓄了許多可觀的資源，可供政爭利用。

　　因此，東林講學雖有濃厚的政治意涵，處處在學術與現實的聯繫上作文章，但卻可打出學術的旗幟，而在學術的外衣下從事改革政治的活動。這個分際的把持十分重要，若東林直接標榜自己是一種政治黨派，與學術無關，則知識作爲力量的這層意義便難發揮功能。尤其東林士人若無學術背景，勢必被人視爲政客，而無法成爲主流之一。因此唯有一方面奪取學術的主導權，一方面在學術中注入政治的意涵，才是最有效的方法。

　　況且，就另一角度來看，學術的內容畢竟較爲抽象，即令是涉及政治的看法，也多半屬於一種原則性的問題，較諸具體的政治主張，更容易凝聚來自不同地域、不同背景下士人的共識。如高攀龍所說，「君子之相與也，取其大節，掩其小疵，破末俗之雷同」，正是以一種取其大而略其小的觀念。

　　因此前述東林重構學術與闢二氏等等，便不可單純從學術的角度來理解，而必須更多面的來觀察。不可否認的，東林重構學術，確實有不滿於明中期學術的用意，但同時也是與第三期學術爭奪講學的主導權，尤其是爭奪講學背後的那股士人的力量。尤其第三期學術正值講學敗壞之際，士人力量的散落，是一大問題；當時的思想界充斥的只是討論本體之學與綰合三教之說而已。這一點，我們從出世、了生死之學的發達，亦可想見當時士人對於經世的無奈與尋不到出路的苦悶。

　　東林人物於 1590 年代退下政壇後，目睹此景，已見契機之所在；故致力從事學術研究，加強自己學術的底子，經過十年的沈潛，終於躍上檯面，以東林書院的成立爲啓端，而奪取講學的主導權。如前述，東林學術處處與第三期學術針鋒相對，處處攻擊第三期學術的弊病，原因之一便是爲奪權而設。

　　東林對於二氏之學闢之甚嚴，其實也有實質的目的。蓋二氏之學屬於出世之學，士人若隨之起舞，則必然削弱東林利用講學所凝聚起來的力量。更致命的是，二氏之學的存在，彷彿埋伏了一個不穩定的因子，時時可能破壞東林工作的成果。

因此，東林面對兩大勁敵——第三期學術與二氏之學，與之糾纏而爭議不休，1592 年許孚遠與周汝登辯論「無善無惡」已開其釁。而 1598 年顧憲成、高攀龍致函管志道質疑其學，更表明了無可妥協的立場。這些事件若僅以學術的意義來解讀，不免令人納悶，何以學術路數的不同，竟引起東林偌大的不滿而汲汲與辯？其實即是因爲背後尚有現實的目的在焉。

又如本章前言所說，東林對於學術流弊的重視，甚至因學術流弊而廢其學的風格，亦應從這個角度來理解。由於有學術流弊的產生，東林才有藉口攻擊第三期學術與二氏之學；若純粹攻擊學術本身，不免失之太緩，不能立即收到效果；相對的，利用學術流弊來攻擊其學，不僅聳動，且引人注目，同時義正嚴辭而得以塑造一副護衛世道的形象，進而樹立自己學派的風格。而重構學術一事，則是在攻擊對手之餘，必須提出一套自己見解，而不得不有者。

粗略分析了東林講學的現實目的，則不難瞭解何以東林會有清議之聲，並在國家動盪之際，尚且致力講學，以講學爲第一義的要務。又何以晚明一再有「以學爲諱」的聲音。這些牽涉了複雜了政治鬥爭，而不僅是學術方面的爭衡而已。

東林講學初期的風格，以清議最爲著名，以顧憲成爲主持，高攀龍則心慕顧憲成之學術、風骨而願附驥尾。至於當時鄒元標、馮從吾則相戒不談時政，〔註 89〕顧、高二人講學之所，以東林書院爲主，而顧憲成往往利用講學之際裁量人物、訾議國政，故今日一提清議之名，往往與東林書院聯想一起。

顧憲成利用講學的機會，而與弟子論斷人物、時政的是非；想其用心，除了憂國憂民之外，不外乎希望以在野的身份，依然能對於政治有一定的貢獻與影響。但利用清議這種方式，其實相當招搖，而目的也太過明顯，尤其容易惹人非議。更重要者，一位在野士人，招聚了數百人共同講學，本已引

〔註89〕1596 年（萬曆丙申），馮從吾講學寶慶寺，立〈學會約〉，會約第一條便以講論時政爲戒，曰：「會期講論，毋及朝廷利害、邊報差除、毋及官長賢否、政事得失。」（同前書，卷六，頁 1。）鄒元標亦曾有道：「管窺：譚國家舉錯，惟當舉錯者方可言，不然以吾輩爲議政；言生民利病，惟留心民生者可言，不然忌吾輩如芒刺。大都會中惟實體素位而行、不顧乎外二語，方是本命，藉口一體，冒認孔仁，恐未穩當。」（《願學集》，集八，頁 19。）至於錢一本，紀筠說：「東林方盛之時，一本雖與顧憲成分主講席，然潛心經學，罕談朝政，不甚與天下爭是非，故亦不甚爲天下所指目。」（〈四庫全書總目·邜記四卷提要〉，《邜記》，頁 675。）

人側目，而主持者竟又在這種場合中批評時政，自然很容易遭致他人的反對。

　　清議的出現，其實反映了東林初期氣勢之囂張，顧憲成不僅毫無顧忌地把清議掛在嘴邊，到處招搖，而且他的講學之所，不僅侷限東林書院一地而已，尚還游走各方，諸如毗陵經正堂、金沙志矩堂、荊溪明道書院、虞山文學書院，皆曾駐足其中。〔註90〕同時期的馮從吾則反對顧憲成清議的作法。馮從吾秉持不談時政的原則而講學，對於議論時政之士，則斥之爲越俎代庖，曰：

> 何謂越俎之學？吾儒講學，所以明道也，講間惟當泛論道理。……
> 無論居官居鄉，當講學日，不得議及他事、論及他人，方得講學家
> 法，不然，是以議事當講學，以論人當講學也，不幾于越俎而失體
> 哉？〔註91〕

馮從吾雖有此說，但清議風氣已成，乃無力挽回矣。直到李三才案，清議之勢達到巔峰，顧憲成以在野的身份干涉朝政，終於引起群情大嘩，清議之勢爲之一挫。不久顧憲成去世，東林書院轉由高攀龍接掌，而性質亦有所變。高攀龍曰：

> 關中馮少墟先生講學，外世爲局，此中顧涇陽先生論學，與世爲體，
> 當時見涇陽先生爲大，此時覺少墟爲高，何者？與世爲體者，世與
> 爲敵矣。弟年來又受世敵之益，一切動忍爲洗心退藏之助也。〔註92〕

高攀龍態度的轉變，與當時局勢有莫大的關係。如他所說，由於「世與爲敵」，故一切退藏而不再開口；此中顯示當時的政治局勢已不利於清議，而東林的氣勢也被壓低了下來。之後有將近十年的時間，至神宗崩爲止，不見東林有何引起時人側目的動作。

　　自張居正禁學以後，「以學爲諱」的情形便不見好轉，諸如「非學之言盈天下」〔註93〕的感歎，不時或聞。但時人何以病講學？馮從吾曾指出兩個表面理由，說：

> 世之病講學者有二：曰僞，曰迂。〔註94〕

〔註90〕 如淮撫李三才案乃最爲著名。顧憲成以在野的身份，致函內閣、部院，力推李三才入閣，故引起群情大譁；顧憲成後雖悔之，但東林卻因此而漸爲怨府。參見《明儒學案》，卷五十八，頁1378。
〔註91〕《馮少墟集》，卷一，頁59～60。
〔註92〕《高子遺書》，卷八，頁57。
〔註93〕《馮少墟集》，卷七，頁32。
〔註94〕《馮少墟續集》，卷二，頁1。

所謂「僞」，應是指非眞心講學、因世變爲盛衰者。〔註 95〕而「迂」，顧名思義指講學不能有益於世之類。在崇重事功、主張霸道的觀念下，視講學爲迂固屬當然；當時便有人以宋儒之空談來質疑講學之士。〔註 96〕但更爲時人所不滿者，恐怕當屬僞之一事。關於這方面的質疑不時可見，甚至有人以「何不禁講學」來問，〔註 97〕則不滿之意，溢於言表。然而上述兩種質疑，其實皆非新意，而與張居正禁講學的理由相仿。〔註 98〕

上述兩個反對意見其實尚未觸及重點，時人對於講學一事，乃尚有其它的疑思。昔日張居正之禁學，其實亦不僅病講學之僞、迂而已，而另有政治的考量，亦即擔心講學之結社，在社會上一旦形成風潮，則將不利於政權於社會秩序的控制。故張居正之殺何心隱，即因民間講學對於政權的控制有不利影響之故。東林之評議時政，既與政治密切交涉，則與政權的矛盾必然更爲緊張、因此更爲政權所忌憚。

以馮從吾爲例，他雖絕口不提政治，但其講學卻仍被時人所猜疑。如 1597年馮從吾講學關中時，與士人制定〈關中士夫會約〉，次年請周宇作序，周宇於序中便透露了對於講學結社一事的不安。〔註 99〕如果我們將時間跳躍到1620 年代，則有更多的消息透露。1620 年代，馮從吾前往京師倡學，而有著名的首善書院講學（本文簡稱爲首善講會，其事後詳），但整個首善講會成立

〔註 95〕 如鄒元標説：「弟在患難中，於近世譚學腳跟不能無感，總之發根未眞，徒逐人譚説，故不得不因世變爲盛衰，視宋儒精神萬分相遠。願與兄發憤矢心，寧爲眞小人，無爲僞道學，……」（《願學集》，卷二，頁 11。）

〔註 96〕 參見《馮少墟集》，卷二，頁 528、676。

〔註 97〕 原文如下：「問：『講學中多僞者，何不禁講學？』或曰：『今做官中亦有貪酷者否？』曰：『有。』曰：『何不禁做官？』其人大笑而悟。」（《馮少墟續集》，卷二，頁 32。）

〔註 98〕 如馮從吾回答疑宋儒空談者，説：「佹冐、江陵之餘唾，不可不察也。」（《馮少墟集》，卷十一，頁 30。）而葉向高也説：「得無執江陵之見以悄余乎？余亦甘之矣！」（《馮恭定全書》，卷五，頁 27。）

〔註 99〕 其文曰：「固有同舍而割席，千里而比肩者，則心之一與弗一耳。心誠一，無會亦會，矧曰會，不約皆約，矧成約，故面會不若心會，約以詞不若約以心。……乃或聲驚而寡實，文具而鮮終，陽浮道與而畜貳，將令望我者，緣款索我，拾罅議我，其謂之何？諸君子當俾不落是，乃余爲是懼也，誠慮于所不必然，但冀釋余懼者，以必不然，用廣首議美意云。」（《馮少墟集》，卷五，頁 1。）觀其意，乃懼結社之弊，故曰「心誠一，無會亦會」，勸人以不必結社會妙。末文則因此會既立，故退而求其次，勸人小心翼翼，免落人口實。憂慮之意，乃溢於言表。

的過程，其實有一段不爲人知的隱情。蓋此次講學之倡導，乃從一場宴飲開始，會中商及學問事，而參與者之一——楊復亨，已疑此爲講社。又十餘日，而馮從吾折柬相邀講學院西道院，楊復亨是夜乃輾轉難眠，至翌晨甫明，鄒元標叩門來權其勿往，楊復亨再遇馮從吾，乃諷其勿以講學生事。〔註100〕楊復亨的態度，充分表現了他對於講學的疑慮。〔註101〕

講學之爲政權所猜疑，與前述講學的性質、目的有關。講學既然存有政治鬥爭的目的，時人豈有不識之理？而東林的政敵又豈會不識其中之深心？尤其清議一事，傳揚千里，等於擺明了告訴別人，東林的講學就是爲了政治鬥爭，至不然，也是鬥爭的手段之一。因此，當東林氣勢方盛之際，政敵或許尚還忌它三分，一旦東林之勢減弱，則政敵乃鼓動群議，而交相指摘矣。

講學在時人的心中既與政治鬥爭脫不了關係，即使是不談時政的馮從吾亦難免此風。馮從吾沒有顧憲成招搖，但其實只是另一種政治鬥爭的方式。蓋馮從吾雖然不談時政，但仍然講究施政的原則，諸如王霸之辨的問題，是馮從吾最喜講究者；而性善的討論，以及尊德性的話題，其實隱隱皆有指涉時政之意；只是使用一些較爲抽象的說法、隱晦的語言，未直接道出其意而已。因此周宇在1590年代時就有所顧慮，而寧願馮從吾諸人以心會而不必有實際的聚會。〔註102〕當然，馮從吾不談時政的立場，仍然給了一些對他好處；

〔註100〕原文如下：「憶辛酉（1621）冬，中州某公，一日集十餘客，先生（指馮從吾）與希孟俱預焉；顧商及學問事；酒三行，鄒先生（指鄒元標）振音，歌人心仲尼之詩以侑之；余固疑其講社也。浹旬，而馮先生折簡相招集城西道院，至者幾三十人，多一時名卿先生，拈若合符節語，窮其合一何在，間有一二逆難者，迄無了義。余歸，從枕上尋繹，復念世人側目群賢久矣，輦轂下復闢講壇，謠諑之圖也。甫明，而鄒先生叩門來，謂之會毋往，余躍然曰：『余因欲止兩先生。』鄒先生曰：『馮子以學爲行其道者也。毀譽禍福，老夫願之。』又數日而先生來，余諷曰：『國家多事，士大夫宜講求者非一端，講學宜少需乎？』先生曰：『正以國家多事，士大夫不知死，抱頭鼠竄者踵相接，宜喚起親上死長之心，講學何可置也？』余墨然不敢對。」《馮恭定公全書》，卷五，頁21～22。
〔註101〕後來的發展，雖然馮、鄒仍然攜手主持講學，但從其中的過程，尤其主持者之一的鄒元標，竟然勸人勿往，仍可知當時的政治氣氛不利於講學之深。
〔註102〕鄒元標最識得此意，故云「馮子以學爲行其道者也」。這一點，亦可配合「以學爲諱」來看，若講學與政治無關，則諱甚？又何以楊復亨思及講學，便輾轉難眠？而鄒氏又趁清晨四下無人之際，前去叩門，勸其勿往？鄒氏杆身就是東林學派的健將，不可能由於講學之偏、迂而因噎廢食。但既然不是學術方面的理由，則肯定是顧慮馮從吾的講學，有議政之嫌了。而楊復亨諷馮從吾勿以講學生事，表面以國家多事爲由，勸馮從吾轉致它事，但觀察楊復亨

當時人對於顧憲成所主持的清議交相指摘之際，馮從吾乃得以置身事外，而不致為眾矢之的。

因此高攀龍接手東林書院後態度的轉變，尚應從另一個角度來解讀。當顧憲成主持清議時，政敵把焦點放在清議一事而肆意攻擊，造成清議不得不衰。此時若欲關懷時政，必須利用另一種方式，馮從吾式的講學，遂成為時人之新寵；高攀龍遂改弦易轍，轉而效法馮從吾，一方面少談時政，免得落人把柄，一方面則利用一些學術的討論，暗寓自己對時政的看法與批評。

這種作法，到 1620 年代首善講會時，達到最高峰。以下討論之。

1620 年，明神宗崩，而光宗繼位，不旋踵又逝，轉由熹宗（1621～1627 在位）繼位。此時在野的東林士人，多有被召入朝者，如鄒元標、馮從吾、高攀龍，亦在其列。1622 年，明朝與女真交戰失利，遼左失陷，經撫攜手入關，舉朝大驚，馮從吾遂挺身倡學，與鄒元標共同主持講學，高攀學及諸多君子，亦參與其中。眾人先於京師城西道院講學，後因人多不能容，而馮從吾手下官員揣摩上意，為建首善書院，〔註103〕諸人遂移講其中，是為首善講會。

首善講會的主持，雖曰鄒、馮，但其實仍以馮從吾為主，而講學的宗旨之一即不談時政，〔註104〕這一點素為馮從吾秉持的立場。而關於講學的目的，所打出的名號，即是由於士人欠缺忠君愛國之心，畏難苟免，只為一己身家計，故須提醒士人親上死長之心，故不得不講學，而以講學為救世、禦敵第一策。〔註105〕

前後的態度，尤其對於講學一事之不安，竟至輾轉難眠，絕非因為視講學乃迂闊之事所致，而肯定有政治因素的考量在焉。不過，周宇之言，與鄒、楊之言，在時間上，相差了二十年，故不可等同並觀。1590 年代，講學作為一種忌諱的問題，尚不嚴重，因此周宇的態度、言論，尚多帶保留。若 1620 年代，東林與政敵的衝突所在，就是講學一事，因此鄒、楊二人才會顯得非常擔心，而不願參與其中。二者的區別，正文後將詳論。

〔註103〕 楊復亨曰：「（馮從吾）與台長鄒南皋氏、僉院鍾龍源氏，飭台綱，以方漢三君，遂與言學都城隍廟，集嘗數十伯人，台官為建首善書院，蓋公志。」（《馮恭定公全書》，卷五，頁25。）「蓋公志」，即指建書院一事，乃馮從吾之意，台官只是揣摩上意而已。

〔註104〕 首善講學的宗旨如下：「不談朝政，不談私事，不談仙佛，千言萬言，摠之不出父子有親、君臣有義、夫婦有別、長幼有序、朋友有信五句，及高皇聖諭孝順父母、尊敬長上、和睦鄉里、教訓子孫、各安生理、毋作非為六言。」（《馮少墟續集》，卷二，頁6。）

〔註105〕 如云：「可見講學正所以講禦敵之上策也。」又曰：「以講學為禦敵之上策，聖人復起，不易吾言。」（同前書，卷二，頁45～46。）

這種作法相當奇特，頗值得分析。先就講學的內容來看，當值邊事危急之際，馮從吾不講兵講餉而講心性之學，非迂而何？故時人亦不免疑之，而馮從吾又一再解之。〔註106〕我們固然毋須評論這種觀念的正確與否，也不必懷疑以講學爲禦敵上策之言是否只是門面話而已。如劉宗周所說，由於馮從吾之講學，令「一時人心帖然，若不知有逆禍者」，〔註107〕對時人而言，他們的確相信，以講學提醒忠愛之心，在某種程度上確實有助於禦敵，而爲他們所願意接受者。

但我們若觀察首善講會前後的過程，將另有發現。首善講會僅僅數月，不久即因官員彈劾，以爲應以東林書院講學爲戒，而大臣不該另開講壇，以啓爭端。鄒、馮遂一同告歸，而高攀龍隨之，首善講會於焉告終。就此觀之，首善講會似乎不只是單純的講學而已，也不如馮從吾所說以講學提醒士人忠愛之心的目的而已，似乎與政治鬥爭也有不小的關係。而如前述，昔日東林書院以清議而聞名，後因政敵之政擊，轉而不談時政，但在講學中寄寓批評之意，那麼首善講會是否也是如此？

當外患緊張之際，其實也可能是朝廷內部進行政治鬥爭的絕佳時機，不同黨派的人士，利用外患的話題，或者抨擊他人，或者維護自身，彼此角力；而使用的方式，可能是闡述一些施政的原則，來突顯政敵的作法不合這些原則；又可能利用一些道德的語言，指責政敵之道德操守不夠，來引起時人的不滿；進而造成公論，來逼政敵下台。

無論是闡述施政原則，或是講論道德，都是東林最爲拿手的部份。而首善講會所講的亦不脫此二者。例如會中馮從吾一再強調君子、小人的分別，尤其教導時人關於君子對待小人的方式，娓娓道來，直是不厭不倦。以東林喜分君子、小人的作風來看，分別君子、小人雖不足異，但參與首善講會者是朝中縉紳之士，而非純粹的東林成員，則此會一再談論君子、小人，豈非意有所指？而教導時人「立朝當進君子而退小人，論學術當成君子而化小人」，〔註108〕則「小人」所指爲誰？豈非指立朝爲官、而爲東林政敵的人士？

此中之深意，東林的政敵又豈有不識之理？因此不久兵科朱童蒙便上疏曰：

〔註106〕這類的問答頗多，不詳引。可參考前書，卷二，頁 46。

〔註107〕同前書，卷二，頁 4。

〔註108〕原文如下：「問：『小人或曰當容，或曰當遠，未知孰是？』曰：『論度量當親君子而容小人，論交與當敬君子而遠小人，論立朝當進君子而退小人，論學術當成君子而化小人。』」（同前書，卷二，頁 11～12。）

> 憲臣議開講學之壇，國家恐啓門戶之漸，宜安心本分，以東林爲戒。
> 〔註109〕

工科郭治興亦曰：

> 當此干戈倥傯之際，即禮樂潤色，性命精微，無裨短長。〔註110〕

所謂「東林」，指東林書院而言；而以東林爲戒，當指清議一事。朱童蒙以講學將啓門戶之漸之語，最可玩味。若講學只是講學，而無指涉，則何門戶可啓？值此之際而倡講學，或可譏爲迂而無當，但又有何可憂？又若郭興治之批評講學無裨短長，恐亦是門面話而已；究其背後之意，豈不以講學爲議政、論人而不滿；若非如此，則何必上訴朝廷，而力請禁之？

高攀龍回應二人之言，亦上疏曰：

> 人不知學，世道交喪，於是朋黨禍起，相安則交安，相危則交危。故黨類之黨不能無，是群分之品也，偏黨之黨不可有，是亂亡之本也。知黨類之不能無，使之各得其所而勿相猜忌，知偏黨之不可有，使之各懲其禍而勿爲己甚，但得人人自反，勿專尤人，則無不可融異爲同，化小爲大。〔註111〕

其意以「人不知學」爲重點，若人不知學，則朋黨禍起，其危國家社稷也深。但此處不知學之人指誰？豈非指要求禁學之人爲多乎？而文末之「人人自反」，又豈非要求個人在道德上自我反省，而不當指責他人乎？若然，則所謂「人人」的內容，恐指政敵爲多，指東林爲寡矣。究此疏之旨歸，乃指責政敵不知學，道德亦有所不足，故爲朋黨而禍天下。按其言而反推之，若不願有朋黨之禍，則不可無學術與道德，亦即不可無講學，於是講學一事，竟變成具有防止朋黨之禍的功能，亦即具有政治方面的作用。高攀龍作爲東林的領袖，亦懷此意，故曰首善講會爲政治性之講學，豈不宜然？

講學既然作爲政治鬥爭的手段，則受政敵排擠乃不足爲異。然而，在政治鬥爭中，掌握權力的中心才是第一義的要事；而東林人士雖然多居高位，畢竟不算進入了權力中心，眞正在權力中心者，卻是宦官魏忠賢；因此東林雖然利用講學的方式，聚集士人，培植勢力，但與權力中心畢竟尚隔一段距離，所以首善講會遂在政敵的反對下而告終，而馮從吾、鄒元標、高攀龍等

〔註109〕《明儒學案》，卷二十三，卷534。
〔註110〕同前書，卷二十三，頁534。
〔註111〕《高子遺書》，卷七，頁45～46。

人亦辭官歸鄉，而鄒元標更在辭官不久後病逝。

　　隨著魏忠賢柄政，大權在握，整個政治情勢愈趨緊張，君子一黨的勢力更爲魏忠賢一黨人士所忌。君子一黨的勢力主要根植在書院的講學上，利用講學結合士人分散的力量，因此若欲全面鬥倒君子一黨的勢力，書院講學即主要著力點的所在。首善書院之被毀開其例；不久，1625 年，魏忠賢下令全面禁毀書院；諸如高攀龍講學的東林書院、馮從吾講學的關中書院皆在禁毀之列，這一次的禁毀相當徹底，許多書院甚至被破壞得面貌全非，再難作爲講學之所。

　　書院只是講學的場所，講學人士才是關鍵所在，因此魏忠賢再下令逮捕東林以及與東林同黨的人士，高攀龍亦在其中。高攀龍被逮之時，爲保大臣之節，乃投水而死，結束了一生，臨終之前，留下了一句話——「吾以惑於救世，昧于知幾」，〔註112〕歎息自己勞枉辛勤，亦無能救世。

　　若馮從吾，在書院禁毀的過程中，目睹人拖曳先師孔子像廢置城隅一事，痛如切膚，故寢食俱廢，晝夜趺坐百餘日，竟以不起，易簀之際，乃整容端坐，以講學做人爲訓。〔註113〕

　　綜觀東林講學的主要關懷，不外乎重整學術，以求端正人心，改革政治，致力王道理想的實現。按其數十年之經營，先是在野講學，以明學術、正人心爲務，且不時有清議之聲，發表自己的政治主張，但卻引起軒然大波。1620年代東林終於得以入朝一展身上，貫徹其王道主張，但政治的大權卻已掌握在宦官手上，而東林實已無力扭轉大局。在野、在朝都成敗局，隨著書院的禁毀，士人理想終成泡影。高攀龍臨終前的感歎，似乎代表了東林一致的心聲。隨著高攀龍投水而死，馮從吾病歿，東林講學乃至此而告一段落。

小　結

　　本章討論的重點有二：一是東林學派的學術內容；一是東林學派與政治的關係，以及政治鬥爭的手段。東林的學術與明代中期的第二期學術頗有淵源；第二期側重工夫，東林則更進一步將明中期以降的本體之學整個轉爲工夫之學。在工夫之學的基礎上，東林建構了本體／工夫的關係，以及修悟雙

〔註112〕同前書，卷八，頁 73。
〔註113〕參見《馮恭定全書》，〈大司空謚恭定少墟馮先生行實〉，頁 12。

融的理論；從而一舉捧紅了曾參，使他成爲晚明士人爭相尊崇的對象。

在這套理論的架構下，東林積極調整了明中期學術的方向。明中期學術把爲己之學與經世之學相表裏，但以爲己之學爲重，因此有「見龍」理論的提出。東林則反之，而以經世爲要務，因此以「黨」來取代「見龍」。在「黨」的觀念與指導下，士人群聚一起，而以經世爲己任。利用這種方式，東林成功地塑造了他們經世致用的性格。也是這種性格使然，東林於是投入了政治鬥爭之中，從此再也脫不了身。

在這場政治鬥爭中，東林似乎一直處於挨打的地位。先是因爲清議的問題遭到時人誹議，逼使以清議自居的一群士人，或者不敢再以清議到處招謠，如顧憲成：或者改弦易轍、另擇良木而棲，如高攀龍。及至 1620 年代，由於明神宗去世，東林乃一改在野的身份，而願意入朝一展身手，並且企圖在政治上貢獻一己之力。然而，朝中大權卻已掌握在宦官手上，東林目睹此狀，亦已無能無力。首善講會之被禁，似乎已意味了無事可爲。東林人士如鄒元標、馮從吾、高攀龍想亦對此已然有所瞭解，因此在首禁講學被禁之後，便先後辭官歸鄉，不願再理朝政。不多久，果然在魏忠賢的主導下，朝廷下令禁毀天下書院，並且逮捕東林人士。高攀龍因此投水而死。他的死，彷彿象徵了東林講學失敗的結局。一切亦至此而告一段落。

高攀龍的死，與二十四年前李贄的自殺恰相呼應。明中期第二期學術的種子開出了後來第三期學術以及東林學術。前者是以學術爲重而整理整個明中期的學術，並且以融合三教來應付新局；後者則是走政治路線，並且另立一套學術作爲理論基礎。不同的路數、迥異的風格，而二者的代表人物，最後卻都以自殺告終。伴隨著自殺而來的，似乎是心學學術已然走到盡頭的宣告。東林敗後，理學講學雖又重振，但已不如已往，整個學術的重心轉到以文社爲組織的「復社」手上。在這批場屋之士手上，學術乃另成一種風格了。

結　論

　　總結本文的討論可知，明中期以迄晚期的講學發展大體是有脈絡可循的：明中期講學初創之際，由於政治的壓迫，導致陽明弟子多有在野發展講學者，而門人更因此發展出一套「見龍」的理論，爲這種在野講學的活動作張本。士人得有安頓之所，故可懷抱以講學經世的理想，而致力於講學傳道的活動中。經過門人的努力，講學發展至 1550 年代左右，終於大爲流行，而講學與政治的關係亦漸趨密切，但這種密切的關係，卻導致了後來講學的變質、甚至敗壞。講學一事，或者變成士人參加科舉的先修，或者謀官晉身的跳板，或者結黨造勢的工具。因此 1590 年代學術繼之而起，懲於講學之失，故以「惕龍」取代「見龍」。此時的士人不再如明中期士人一般，汲汲於立言、作人等等，而只是以進德修學爲務。尤其第三期學術部份士人尊崇太祖，太祖作爲治統與道統的代表，按照此時的觀念，士人只能闡釋太祖的學術，而不應另立新說。於是正意味了士人只能在太祖的典範下作闡釋的工夫，而不能有何絕學的創立、或經世的作爲。

　　緊接第三期學術之後，是第四期——東林學術的繼起。東林以「黨」來繼承明中期的「見龍」。東林同樣懷抱經世的理想，但不再是以學術爲中心的風格，而是以政治、世道的關懷爲主。例如「黨」，就是一種具有高度政治性格的組織。而其中的內容，乃是藉由君子結成一黨的方式凝聚士人的力量，然後進行政治改革的工作。就此觀之，明中、晚期雖然皆欲凝聚士人力量，而分別發展出「見龍」與「黨」的觀念，但二者的性質其實已有不同。

　　細繹上述明中晚期的發展可知，士人其實非常需要一種凝聚士人力量的方式。而此時士人從事的書院講學，其實就是因應這種需要而流行起來的。

這種以講學作爲活動、書院作爲場所的方式，其實提供了士人一個群聚結群、以及彼此聯絡的管道，而士人的力量亦因此得以凝聚起來。

對此我們其實尚可更細膩地來看。既然明中晚期的士人以凝聚力量爲關懷，故以書院爲場所而群集一起；則士人彼此相處的方式，以及士人在群體中的自處之道，尤其士人力量一旦凝聚之後，如何使用這股力量，如是等等的問題，對於時人而言變得至爲要；而這一點則是觀察明中晚期講學變化的另一條脈絡。

如正文第一章所說，第一期學術確立了幾項命題：即爲己之學、專務經世的取徑、萬物一體的觀念、以講學來經世的王道理想的構築。就某種角度來看，這幾項命題正是因應士人集結成群的需要而設。

所謂爲己之學，是以萬物一體爲量；而對此一體的觀念，我們若具體地來看，其實正是爲了將此學變成一種公共的學設而設；即如陽明所說，「學，天下之公學也」〔註1〕的想，而將此學變成一種必須在群體之中從事的學術。簡言之，爲己之學，即士人的自處之道；而以一體爲量、在群體中做學，則是士人在群體之中的相處方式。而無論是自或是與人相處，之上更有一個崇高的目標供其追求；此即王道理想，亦即可透過講學而作人、立言而達到。因此士人彼此的群聚共學、共進於道，正是對於達致王道理想的努力。故此，爲己之學、士人群聚共學，以及王道理想，環環相扣，而成爲第一期講學的基礎所在。

進入第二期學術後，由講學與政治的關係趨於密切，陽明學又已成當代之顯學，政府甚至公然提倡陽明學，造成士人對於陽明學講學趨之若鶩，而把講學視爲晉陞的手段。講學至此淪爲士人求職的跳板，而不再如前一般的具有理想的性格。於是諸如王道理想漸漸淪爲空談，而士人群聚講學漸亦不再是共勉切磋，反而變成一種聚徒結黨的行爲，尤其爲己之學，由於與追求利祿的取徑恰恰反對，講學精神的淪喪，更造成了爲己之學的危機。爲己之學的「學」，是一種公學；而所謂的「公」，係與群聚共學、王道理想二者環環相扣；如今講學的變質、共學精神的失去，與王道理想的破滅，造成「公學」的「公」一時被架空，而不再具有實質的意義；於是爲己之學遂只具學術的內容，而不再有「公」的意涵；而所謂的爲己，變成只是士人必須透徹心性而已，而不再承載經世的理想。又，既然只須透徹心性，則釋氏之學與

〔註 1〕 《傳習錄》，中卷，頁 141。

儒學皆無不可用之理，於是有儒釋合流的發生。按此，若再進一步發展，便為第三期學術所主張的三教合一，以及周汝登的儒釋交參的取徑了。

由於為己之學已經不再承載經世的理想，東林遂須重構一套學術。在這套學術中，為己之學不再是中心的關懷所在，反倒是經世的關懷才是士人所當汲汲致意者。利用這種方式，東林把士人的目光從學術面引到對現實政治的批評與改革上。士人懷抱改革的理想，利用講學彼此集結成「黨」，而一起對於現實政治的改革努力。由於東林為士人力量的凝聚提供了一條出路，因此得以重振講學，並且造成一股聲勢，取代第三期學術而成為思想界的主流。

以上所述，即是本文所討論的講學與政治關係的大概：由「見龍」到「黨」，是其中的一大轉折，造成了明中、晚期講學風格的迴異。而我們若更精緻地來看，由於第一期學術是講學初創時期，士人以在野講學為常事，故與政治的關係較疏，從而講學的理想成份也相對較高。來到第二期學術，由於二者關係的密切，不免造成講學的變質、理想的失落，從而發展出第三期學術致力進德修學的風格，以及東林以經世關懷為主的講學。而由於東林利用「黨」的觀念為士人講學尋得一條出路，因此終於取得講學的主導權而成為主流。

然而，除了以上所分析的一些具體的變化外，似乎尚有更高一層的解釋空間。這個部份，則須從學術的內容開始談起。

對陽明而言，朱子最大的錯誤，是將心與性割裂為二，造成士人一方面必須在心性道德上用功，一方面又須往事事物物上尋求定理，亦即從事知識技能一類之事。這種格物窮理的方式所以必須，乃因須得如此方才能知關於如何處事、從政的方式。若按朱子之說而推之，則道德是道德，處世從政是處世從政，二者並無直接的聯繫。

陽明的致良知說是為破朱子之說而設，而企圖將道德與處世從政縮合為一。在朱子的系統中，道德與處世從政所以有所割裂，係因有知識技能的問題橫隔其間，因此陽明主張「成色分兩」之說，表示由於各人才質天生，各有定分，故各人不必爭分兩，而只須按其才質各安其分即可。按此，乃一舉解開知識技能的束縛，而把道德與處世從政縮合一起。由於良知既是個人道德的主體，又可作為個人處世從政的指導，因此所謂的「致良知」，便不止是道德的意義而已，其實更是為了處世、從政的需要而必須從事的。因此，陽明的作法，或可如此說，是把道德的原則與處世從政的原則彼此互通，而認為道德的原則其實可用作處世與從政的指導思想。

　　由於陽明生前在事功上成功，恰好證明了陽明以道德的原則來處世、從政的說法確實不虛；而門人弟子乃篤信不疑，汲汲於致良知，並且認為必須致得良知方知如何處世、從政；若不能致得良知，則處世、從致皆不能得當，則一生勞勞擾擾，終究虛生枉死。在這種背景下，故有所謂的為己之學。為己之學必須與其它士人一起同學，蓋道德既是處世的原則，則在群體中，乃是最易有所領悟與學習的，故須利用講學與人同學的機會，學習這些處世的原則，而不能只是一人獨處而已。

　　據此，靈濟宮講學其實也是在這種前題下而舉行的。當時講學的對象，主要針對進京趕考的士人，以及政府的大小官員；這兩種人，一是未來的官員，一是現在的官員；在首輔徐階心中，恐是認為這些人既然皆是國家的棟樑之材，則教導這些人員從政的原則乃至為重要，而這些原則既然本乎良知，因此徐階遂特闢良知講壇而講之以身心性命之學。

　　循著這條理路來看，第二期學術所以側重工夫，其實也有更進一步的現實因素在焉。在士人的觀念中，學術既然不僅只是身心性命之學，而且是從政、處世的原則，因此學術的內容，便須能夠指導士人修養身心的方式，以及如何在處世、從政上能夠順利。當時講學與政治的關係既已趨於密切，士人所面對的問題，就不只是士人群體之中如何相處的問題，而是更進一步涉及了這套學術是否能夠提供士人從政的幫助。此學不僅必須幫助士人在官場的鬥爭中能夠不被鬥倒，又不能不隨波逐流，並且能夠利用職位之便作出一番經世濟民的事業。

　　在這種背景下，士人一方面必須有學，擁有自己的主體性，方能不隨波逐流；另一方面，在官場的鬥爭中，它所牽涉的其實不止是個人道德的高低與否，而與個人表現於外的言行舉止的關係反而更為直接。個人必須在修身、行為上無所缺失，方才能夠在官場中站得住腳，不會輕易被人抓住把柄；尤其必須在與人交際時，能夠八面圓融，方才算是深得從政之竅要。

　　就此觀之，士人雖然必須擁有個人的主體性，以及道德上能夠堅守立場，但個人的言行舉止，由於與而與政治鬥爭的關係較為直接，相形之下，反而更須被強調與重視。而如我們所知，第二學術乃是側重工夫的風格，而所謂的工夫，即指個人的言行舉止而言。諸如李材的「修身為本」，以及耿定向的「信」，皆與個人的言行舉止切身相關。按此來看，這種側重工夫的風格，其實正是一種指導士人如何從政的學術。而我們更可推測，第二期學術側重工

夫的風格，其實也是因應士人從政機會大增的情形而設的。

　　因此，從第一期學術發展至第二期學術的變化，我們大體可歸納如下：第一期學術的講學與政治關係不密，因此所謂講學，只是士人彼此的結群而已。由於士人彼此必須相處一起，因此道德原則被用來作爲處世的指導思想。及乎第二期學術，陽明學成爲顯學，道德的原則被作爲從政之用，因此發展出側重工夫的學風。

　　然而，道德原則雖然作爲指導處世、從政之用，但是畢竟道德爲主，處世從政爲從，因此處世從政雖然講究八面玲瓏，但有時士人仍然必須堅守立場，不可隨波逐流。只是由於講學與政治關係的密切，流弊所及，造成不少士人視講學爲取功名的手段，而把道德作爲處世從政的工具，因此只是多半只是隨波逐流，作保身家之計而已。此種情形即是本文所說的講學精神的失去，以及講學變質的問題。

　　另一方面，第二期學術是講學與政治關係最爲密切的時期；士人藉由講學，在心性上有所領悟，從而通曉處世、從政的道理。但從此時的講學畢竟尚以學術爲大本，而以究明學術爲主，處世、從政的原則則是學術的作用而已。按此，二者的關係，當是學術是體，處世、從政爲用。然而，這一套體用的關係，由於上述講學的變質而受到質疑，於是如何重建一套體用的關係，遂爲難題。

　　關於新的體用關係，第三期學術似乎並未有何建立。第三期學術所提出的是以太祖爲王者的觀念。太祖兼任道治二統，而士人則只須闡明太祖的學術即可，而不必在經世上有何作爲。在這套架構下，士人遂將全副心力放在學術上，因此諸如楊起元、焦竑之大闢拘儒，以及管志道之深詆狂儒與霸儒，率皆針對學術本身的流弊而發言。而他們各自的見解，諸如三教合一，以及周汝登提倡的「無善無惡」，都是希望能夠以闡明學術的方式，來達到改善學術風氣的效果。因此，若欲歸納第三期學術的風格，我們當可以學術性頗強來定位之。當時，相對而言，他們在政治上的熱誠則較弱，而對於政治方面的事務也無多干涉與發言。

　　這類取徑其實頗爲危險。其時講學與政治關係的密切，既是不可改的事實，因此關於新的體用關係的建立，絕對是當時所迫切需要者。而第三期學術的作法，等於將心力都放在學術的研討上，而不多顧理士人在經世與政治上的責任；這種作法實與時勢頗多背反之處，因此不久便爲時代所淘汰。

　　東林的作法則與之不同，而提出了新的體用關係。東林主要的取徑，是
以用來收體，加強對於世道、政治的關懷，而學術即是爲了經世而設；因此
發而爲清議、而爲馮從吾式的講學。

　　此即本文第四章必須特別討論東林的學術的原因。明代中期思想的共調，
是以本體來收作用；而學術與政治的關係亦然，亦是以學術爲大本，而從政只
是餘事。晚明則反之。一方面在思想上是以作用來收本體，另一方面，在學術
與政治的關係上，亦以世道、政治的關懷爲主，學術則是爲此而設。因此晚明
雖有講學，但講學的性質，卻是以對於世道、政治的關懷爲主，故其時有所謂
「黨」的組成。而思想方面，亦以對於世道、政治的關懷爲主，因此特別強調
道德的問題。所謂道德，一方面作爲個人修養心性之標準，一方面則可作爲處
世、鬥爭之手段，甚爲好用，故東林乃樂此不疲，而汲汲於此。

　　就此觀之，東林講學可算是明代講學的高峰。明中期的講學雖然以道德
的修養與學術的研討爲主，但究極的目的畢竟是王道理想的實現，因此學術
是作爲一種經世經用之學而被發展，最終仍須走向從政與經世。只是第一期
學術時，由於陽明學講學尙未大行於世，故須先行發展學術，之後再談政治
方面的經世濟名之功。及乎第二期學術則是關鍵的階段了。其時陽明學的盛
興已然到達顛峰，因此調整講學與政治的關係乃爲必須。但如本文在第二章
所展現的，第二期學術似乎在這方面並未有所創發。由於以學爲主，以政爲
客的觀念，其實未必適合當時時勢之所需，以致講學後來趨於變質，並且逐
漸敗壞。東林之繼起就是爲了對此作出彌補，因此提出一套新的關係架構，
故得重振講學。

　　東林這一套架構其實是繼承明中期的學術而來。陽明所創的良知學本來
就是一種經世的學術，只是由於當時其學尙未流行、甚至遭到禁令壓抑，故
須致力講學傳揚學術，而政治方面的事功則留待後人去做。此時講學既已成
爲流行，便應積極將學術作爲經世之用；這也就是東林所走的路線了。或可
說，在陽明學尙不流行的年代，士人必須以學術的研討爲主，期待將來經世
的機會，而一旦此學已爲眾人所習知，士人便應積極經世，而不應只是研討
學術而已。因此陽明學與東林學派，雖然一者是以學術爲主，一者強調經世，
但其實只是在不同的政治局勢下採取不同的因應之道而已。

　　因此，東林在學術上雖然重構一套學術，並且對於明中期的學術頗多批
評，但我們若就學／政的關係來看，則東林的清議與講學，其實卻是眞正落

實了明中期的經世理想。而對於以道德作爲處世、從政的指導思想的部份，東林更是予以淋漓盡致的發揮。諸如清議、首善講會等等皆是東林對此的實踐。東林在政治上與政敵角力，往往利用道德的語言、以及抽象的原則來進行政治鬥爭。他們所使用的手段，亦幾近乎完美，是可爲後人所效法者多矣。

因此，綜觀明代中晚期講學的發展，我們既知東林講學是繼承明代中期講學而來，且是其高峰，則亦可知：由於明代中期在講學上數十年的經營之功，來到東林手上方才得到了實踐與發揚，而將之落實到政治的關懷上。而此數十年沈潛的力量，一旦爆發出來，必然造成偌大的聲勢。因此東林初創之際，便能鼓動一世之風潮，而被視爲濂洛更甦，並且從主導了晚明講學與政治的發展。此事實非無因。

然而，東林學派既將全副心力放在政治的關懷上，必然造成政敵的戒心，而不時利用機會打擊他們。因此，先有清議引起朝中群情大嘩，令士人再不敢有清議之聲；之後則是有人上疏公然反對講學，迫使首善講會罷壇停講；最後則在魏忠賢手上，天下書院遭到禁毀，東林人士也被逮捕。魏氏的禁學，較諸張居正乃更爲徹底，而明中期以來講學的發展亦至此遭受重大挫折，而元氣難復。進入 1630 年代後，政治上，明思宗即位，魏忠賢伏誅，政治乃開一新局。學術上，東林經過禁學一事後乃告沒落，繼東林而起者，是號稱「小東林」的復社。復社屬於文人團體，是一群場屋之士的集結，而其結社的性質，與理學講學的士人集結已頗見出入，故可說學術亦從此走入了另一條脈絡的發展。政治、學術既都進入另一階段，因此本文乃以魏忠賢禁毀書院爲下限，寫到東林衰落爲止，以下則不再論述。

參考書目

一、古籍文獻

1. 王守仁，《王陽明全集》，台北：大申書局，1983 年。

2. 王守仁，《傳習錄》，台北：金楓出版有限公司，1987 年。

3. 王艮，《王心齋全集》，台北：廣文書局，1987 年。

4. 王畿，《王龍溪全集》，台北：華文書局，1970 年。

5. 朱元璋，《御製文集》，台北：台灣學生書局，1965 年。

6. 朱熹，《四書章句集註》，台北：鵝湖出版社，1984 年。

7. 朱熹、呂祖謙，《近思錄》，台北：大鴻圖書有限公司，1987 年。

8. 何心隱，《何心隱集》，北京：中華書局，1981 年。

9. 吳應箕等著，《東林始末》，台北：廣文書局，1966 年。

10. 呂坤，《呻吟語》，台北：河洛圖書出版社，1964 年。

11. 呂柟，《涇野子內篇》，北京：中華書局，1992 年。

12. 李材，《見羅先生書》，收入：《四庫全書存目叢書》，子部第 11～12，台南：
    莊嚴出版公司，1995 年。

13. 李贄，《焚書／續焚書》，台北：漢京出版事業有限公司，1984 年。

14. 李贄，《續藏書》，台北，台灣學生書局，1986 年。

15. 沈德符，《萬曆野獲編》，台北：偉文圖書出版社有限公司，1976 年。

16. 宋端儀，《考亭淵源錄》，京都：中文出版社，1977 年。

17. 來知德註，《來註易經圖解》，台北：武陵出版有限公司，1995 年。

18. 周汝登，《東越證學錄》，台北：文海出版社，1970 年。

19. 周敦頤、張載，《周張全書》，京都：中文出版社，1981 年。

20. 紀昀等纂，《四庫全書總目提要》，台北：藝文印書館，1964 年。

21. 胡直，《衡廬精舍藏稿》，收入：《景印文淵閣四庫全書》集 226。

22. 唐順之，《荊川集》，收入：《景印文淵閣四庫全書》集 215。

23. 耿定向，《耿天臺先生文集》，台北：文海出版社，1970 年。

24. 高攀龍，《高子遺書》，收入：《景印文閣四庫全書》集 231，台北：台灣商務印書館，1983 年。

25. 張廷玉等編，《明史》，北京：中華書局，1974 年。

26. 張載，《張載集》，台北：漢京出版事業有限公司，1983 年。

27. 陳建，《學蔀通辯》，京都：中文出版社，1977 年。

28. 焦竑，《焦氏筆乘》正續，台北：台灣商務印書館，1983 年。

29. 焦竑，《焦氏澹園集》，台北：偉文圖書出版社有限公司，1977 年。

30. 程顥、程頤，《二程集》，台北：漢京出版事業有限公司，1983 年。

31. 馮柯，《求是編》，京都：中文出版社，1977 年。

32. 馮從吾，《馮少墟集》、《馮少墟續集》、《馮恭定全書》三書合編，收入：《叢書集成三編》，台北：新文豐出版公司，1996 年。

33. 黃宗羲，《明儒學案》，台北：里仁書局，1987 年。

34. 楊起元，《太史楊復所先生證學編》，收入：《四庫全書存目叢書》，子部第 90。

35. 鄒元標，《願學集》，收入：《景印文淵閣四庫全書》，集 223。

36. 管志道，《問辨牘》，收入：《四庫全書存目叢書》，子部第 87。

37. 管志道，《續問辨牘》，收入：《四庫全書存目叢書》，子部第 88。

38. 趙南星，《趙忠毅集》，台北：環球出版社，1966 年。

39. 趙南星，《學庸正說》，收入：《景印文淵閣四庫全書》，經 201。

40. 趙翼，《廿二史箚記》，台北：史學出版社，1974 年。

41. 劉宗周，《劉子全書及其遺編》，京都：中文出版社，1981 年。

42. 黎靖德，《朱子語類》，台北：文津出版社，1986 年。

43. 錢一本，《黽記》，收入：《四庫全書存目叢書》，子部第 14。

44. 薛應旂，《薛子庸語》，收入：《四庫全書存目叢書》，子部第 10。

45. 薛應旂，《薛方山記述》，收入：《四庫全書存目叢書》，子部第 10。

46. 顏鈞，《顏鈞集》，北京：中國社會科學出版社，1996 年。

47. 羅汝芳，《盱壇直詮》，台北：廣文書局，1996 年。

48. 羅洪先，《念菴文集》，收入：《景印文淵閣四庫全書》，集 214。

49. 顧允成，《小辨齋偶存》，收入：《景印文淵閣四庫全書》，集 231。

50. 顧炎武著，黃汝成集釋，《日知錄集釋》，石家莊：花山文藝出版社，1990 年。

51. 顧憲成，《小心齋箚記》，台北：廣文書局，1975 年。

52. 顧憲成，《涇皋藏稿》，收入：《景印文淵閣四庫全書》，集 231。

二、專　書

1. Chan,Hok-lam.*Li Chih 1527-1602 in Contemporary Chinese Historiography*（New York: M.E. Sharpe. Inc. White Plaine, 1980）.

2. 小野和子，《明季党社考──東林党と復社》，京都：同朋社，1996 年。

3. 王天有，《晚明東林黨議》，上海：上海古籍出版社，1991 年。

4. 古清美，《明代理學論文集》，台北：大安出版社，1990 年。

5. 牟宗三，《從陸象山到劉蕺山》，台北：台灣學生書局，1984 年。

6. 艾爾曼著，趙剛譯，《從理學到樸學──中華帝國晚期思想與社會變化面面觀》，南京：江蘇人民出版社，1995 年。

7. 余英時，《中國思想傳統的現代詮釋》，台北：聯經出版公司，1987 年。

8. 余英時，《歷史與思想》，台北：聯經出版公司，1976 年。

9. 吳宣德，《江右陽明學與明中後期江西教育發展》，江西：江西教育出版社，1996 年。

10. 李紀祥，《兩宋以來大學改本之研究》，台北：台灣學生書局，1988 年。

11. 岡田武彥，《王陽明と明末の儒學》，東京：明德出版社，1970 年。

12. 岡田武彥，《陽明學的世界》，東京：明德出版社，1986 年。

13. 林海權，《李贄年譜考略》，福州：福建人民出版社，1992 年。

14. 段昌國編，《中國思想與制度論集》，台北：聯經出版公司，1976 年。

15. 侯外盧等主編，《宋明理學史》，北京：人民出版社，1987 年。

16. 容肇祖，《明代思想史》，台北：開明書店，1978 年。

17. 容肇祖，《容肇祖集》，濟南：齊魯書社，1989 年。

18. 荒木見悟，《明代思想研究：明代にあける儒教と佛教の交流》，東京：創文社，1972 年。

19. 荒木見悟，《明末宗教思想研究：管東溟の生涯とその思想》，東京：創文社，1979 年。

20. 酒井忠夫，《中國善書の研究》，東京：國會刊行會，1977 年。

21. 國立中央圖書館編，《明人傳記資料索引》，台北：文史哲出版社，1978 年。

22. 盛朗西，《中國書院制度》，台北：華世出版社，1977 年。

23. 陳來，《有無之境——王陽明哲學的精神》，北京：北京人民出版社，1991年。

24. 陳萬益，《晚明小品與明季文人生活》，台北：大安出版社，1988年。

25. 陳榮捷，《朱學論集》，台北：台灣學生書局，1982年。

26. 麥仲貴，《王門諸子致良知學之發展》，香港：中文大學出版社，1984年。

27. 麥仲貴，《明清儒學家著述生卒年表》，台北：台灣學生書局，1977年。

28. 黃俊傑，《孟學思想史論》（卷二），台北：中央研究院中國文哲研究所籌備處，1997年。

29. 黃進興，《優入聖域：權力、信仰與正當性》，台北：允晨文化實業股份有限公司，1994年。

30. 溝口雄三著，林右崇譯，《中國前近代思想的演變》，台北：國立編譯館，1994年。

31. 墨子刻著，顏世安等譯，《擺脫困境——新儒學與中國政治文化的演進》，南京：江蘇人民出版社，1996年。

32. 劉宗賢，《陸王心學的研究》，山東：山東人民出版社，1997年。

33. 樊克政，《中國書院史》，台北：文津出版社，1995年。

34. 錢穆，《中國近三百年學術史》，台北：台灣商務印書館，1990年。

35. 錢穆，《中國學術思想史論叢》（七），台北：東大圖書出版公司，1986年。

36. 錢穆，《朱子新學案》，台北：三民書局，1971年。

三、期刊論文

1. 山井湧著，盧瑞容譯，〈明末清初的經世致用之學〉，《史學評論》12（台北：1986年），頁141～157。

2. 夫馬進，〈同善會小史〉，《史林》65：4（東京：1982）年，頁36～76。

3. 牛建強、汪維真，〈明代中後期江南周圍地區風尚取向的改變及其特徵〉，《東北師大學報》（哲學社會科學版）1（長春：1992年），頁38～45。

4. 王汎森，〈「心即理」說的動搖與明末清初學風之轉變〉，《中央研究院歷史語言研究所集刊》65：2（台北：1994年），頁333～372。

5. 王汎森，〈明末清初的人譜與省過會〉，《中央研究院歷史語言研究所集刊》63：3（台北：1993年），頁679～712。

6. 王汎森，〈清初思想趨向與《劉子節要》——兼論清初蕺山學派的分裂〉，《中央研究院歷史語言研究所集刊》68：2（台北：1997年），頁417～448。

7. 王汎森，〈清初講經會〉，《中央研究院歷史語言研究所集刊》68：3（台北：1997年），頁503～588。

8. 包筠雅，〈明末清初的善書與社會意識形態變遷的關係〉，《近代中國史研

究通訊》16（台北：1993 年），頁 30～40。

9. 呂妙芬，〈顏子之傳：一個爲陽明學爭取正統的聲音〉，《漢學研究》15：1（台北：1997 年），頁 73～92。

10. 張永儁，〈宋儒之道統觀及其文化意識〉，《文史哲學報》38（台北：1990年），頁 273～312。

11. 張藝曦，〈明中期地方官員與王學學者的緊張——以白鷺洲書院興廢爲例〉，《大陸雜誌》104：6（台北：2002 年），頁 30～54。

12. 梁其姿，〈明末清初民間慈善活動的興起——以江浙地區爲例〉，《食貨月刊》15：7/8（台北：1986 年），頁 52～79。

13. 陳學文，〈明代中葉民情風尚習俗及一些社會意識的變化〉，收入：《山根幸夫教授退休紀念：明代史論叢》下冊（東京：汲古書院，1990 年），頁 1207～1231。

14. 溝口雄三，〈論明末清初時期在思想史上的歷史意義〉，《史學評論》12（台北：1986 年），頁 99～140。

15. 劉志琴，〈晚明世風漫談〉，《社會學研究》，1992 年 3 月。

16. 劉志琴，〈晚明城市風尚初探〉，《中國文化研究集刊》1（上海：1984 年），頁 190～248。

17. 劉志琴，〈論張居正改革的成敗〉，收入：《明史研究論叢》第三輯（江蘇：江蘇古籍出版社，1985 年），頁 189～213。

四、碩博士論文

1. 林月惠，〈良知學的轉折——聶雙江與羅念菴思想之研究〉，台北：台大中文所博士論文，1995 年。

2. 林麗月，〈明末東林運動新探〉，台北：師大歷史所博士論文，1984 年。

3. 蘇錦玉，〈徐階的政術與學術〉，新竹：清大歷史所碩士論文，1996 年。